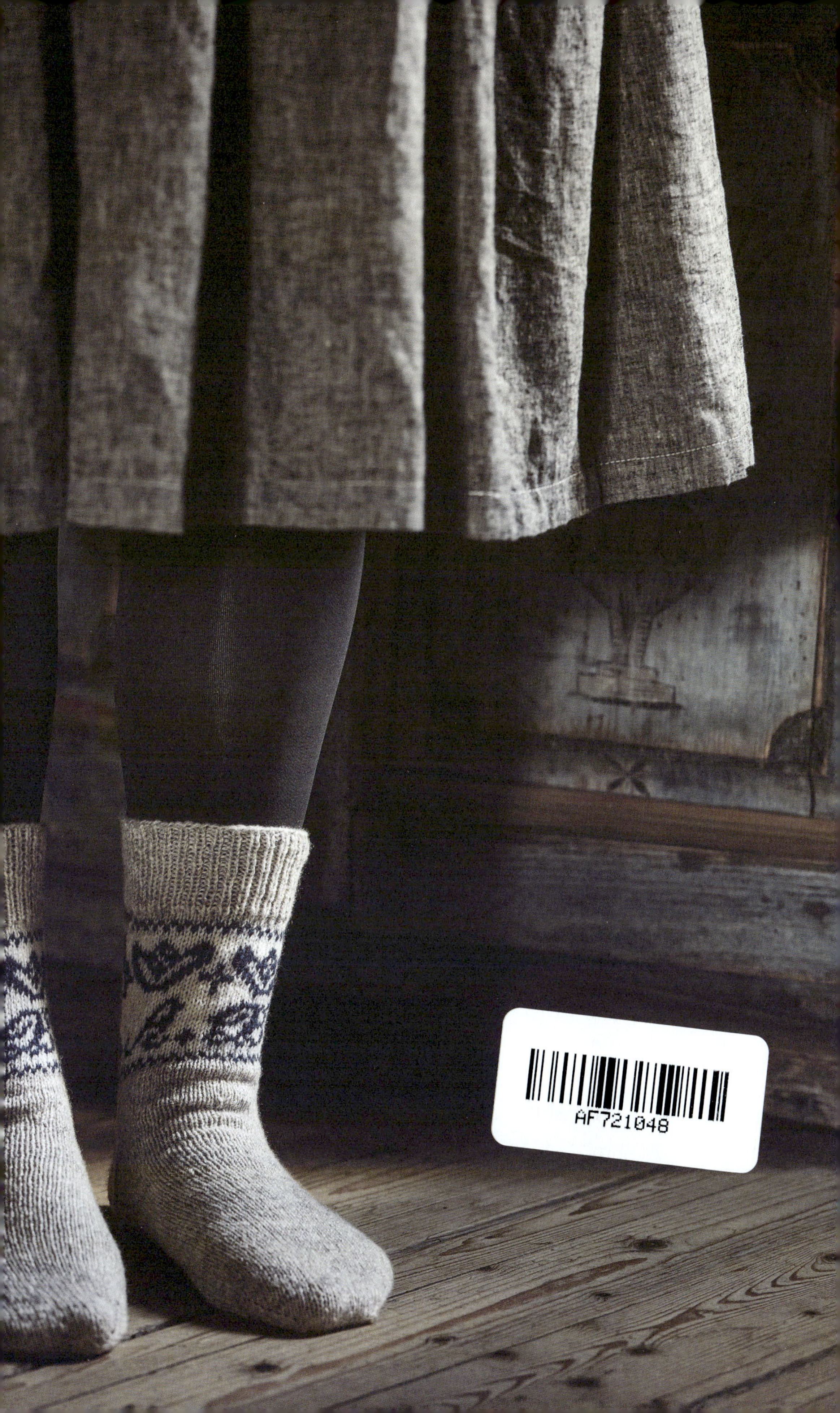

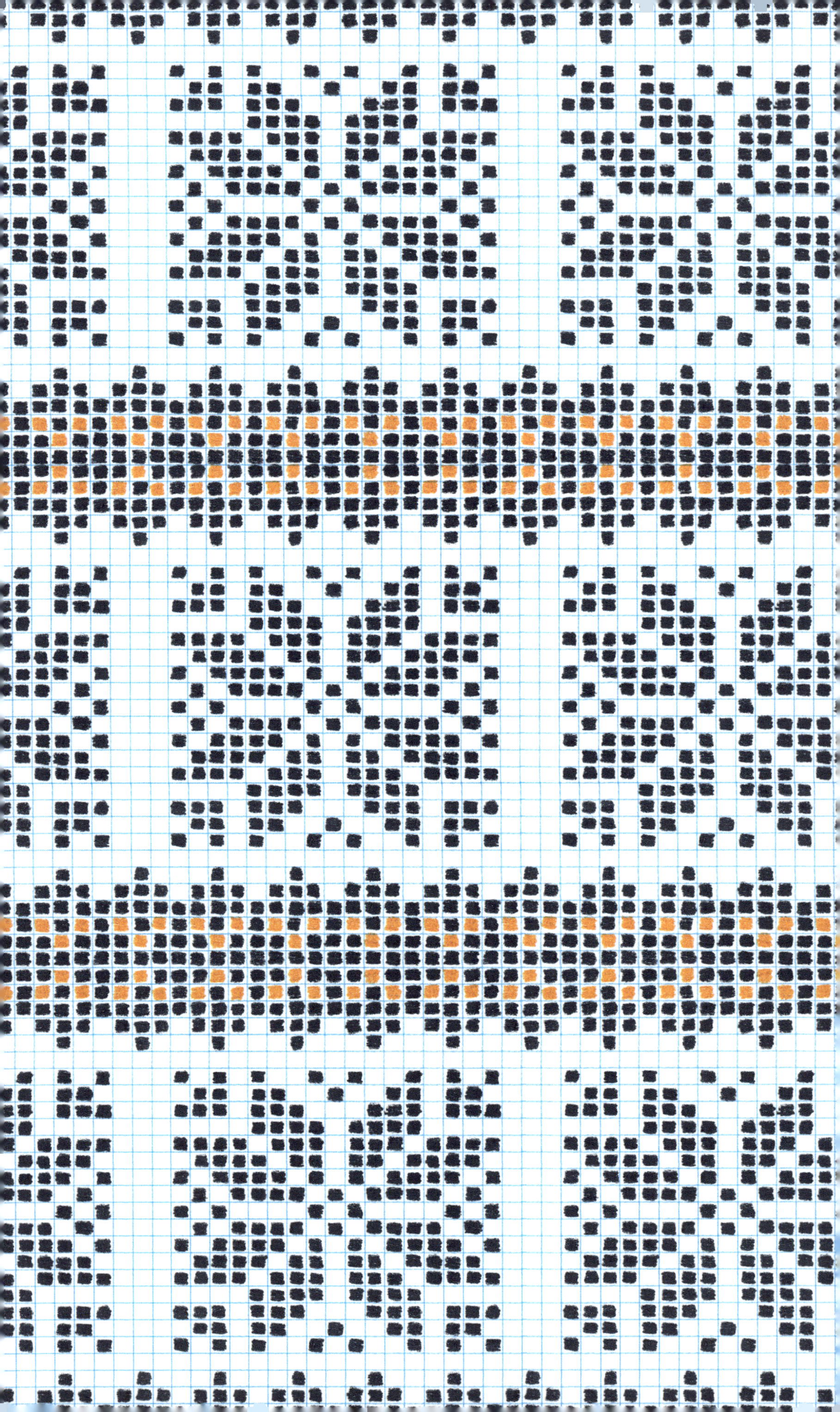

MAJA KARLSSON

Schwedische Socken stricken

Fotos Helén Pe

Illustrationen Siri Carlén

stiebner

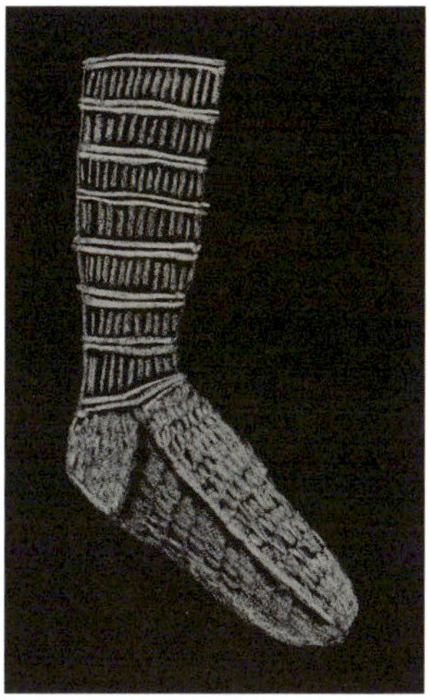

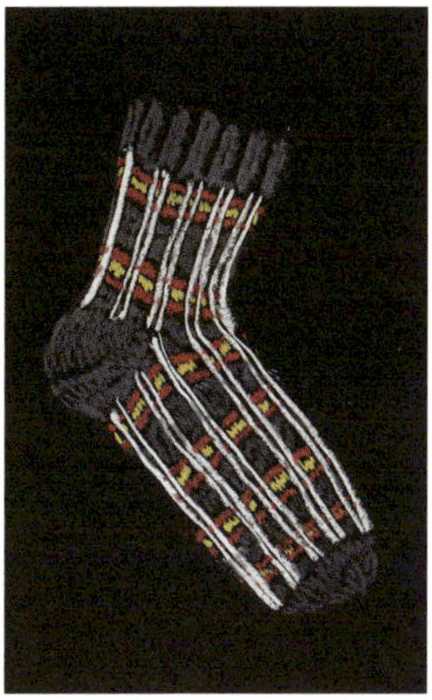

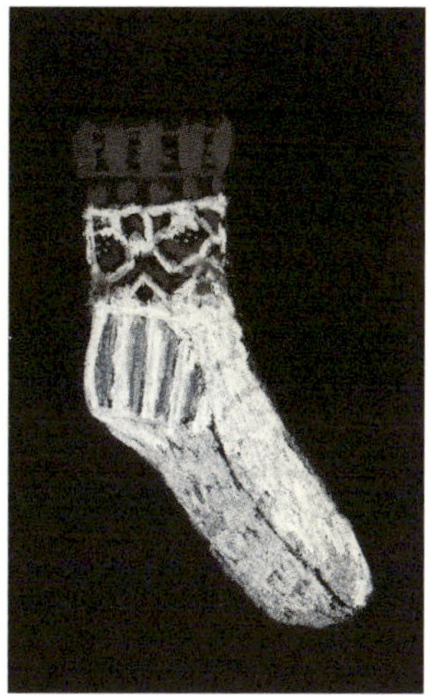

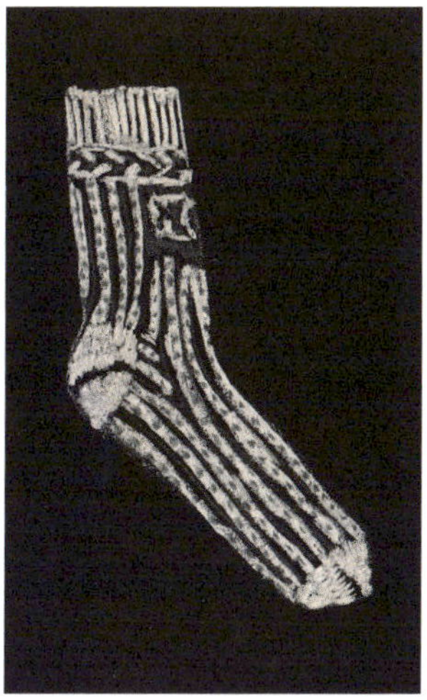

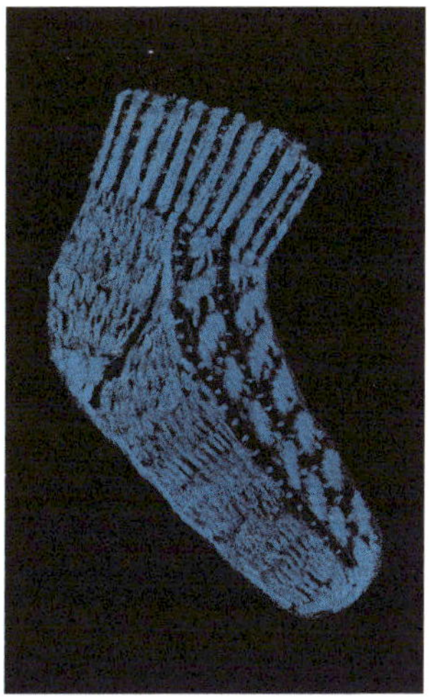

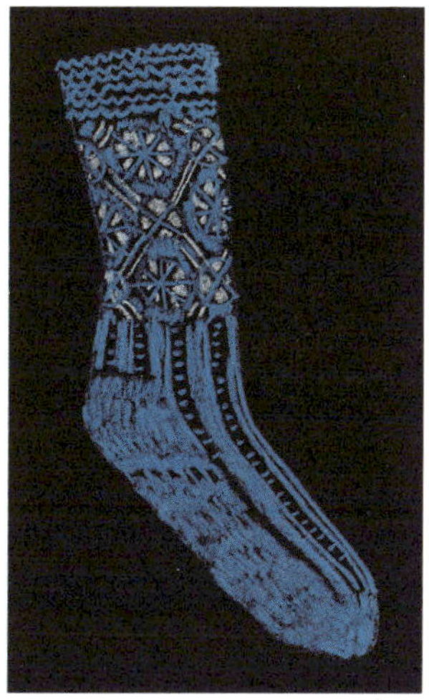

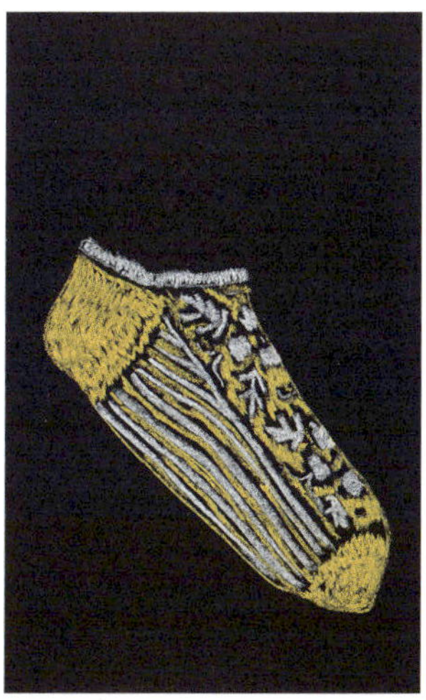

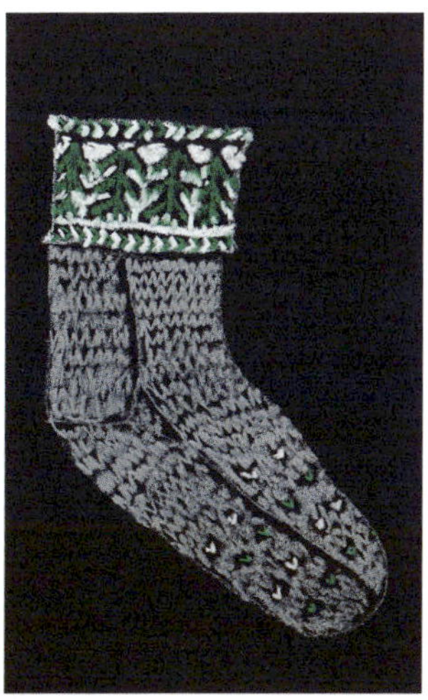

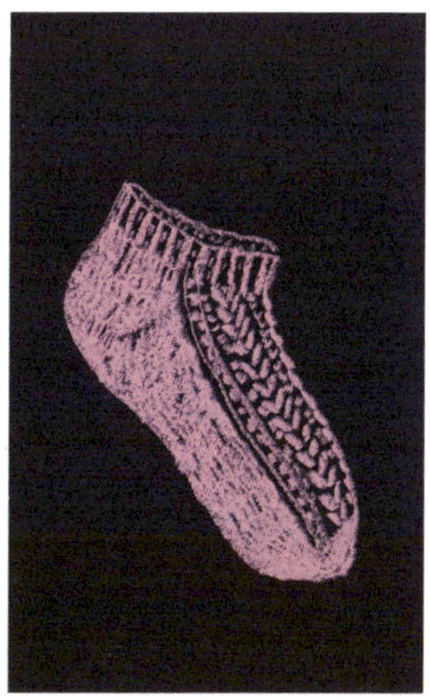

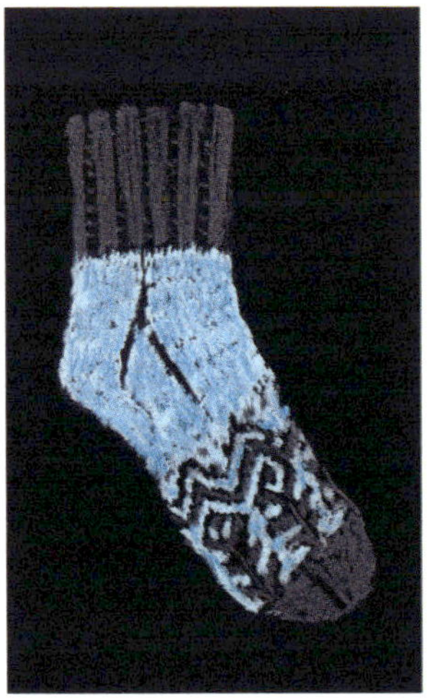

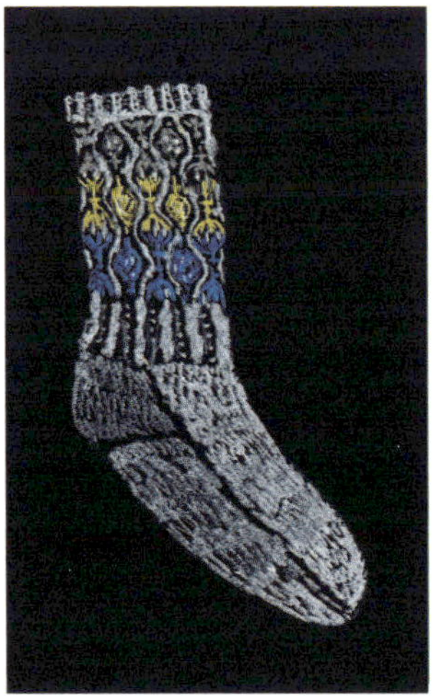

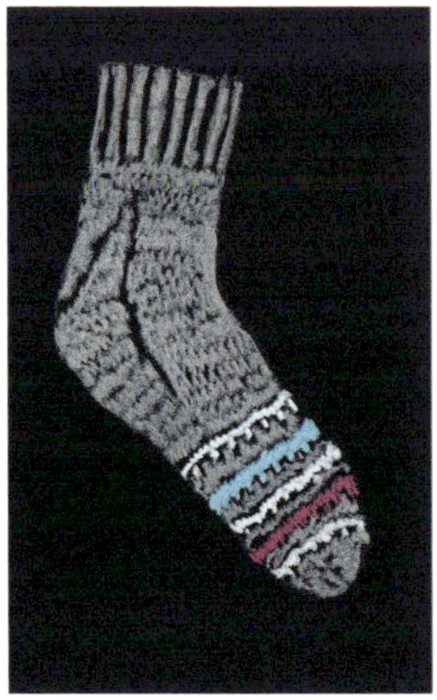

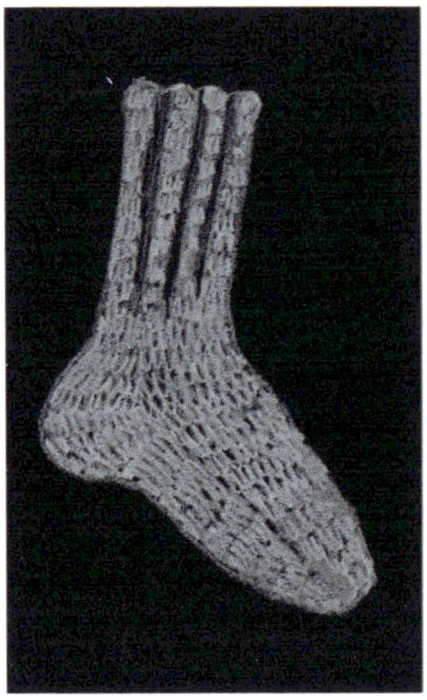

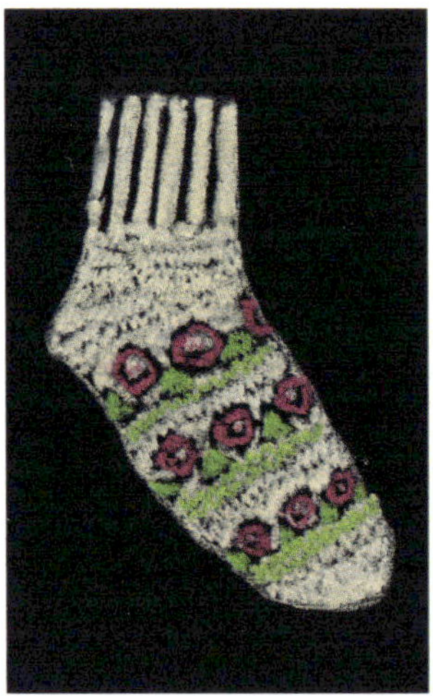

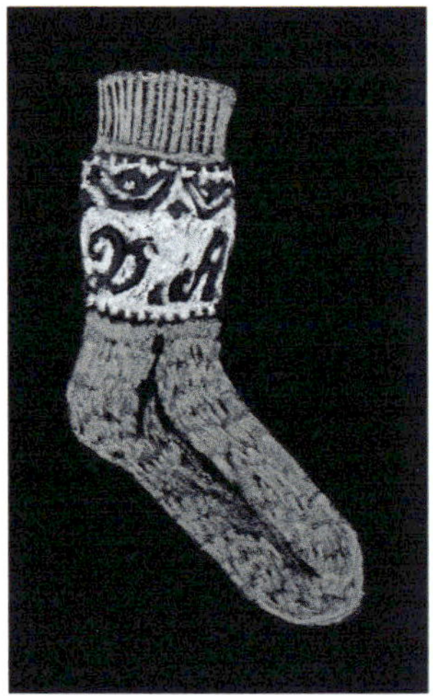

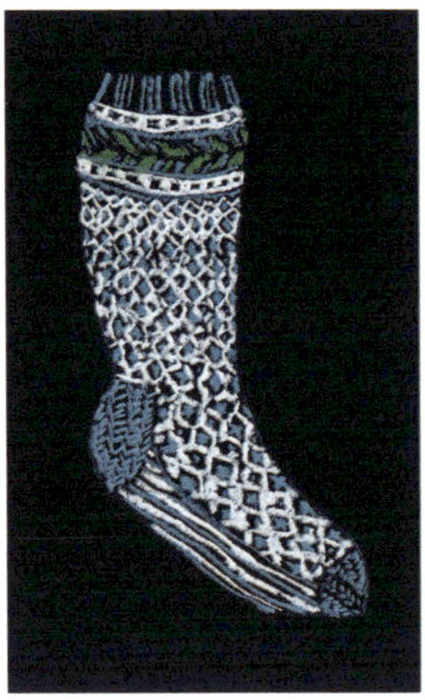

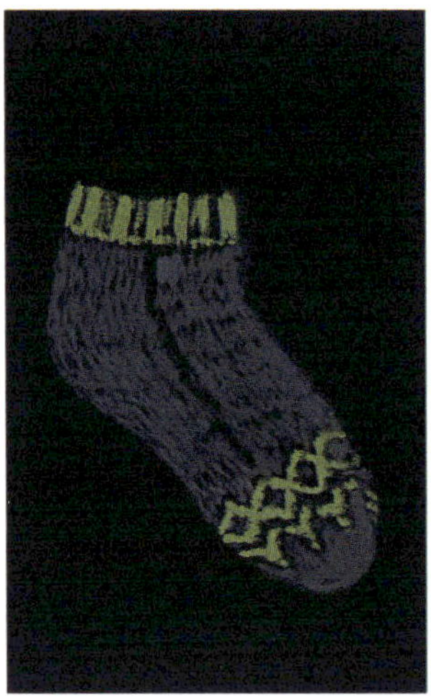

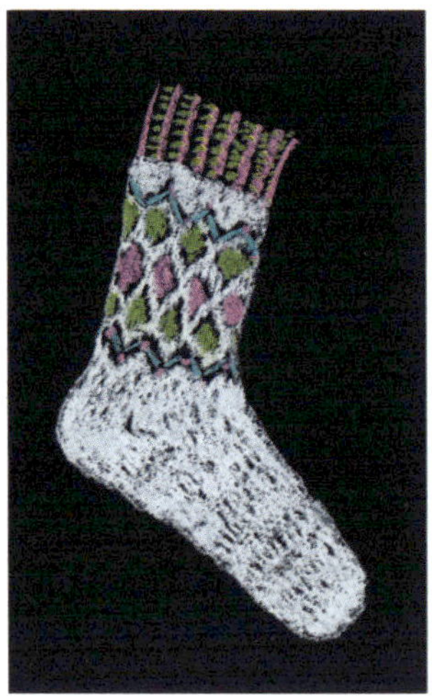

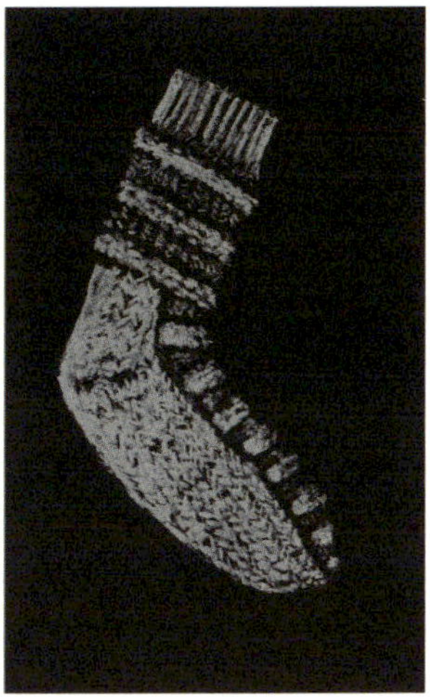

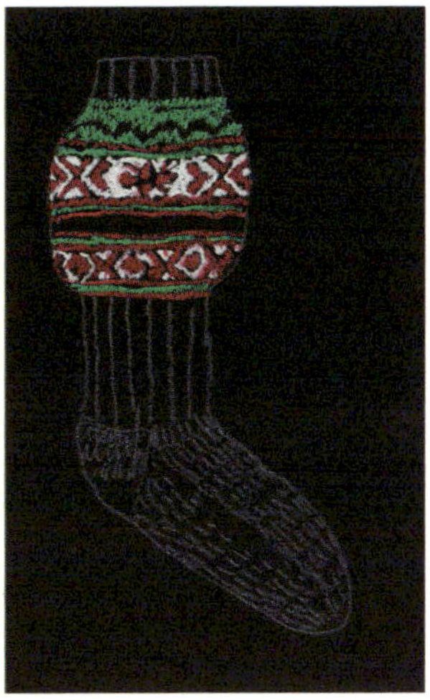

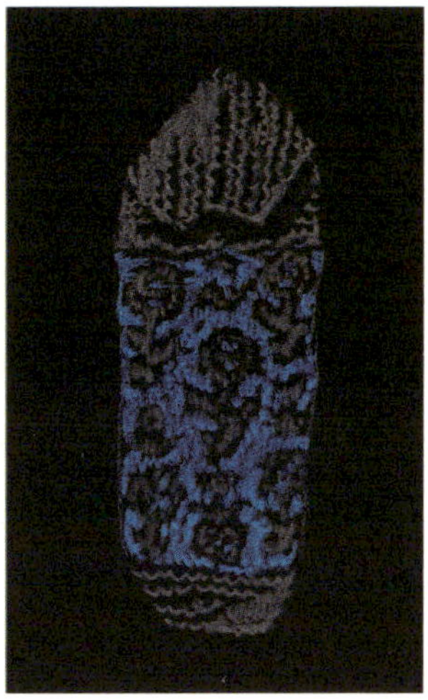

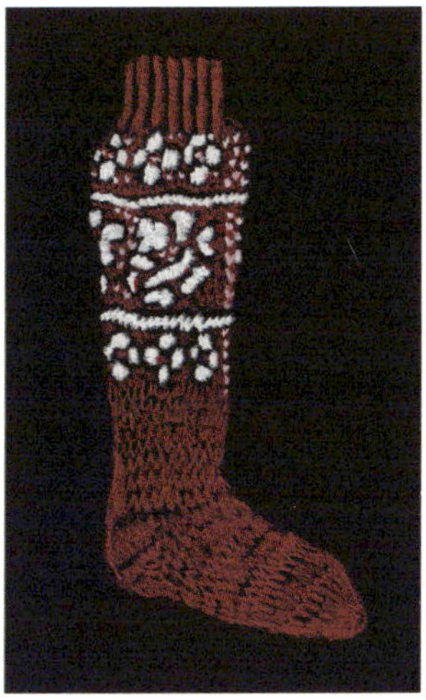

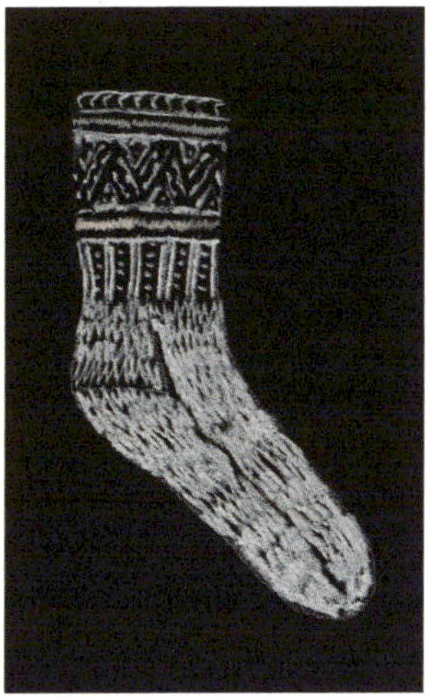

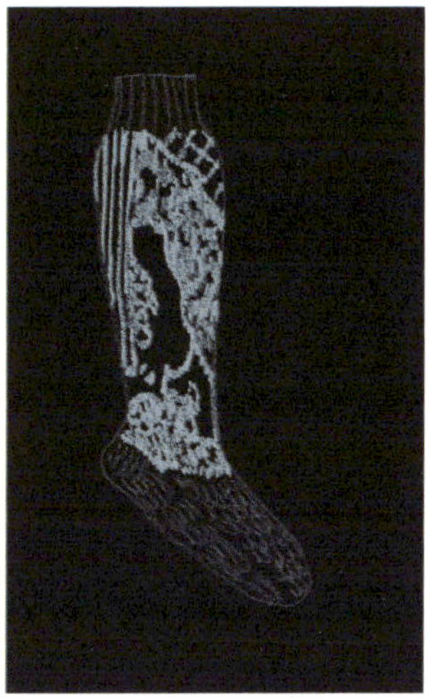

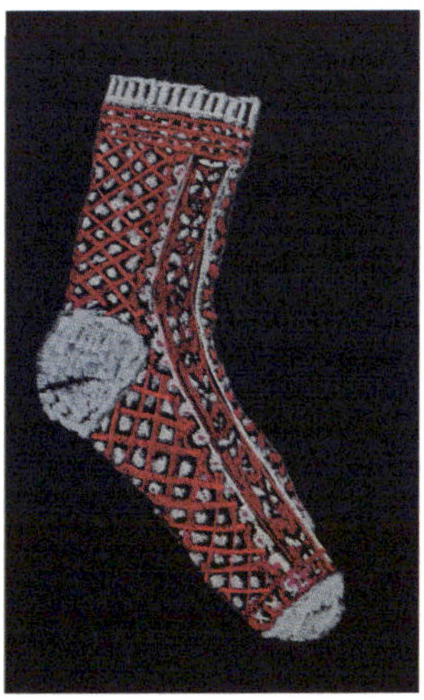

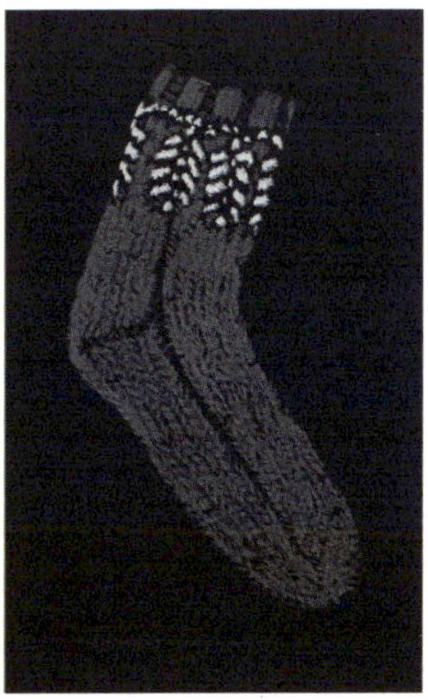

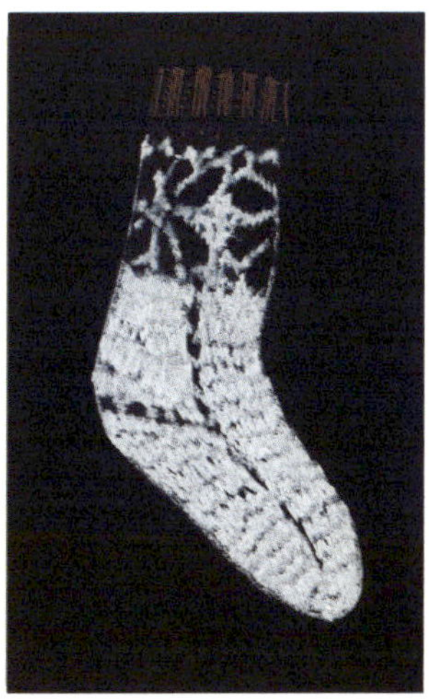

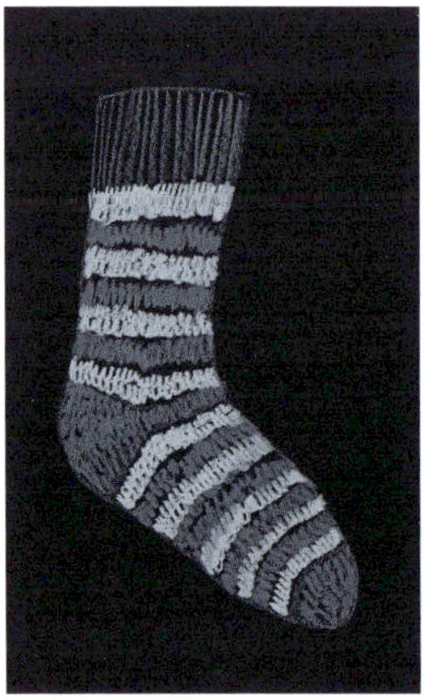

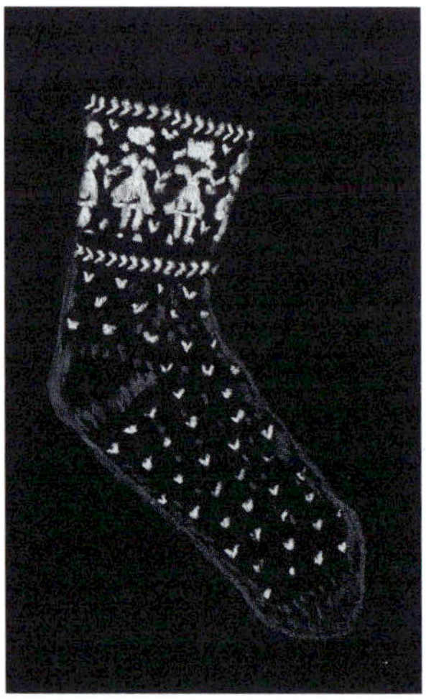

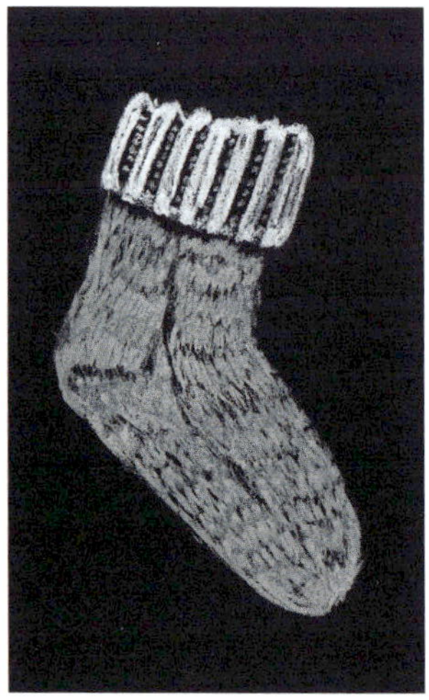

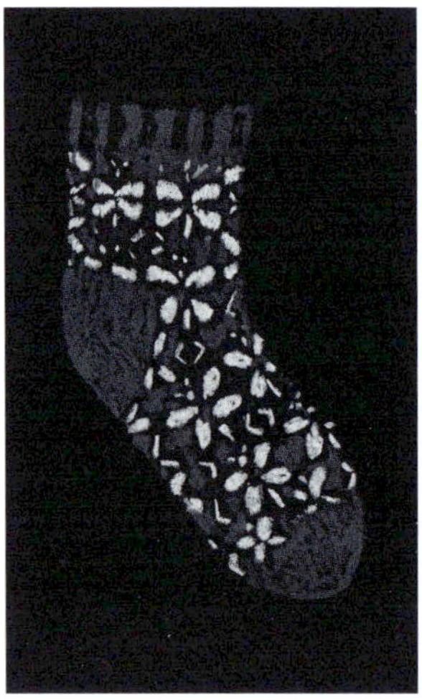

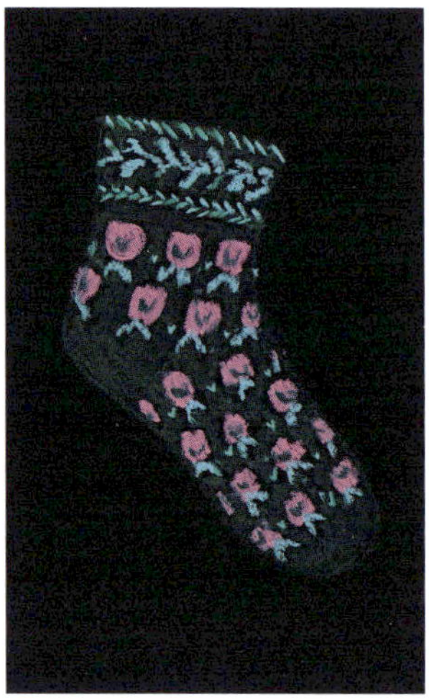

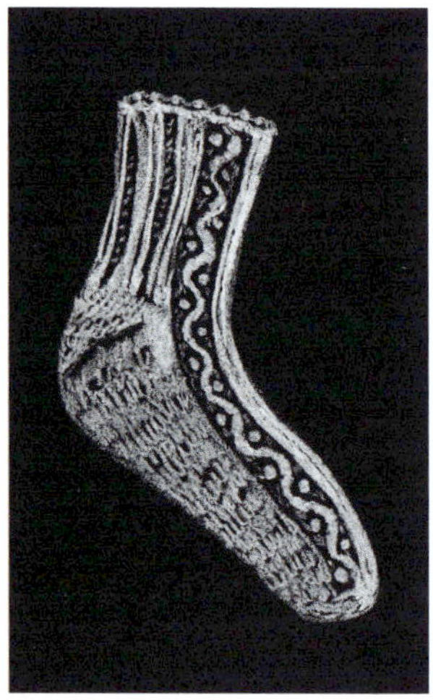

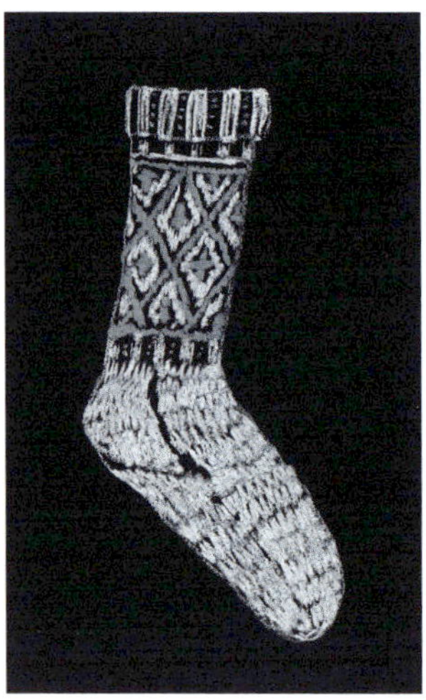

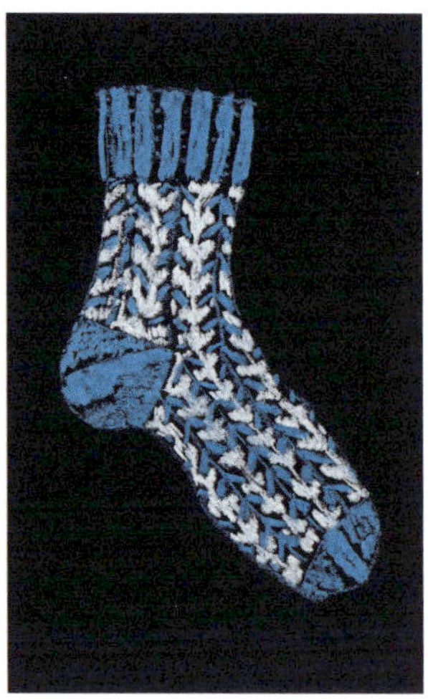

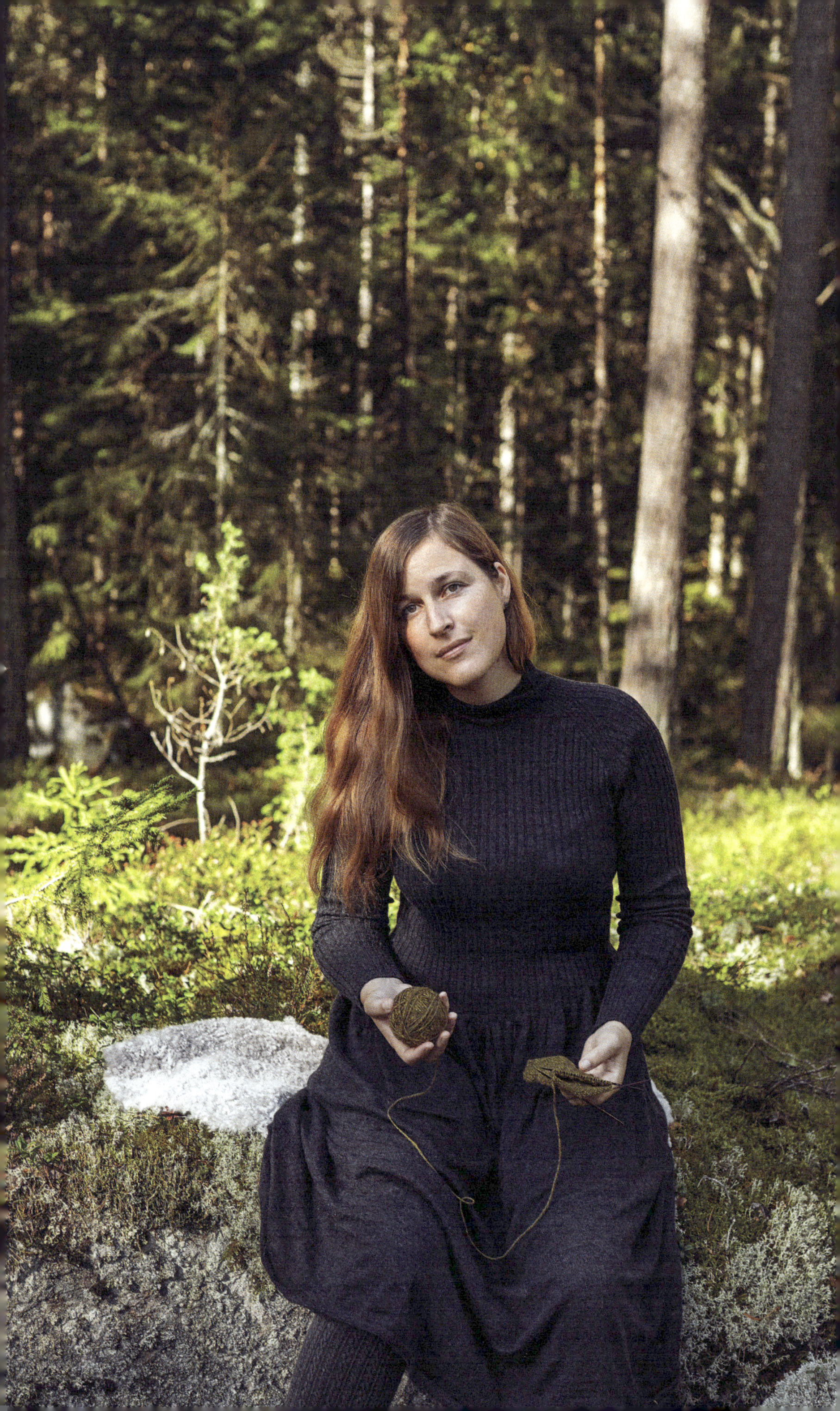

VORWORT

Vor langer Zeit habe ich eine alte Dame getroffen, die dasaß und strickte. Wir unterhielten uns dann über Socken und wie man sie am besten strickt. Sie erzählte mir, dass ihr Mann als Holzfäller den ganzen Tag draußen gearbeitet hat, auch in kalten und feuchten Wintern, und dass die Socken, die sie für ihn gestrickt hat, auf keinen Fall zu groß sein durften. Die kleinste Falte konnte zu Blasen und Schmerzen führen.

Dünn und eng sollten sie sein und ganz genau passen – besonders am Fuß. Ich habe oft an dieses Gespräch gedacht und mich über ihr Wissen gefreut.

Das Leben ist erstaunlich. Obwohl wir das Ergebnis der Anstrengungen vorangegangener Generationen sind, geraten frühere Mühen leicht in Vergessenheit. Dass ein Paar gut gestrickter Socken in der ersten Hälfte des 20. Jahrhunderts für einen Arbeiter ganz entscheidend war, können wir uns kaum mehr vorstellen. Ich denke an meinen Opa, der ebenfalls im Winter im Wald gearbeitet hat, und dass er zwei Finger bei der schweren Arbeit verloren hat. Hatte er warme Füße? Und an meinen anderen Opa, der schon als junger Mann in der Grube gearbeitet hat. Trug er gute Socken in seinen Stiefeln unter Tage? Ich hoffe es.

Wenn man Socken strickt, macht man da weiter, wo andere aufgehört haben. Sobald man die Nadeln in die Hand nimmt, wird man zu einem Glied in einer endlosen Kette. Ich denke auch an Fotos alter Verwandter bei einem Handarbeitskränzchen, die ich gefunden hatte. Als ich meine Tante fragte, ob sie sich erinnere, was sie taten, sagte sie: „Sie strickten vor allem Socken – wie immer.“ Das Sockenstricken ist eine ganz grundlegende Tätigkeit, und selbst wenn Stricksocken heute nicht mehr lebensnotwendig für uns sind, so verfügen sie doch über eine ganz eigene Kraft. Strümpfe verleihen den Füßen nämlich Stütze und Federung. Mit warmen Füßen kommen wir weit. Strümpfe stehen auch für Liebe und Fürsorge. Wenn wir sie jemandem geben, für den wir sorgen, bedeuten sie mehr. Socken sind nicht weniger als ein Amulett und ein Schutz. Wir geben sie unseren Kindern mit, wenn sie in die Welt hinausgehen. Wir geben sie unseren Alten, wenn sie frieren.

Die Socken in diesem Buch sind Erinnerungen, Träume, Märchen und Naturerlebnisse, die ich mit Ihnen teilen möchte. Jedes Paar hat seine eigene Geschichte und ist nach etwas benannt, das mir wichtig ist. Es dauerte seine Zeit 35 Socken zu entwerfen, aber im Gegenzug durfte ich mich auf eine spannende Reise machen; vom Bergmannshof in Västmanland, über eine Märchenerzählerin in Mårbacka, bis zu einem kleinen Berg in Värmland. Es war mir eine große Freude! Eine tolle Reise, die ich jetzt hoffentlich mit Ihnen fortsetzen kann.

Ein Strumpf ist kein Strumpf, bevor man ihn nicht gestrickt hat. Jetzt beginnt das wahre Abenteuer: Stricken wir die Socken zusammen!

Herzliche Grüße von Maja, Arvika, Mai 2020

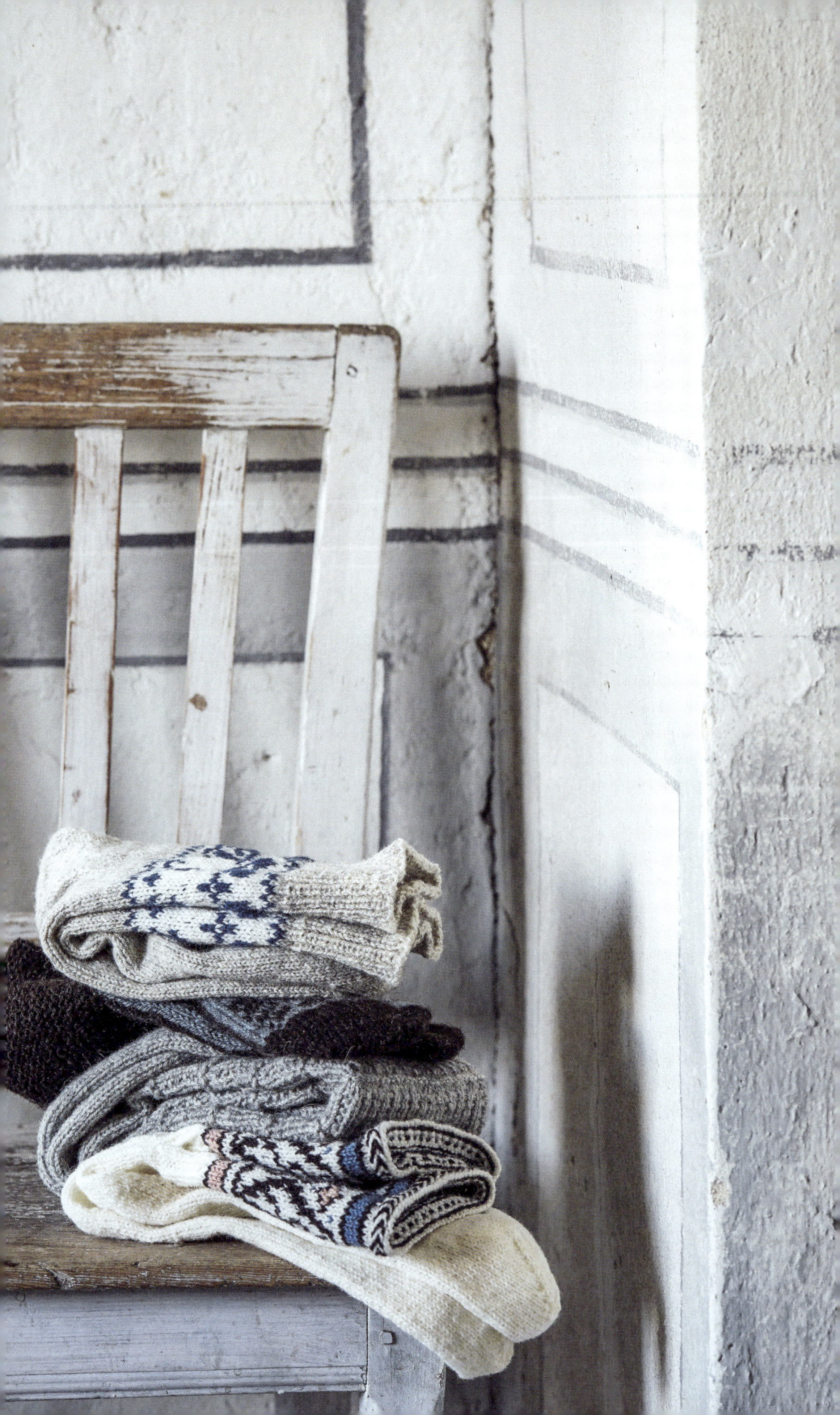

ÜBER SOCKEN

Das Wort Socke kommt vom Lateinischen soccus – einer Art Schlupfschuh, während Strumpf etwas Unvollständiges wie „Baumstumpf“ oder „Stummel“ bezeichnete. Bis zum 16. Jahrhundert gab es weder noch, da die Hose auch die Füße bedeckte. Die so alltäglichen Strümpfe haben ihre Spuren in der Sprache hinterlassen. Man kann so von den Socken sein, dass man sich gleich auf die Socken macht, was dann wiederum andere aus den Socken haut. Strickstrümpfe sind, wie Knäckebrot und Flickenteppiche, Teil des schwedischen Kulturerbes. Sogenannte Raggsocken wurden aus grobem Garn, oft von Ziegen, gestrickt und waren praktisch unverwüstlich. Man zog sie im Winter sogar zum Wärmen und als Schutz vorm Ausrutschen über die Schuhe. Heute strickt man natürlich mit weicher Wolle.

Das Strümpfestricken war immer ein Teil des Alltags und der Arbeitsaufgaben:
"Diejenigen, die mit den Tieren auf die Weide müssen, sollten früh morgens beim Melken helfen, eine Tasse Kaffee und ein Butterbrot bekommen, außerdem den üblichen Strickstrumpf und vielleicht auch ein 10-Öre-Buch …"*

Auch in der Märchenwelt haben Strümpfe einen festen Platz:
*"In Tving in Blekinge saß einmal ein Trollmädchen unter einer Tanne, die Trolltanne genannt wurde. Sie strickte jede Nacht an einem Goldstrumpf. Sprach man sie an oder achtete sonst auf sie, verschwand sie. Diejenigen, die einen Blick auf sie erhaschen wollten, mussten sich ihr also sehr vorsichtig nähern."***

Sogar Dichter schreiben über Wollstrümpfe:
*"Das weiße Haus schläft nachts tief, und seine Schatten wandern auf Wollstrümpfen umher."****

Die Strümpfe in diesem Buch haben unterschiedliche Fersen, Muster und Stricktechniken. Sie sind so, wie Strümpfe meistens sind – ganz eigene, kleine Persönlichkeiten. Manche lassen sich ganz entspannt stricken, andere sind durchaus eine Herausforderung. Manche wollen berühren, andere erzählen, aber vor allem wollen sie gestrickt, getragen und gebraucht werden. Also legen wir nun los – schnappen Sie sich Wolle und Nadeln und schlagen Sie an. Viel Spaß beim Stricken!

* Svenska Turistföreningens Jahresschrift, 1914
** Troll och människa: Gammal svensk folktro von Ebbe Schön, 2008
*** Lieder des Jahres von Anders Österling, 1907

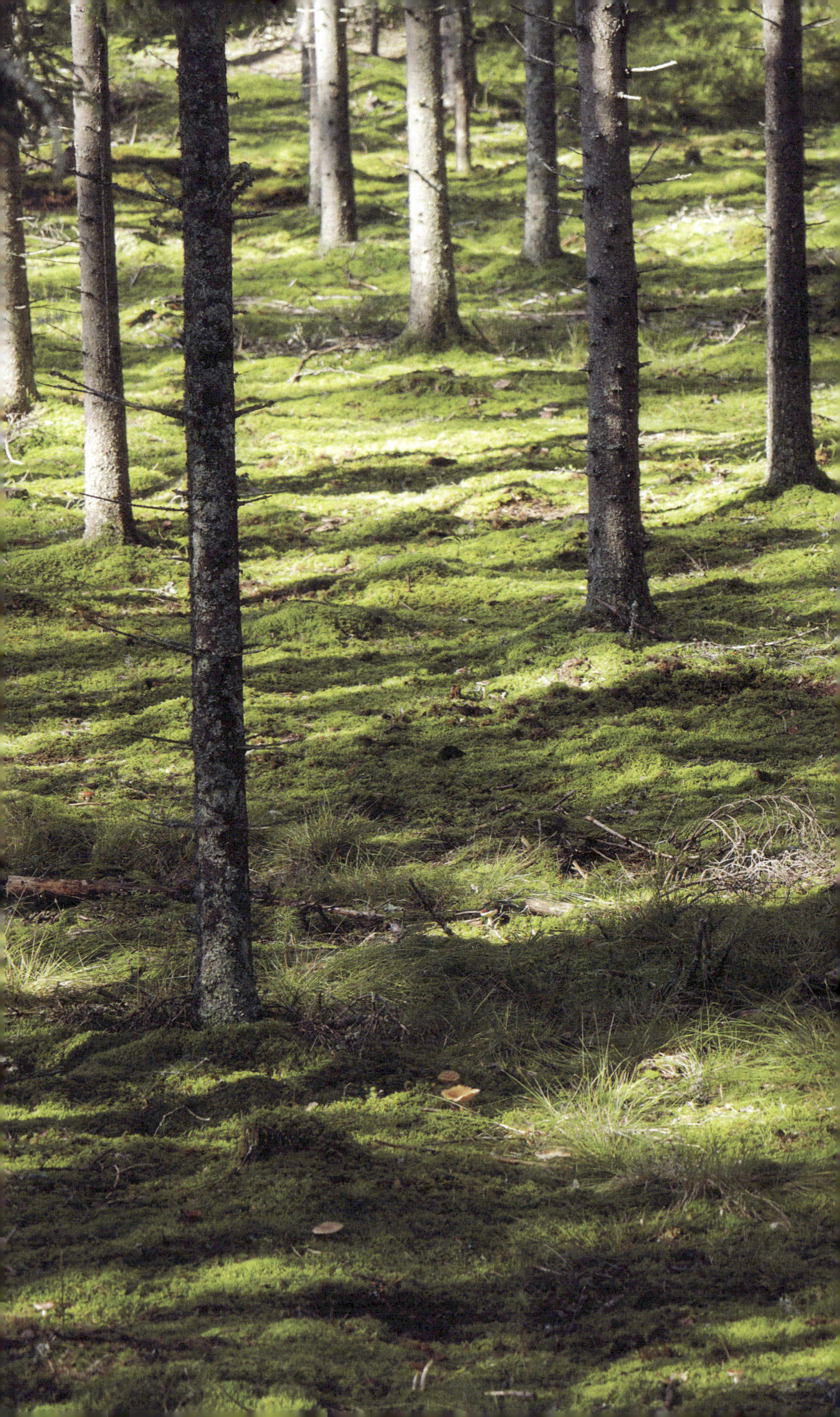

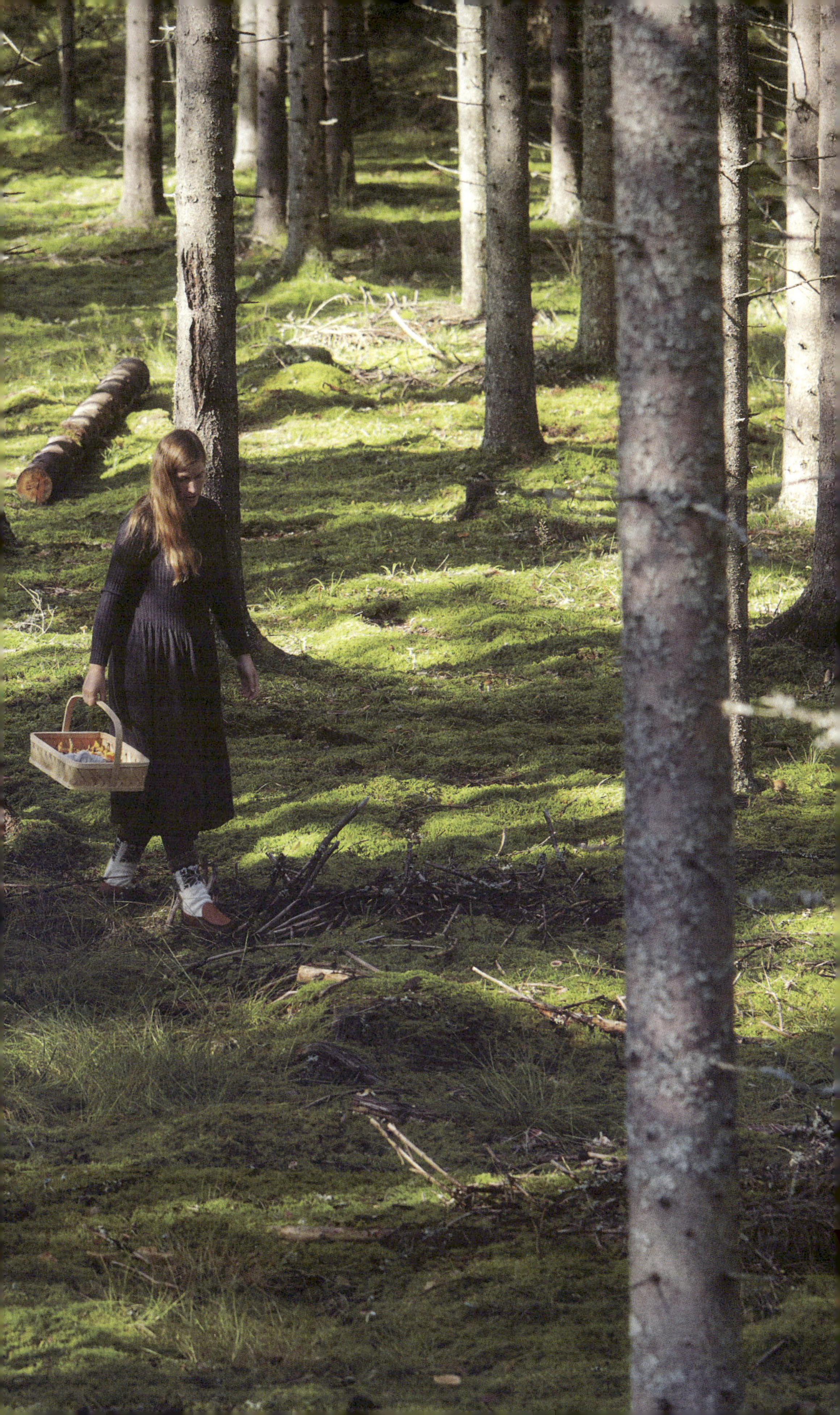

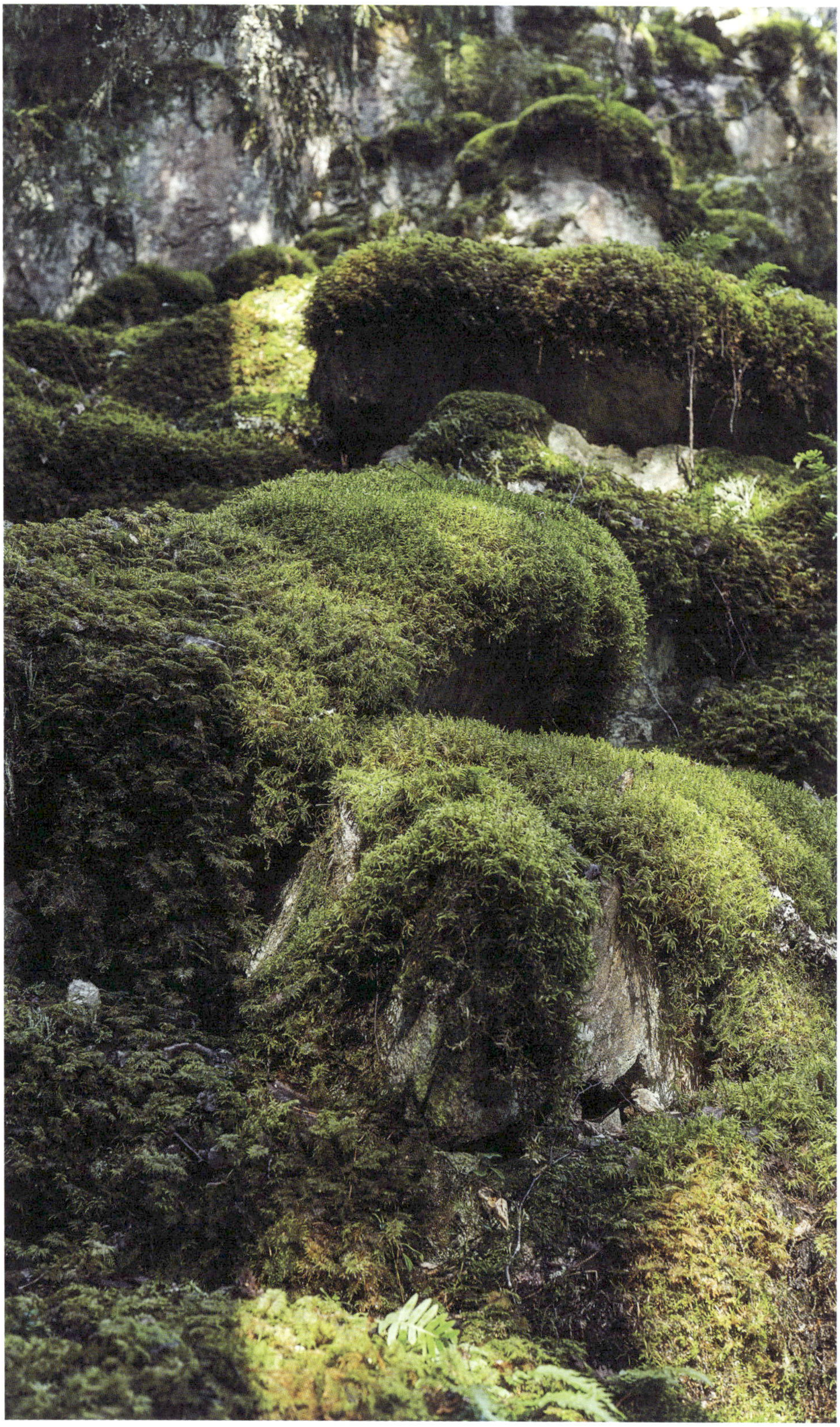

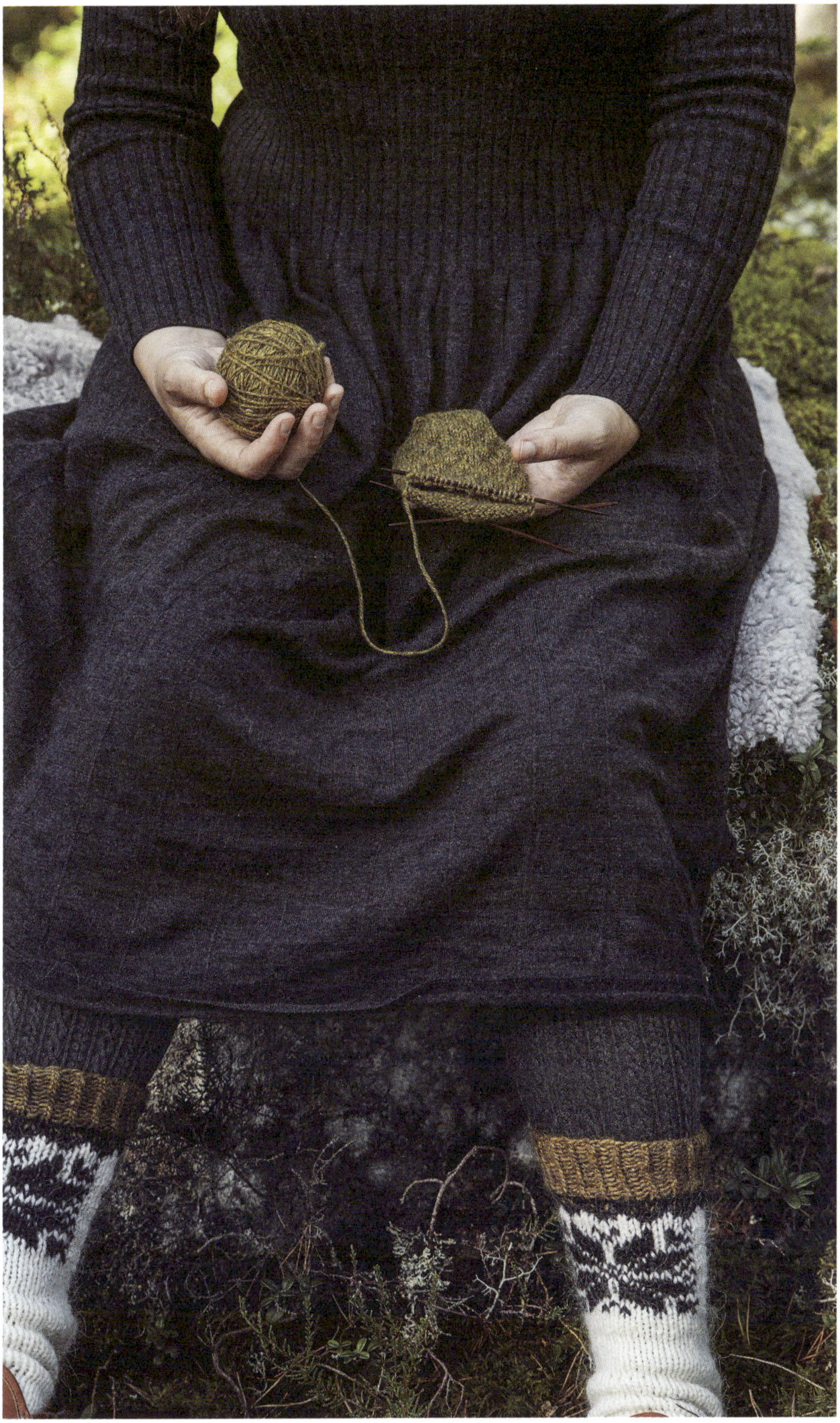

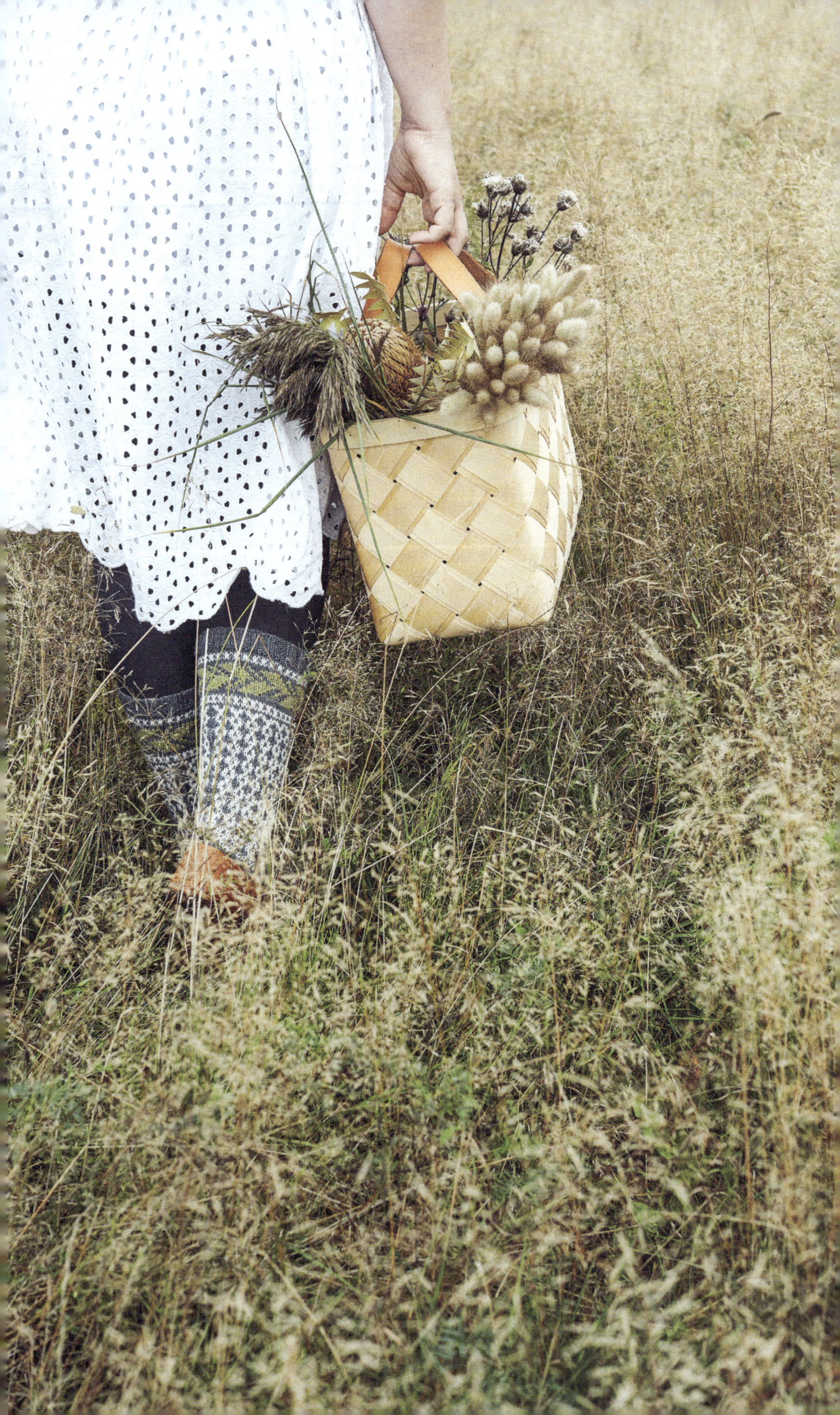

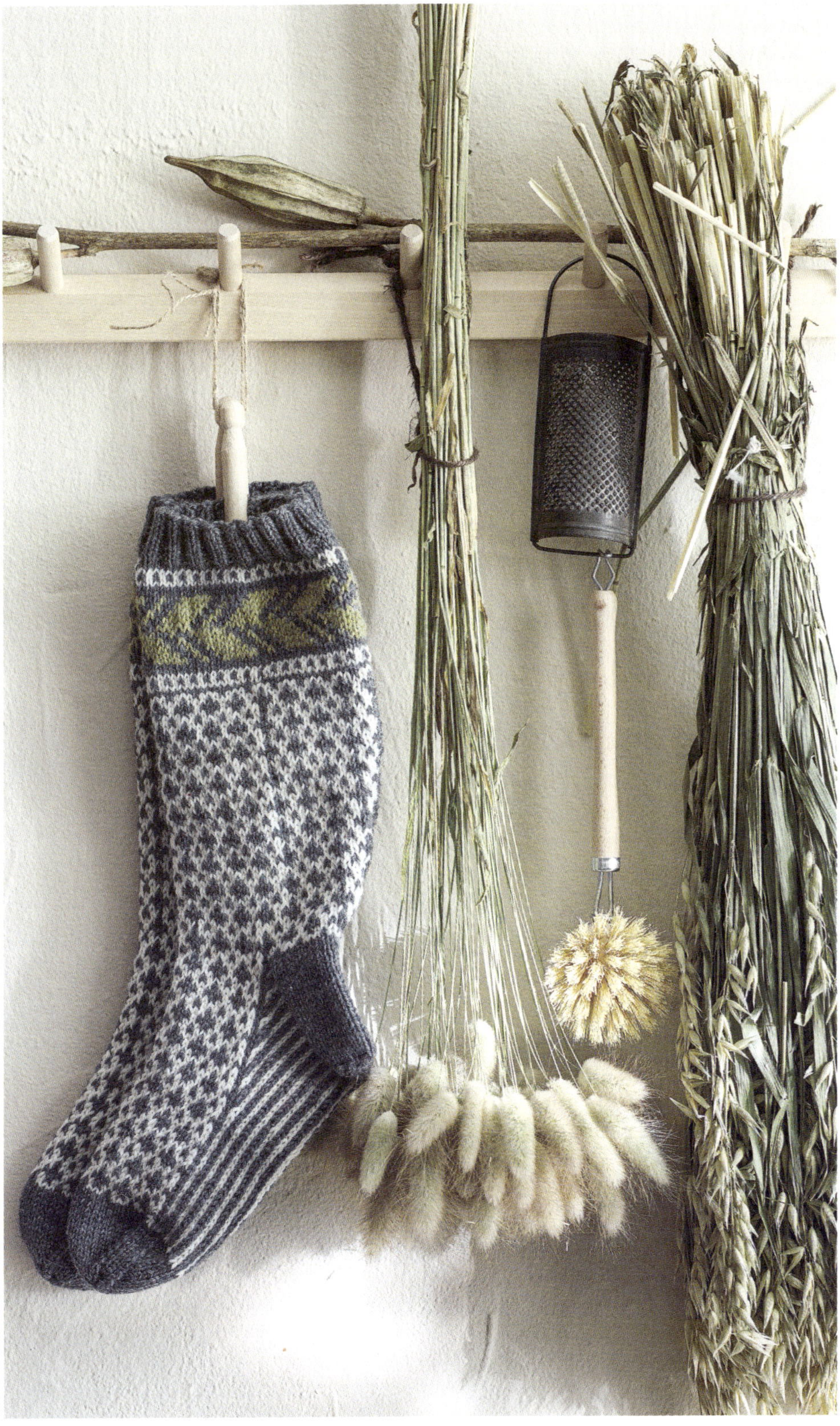

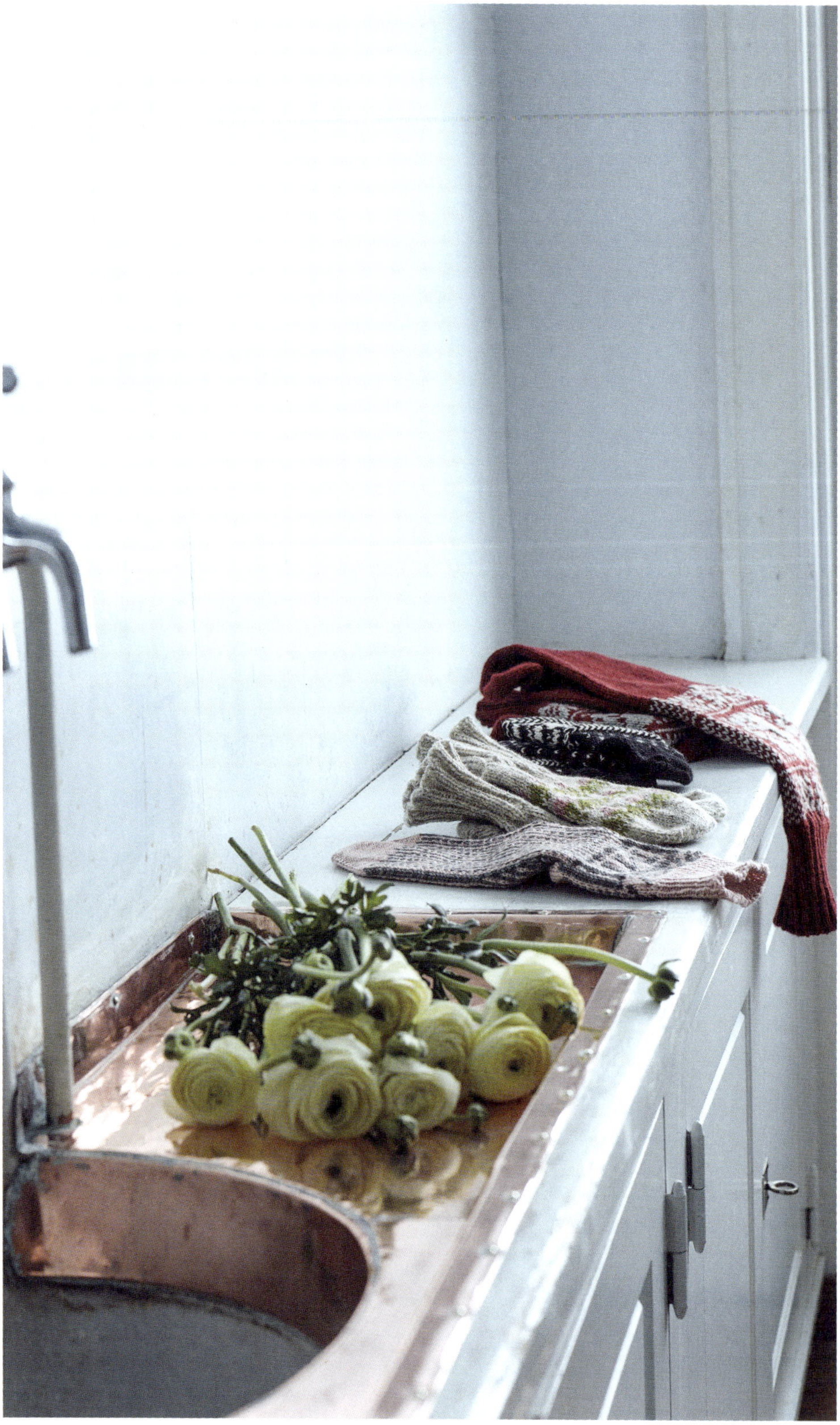

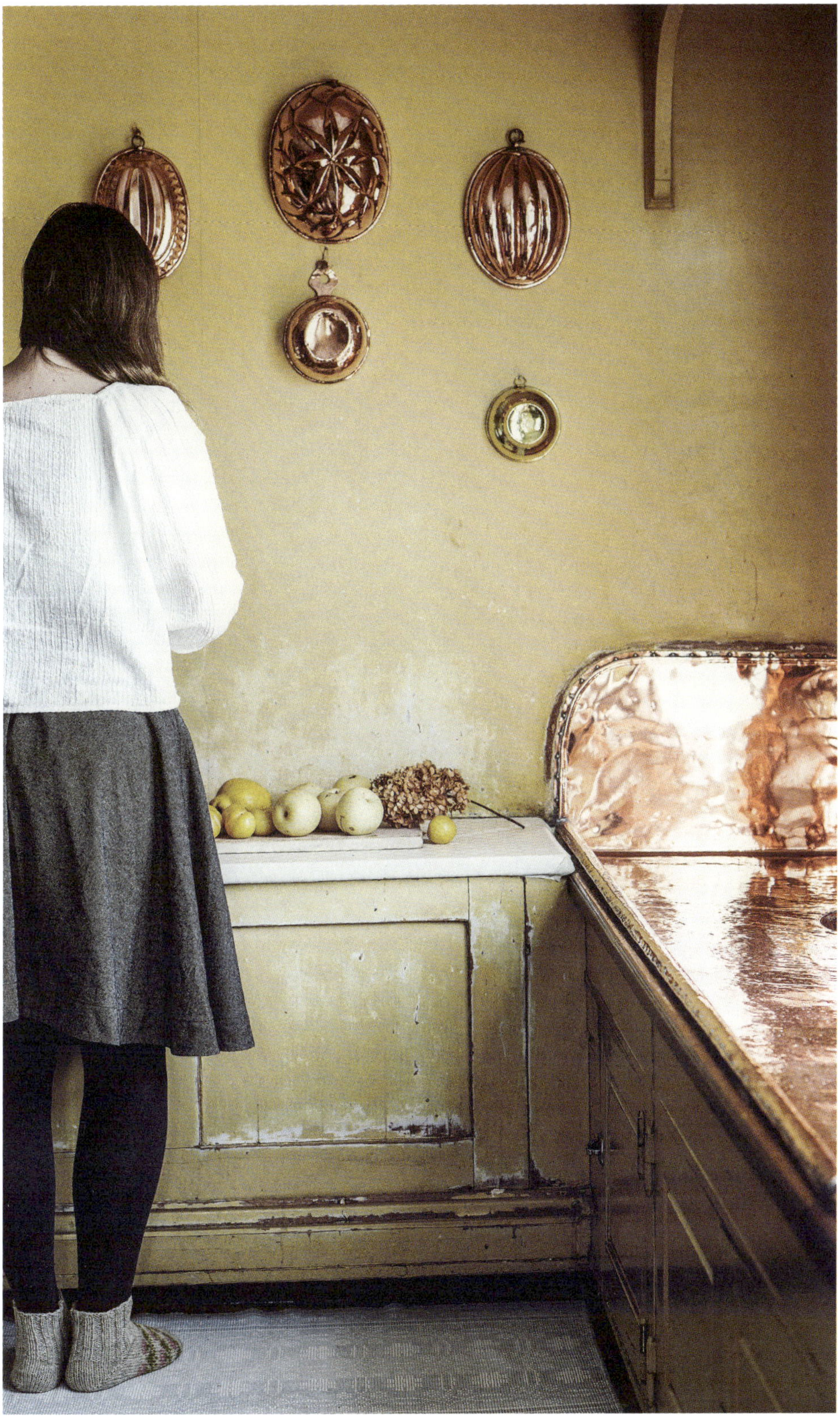

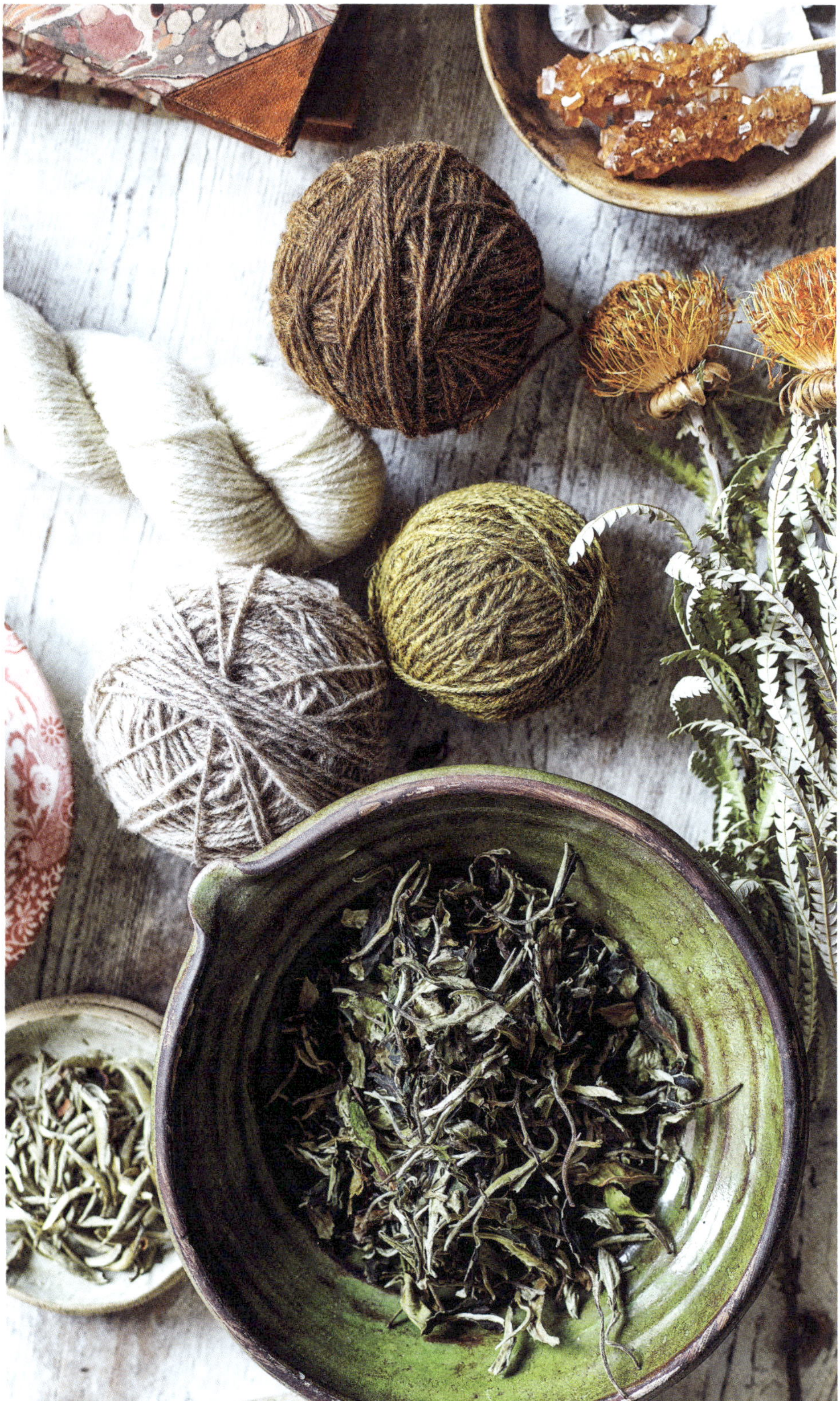

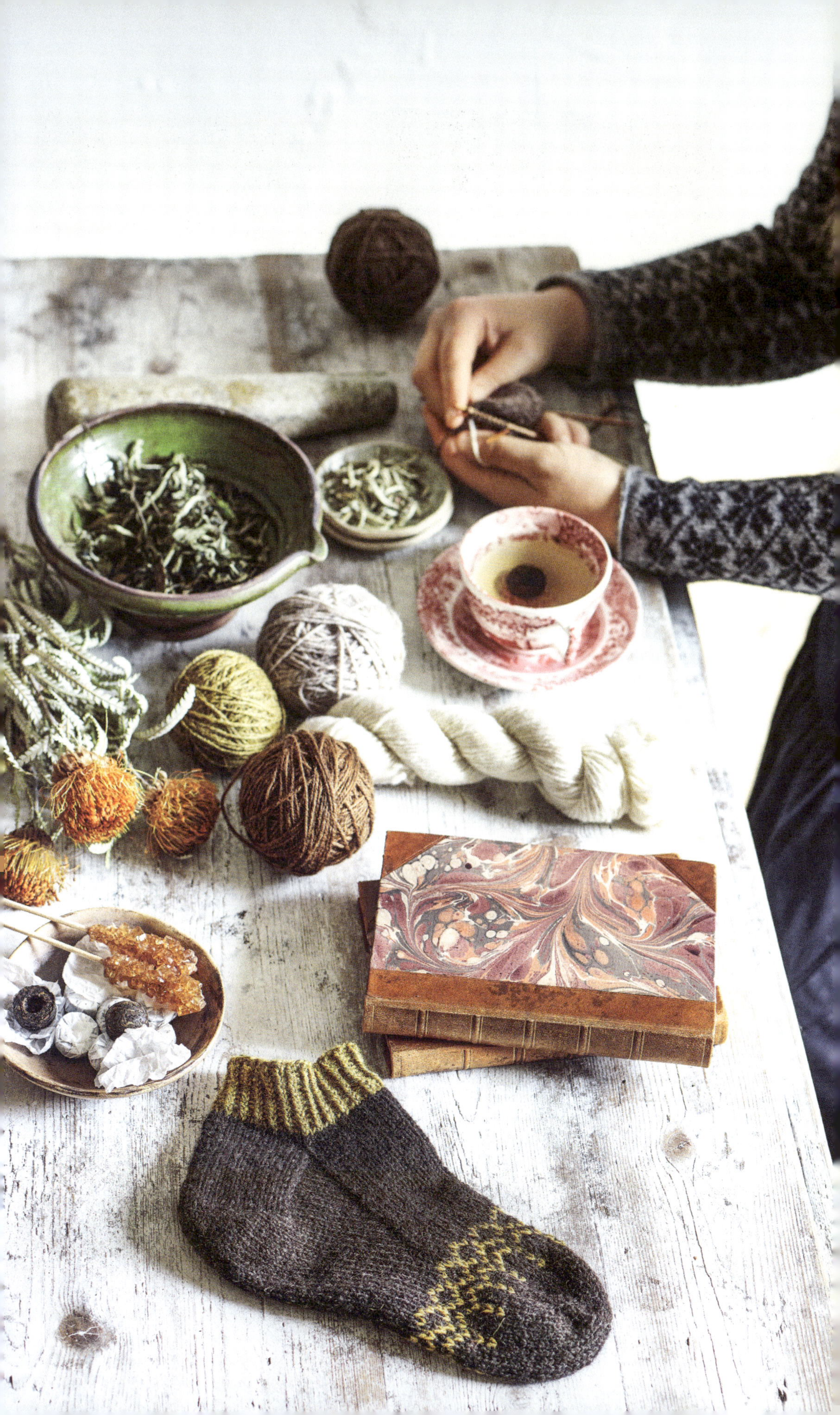

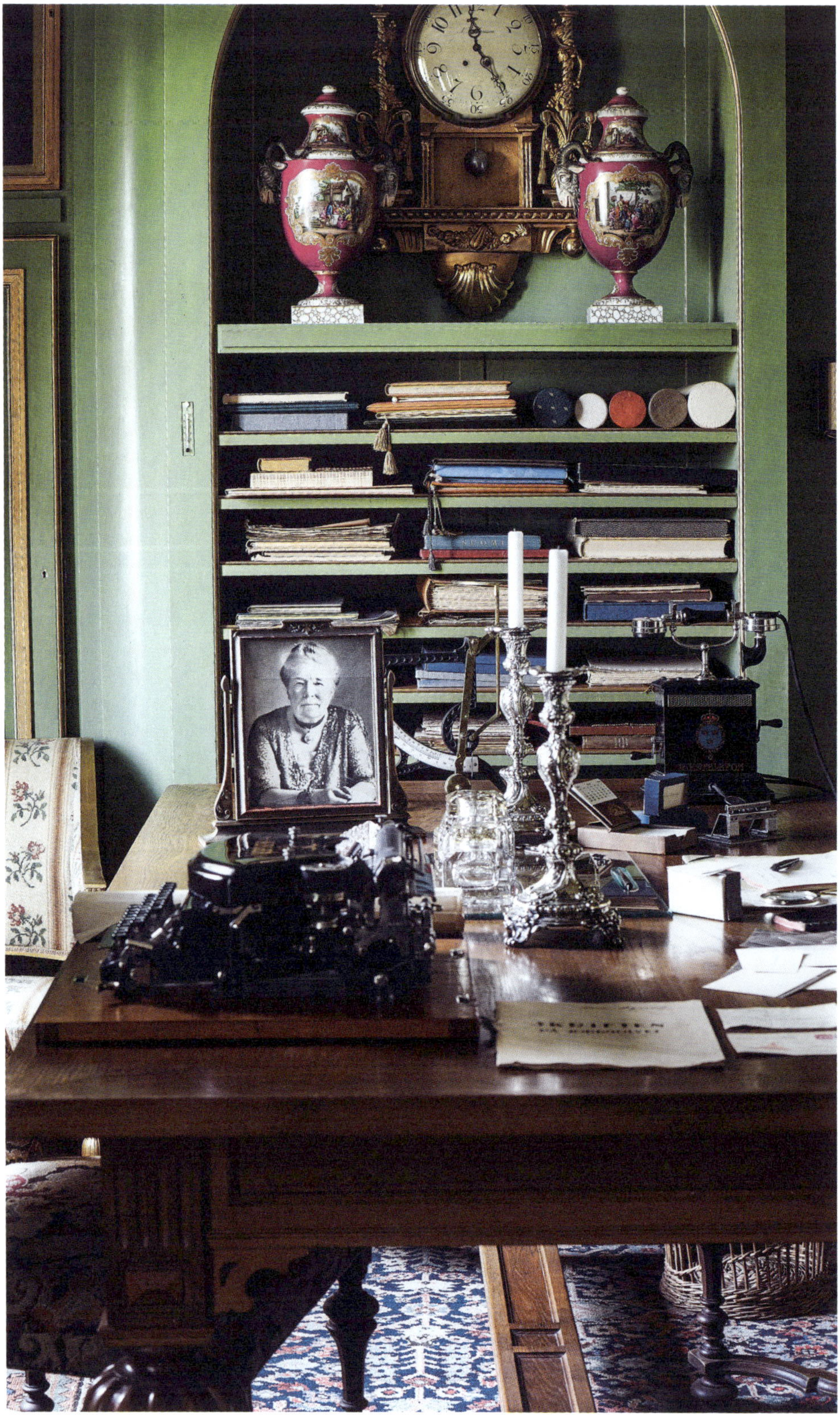

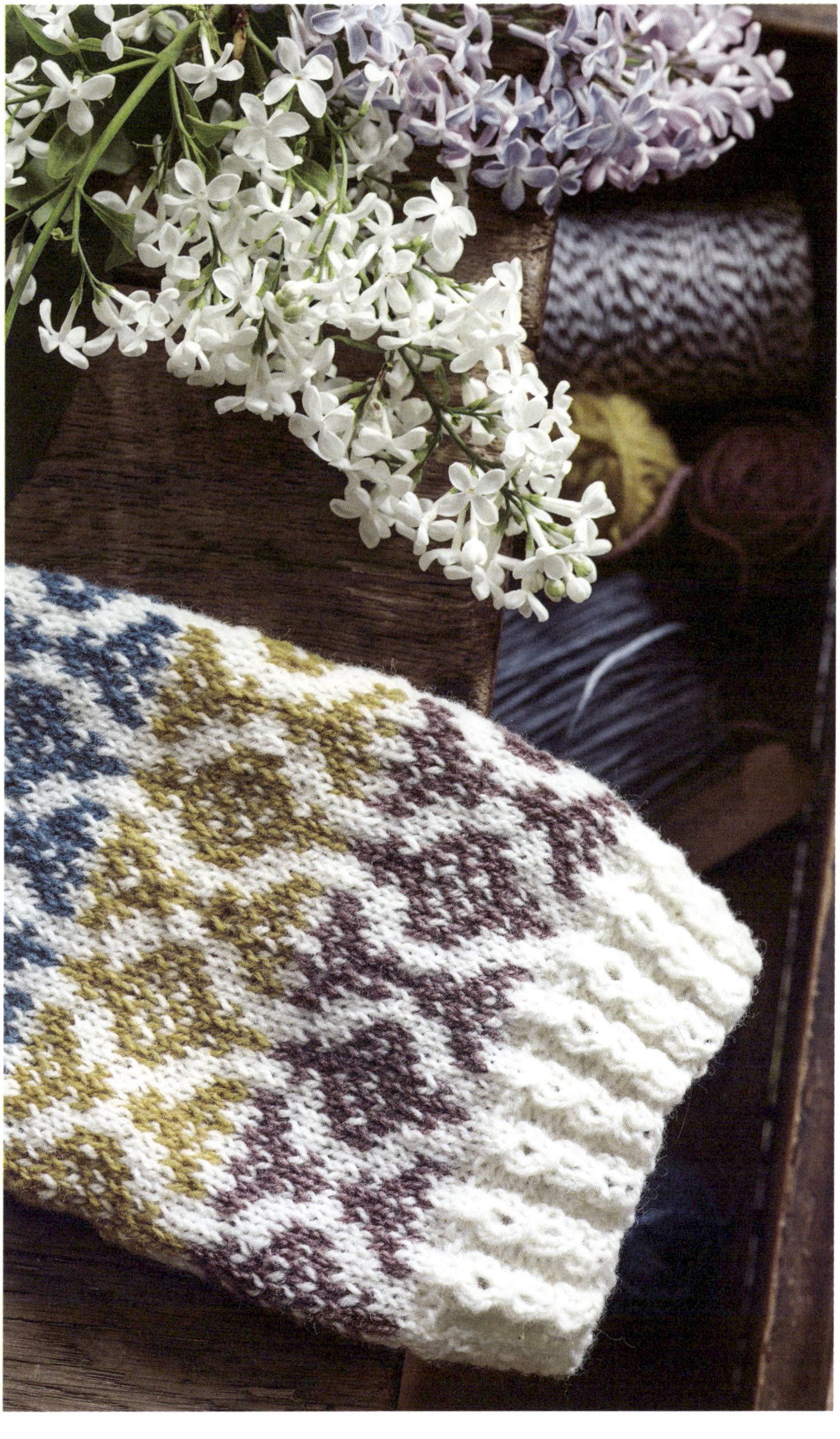

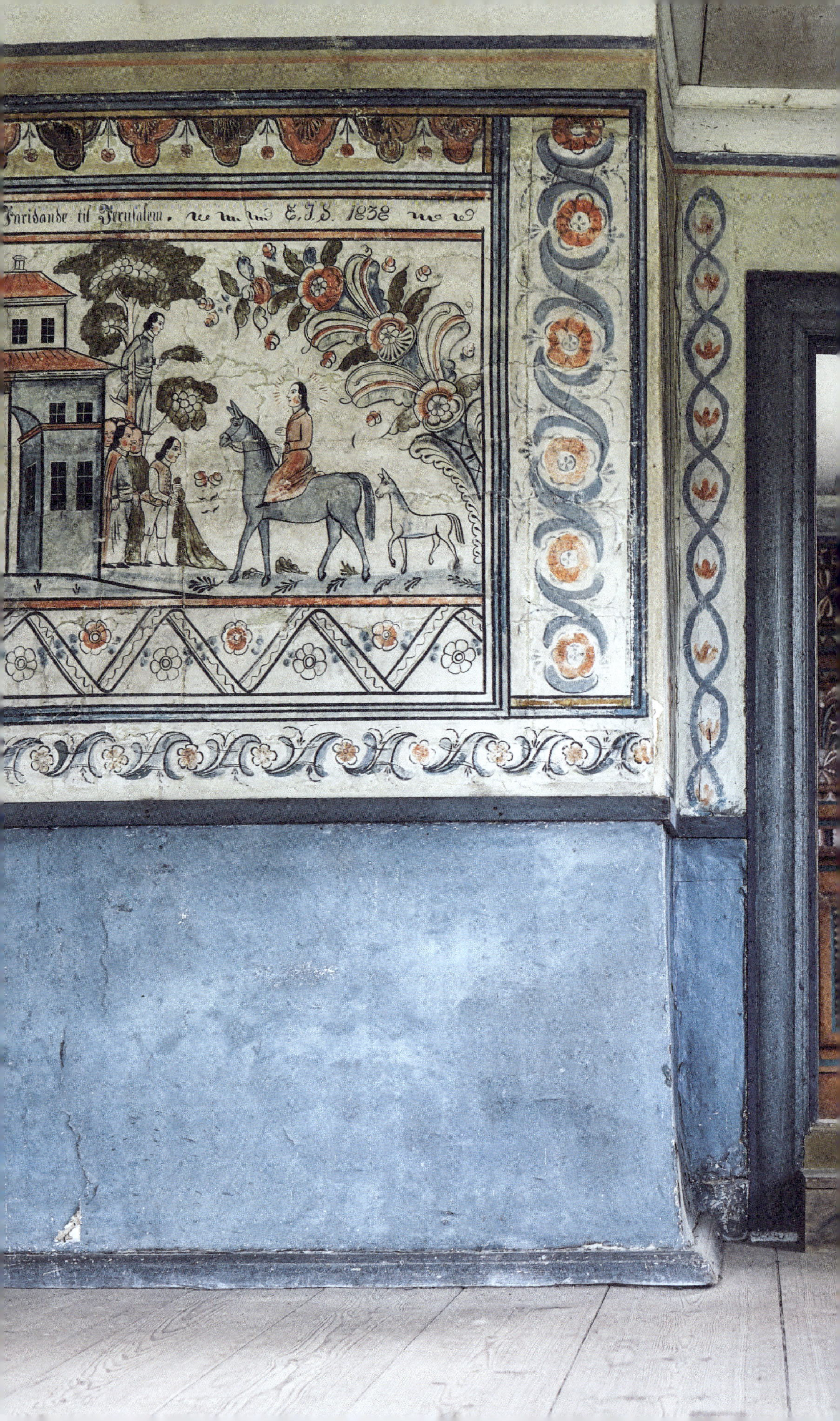
Inridande til Jerusalem. E.J.S. 1838

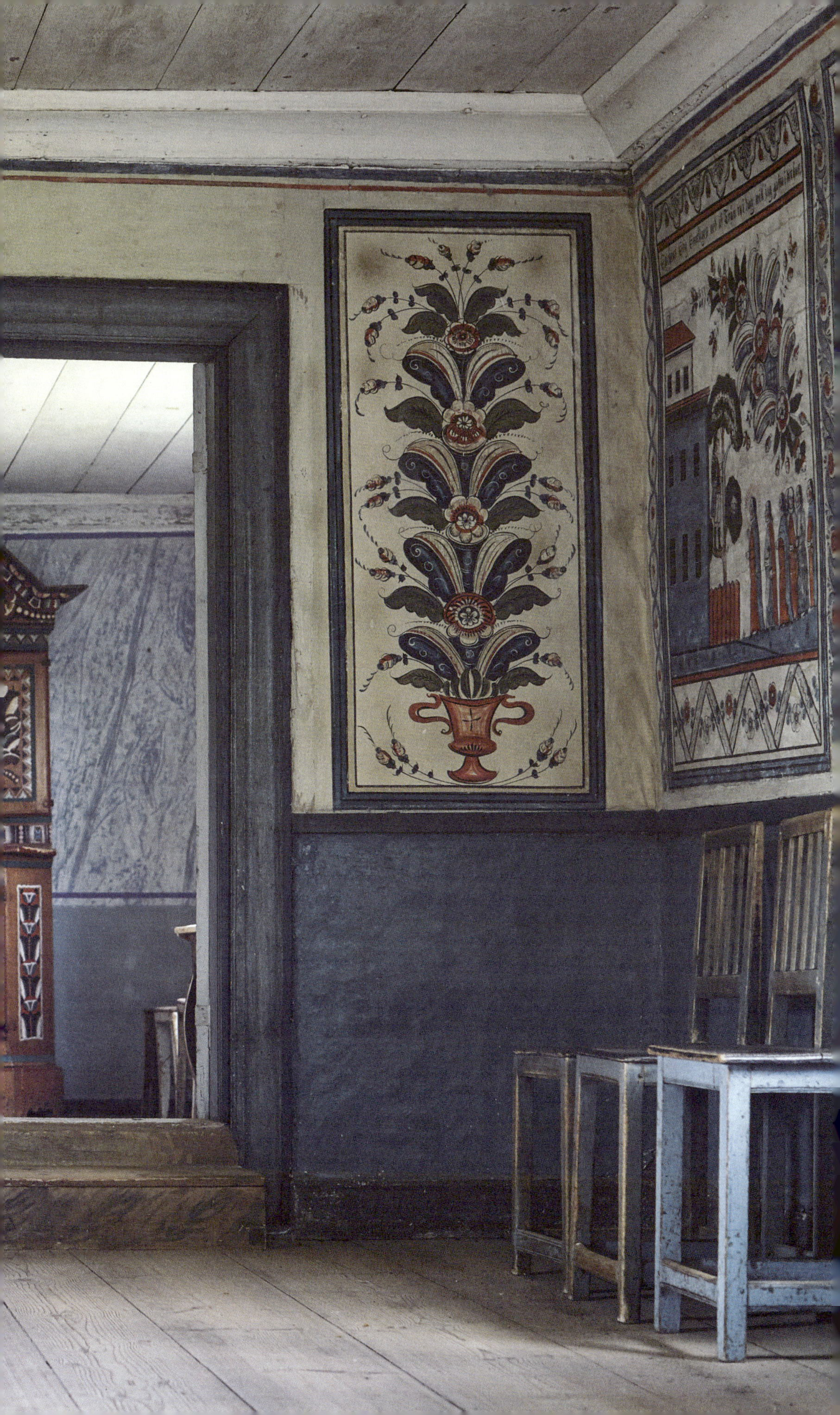

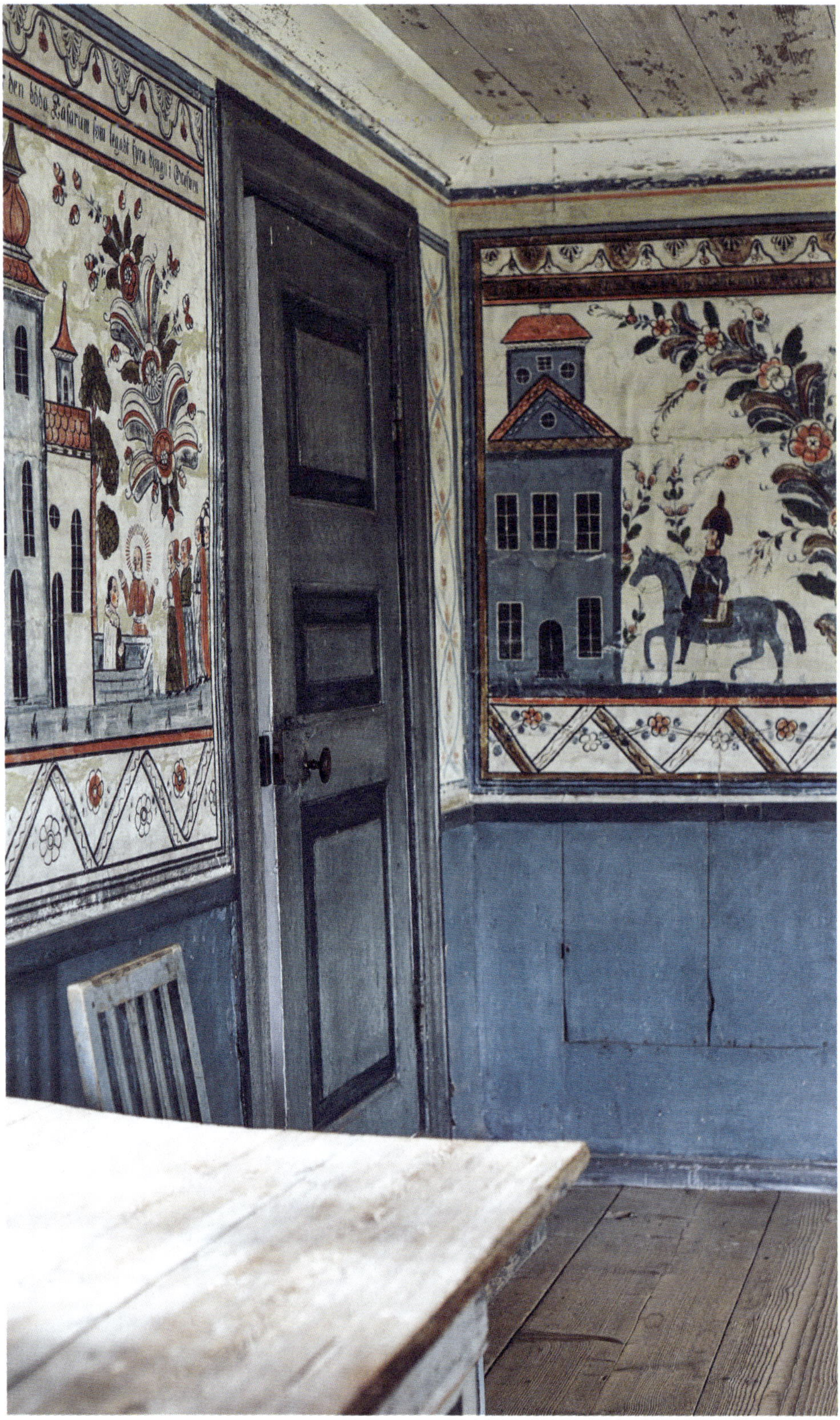
den döda Lazarum som legadt fyra dygn i Grafwen

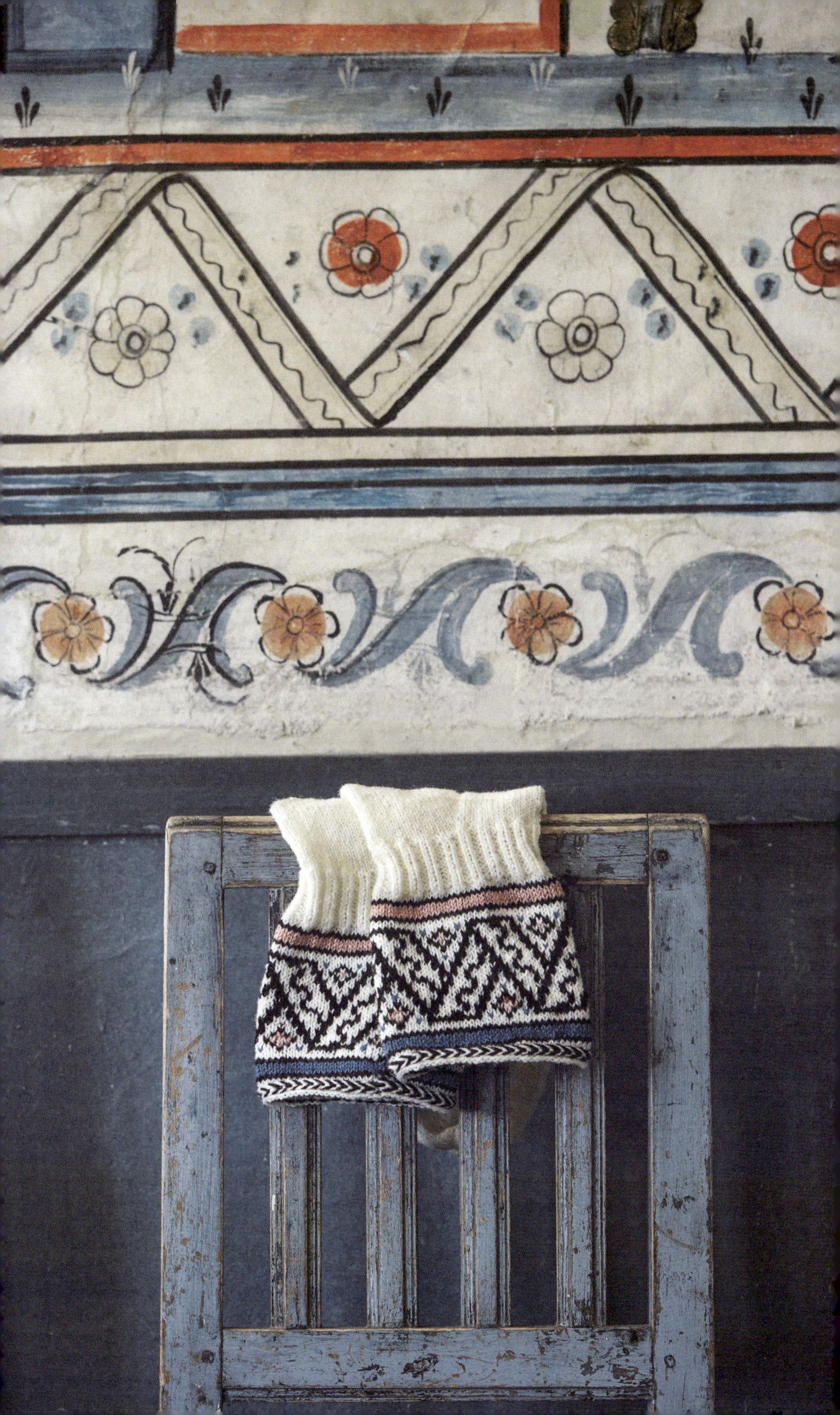

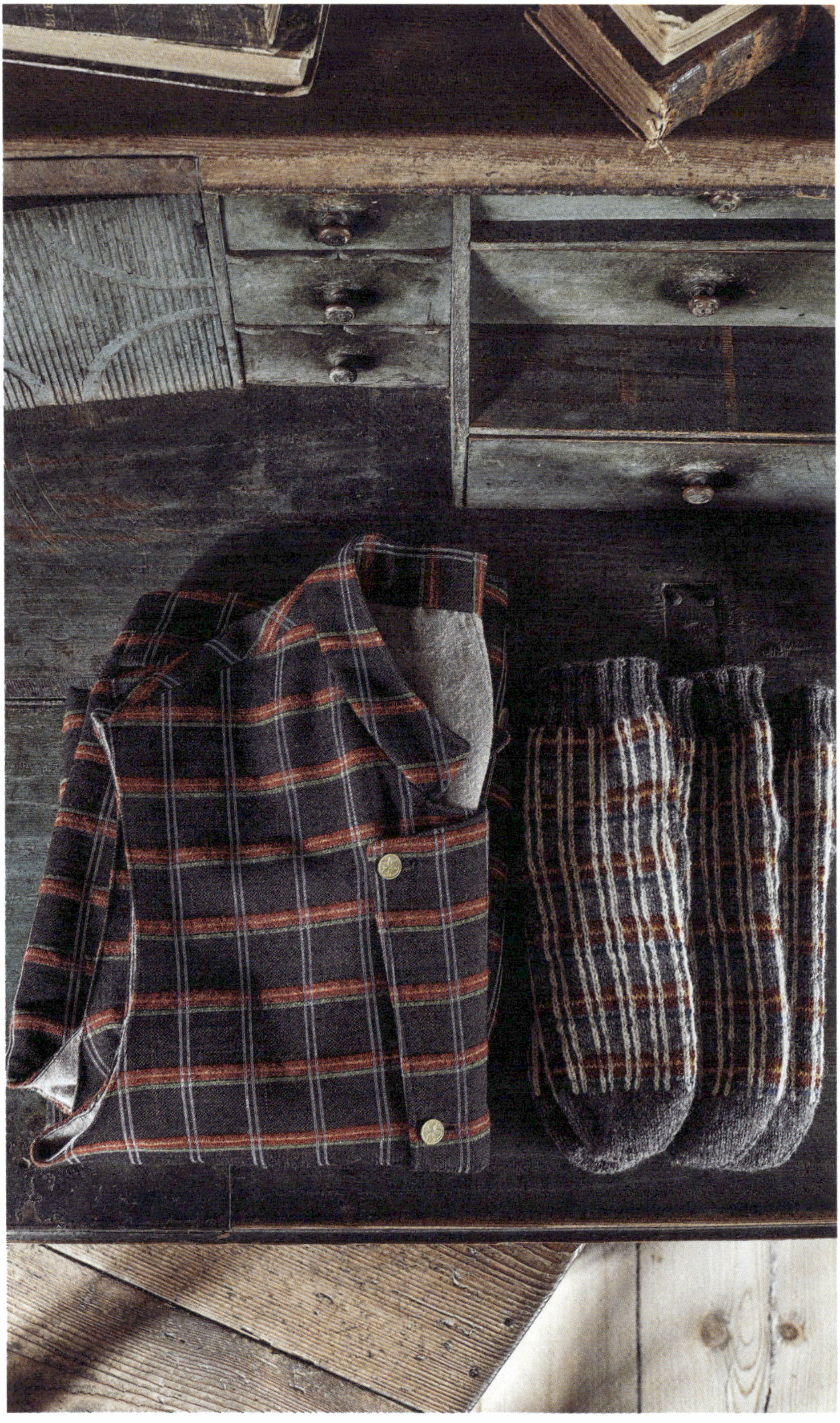

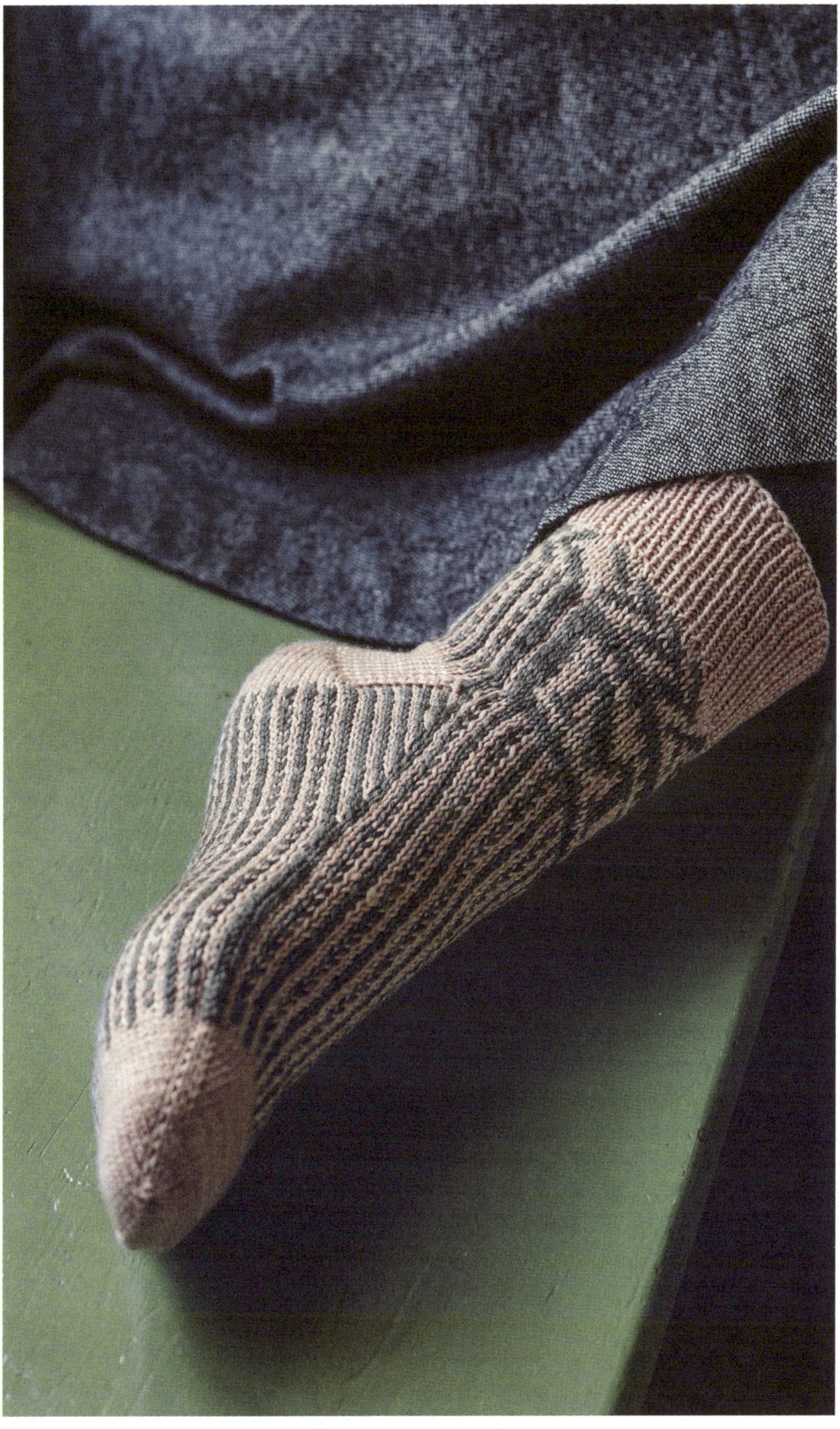

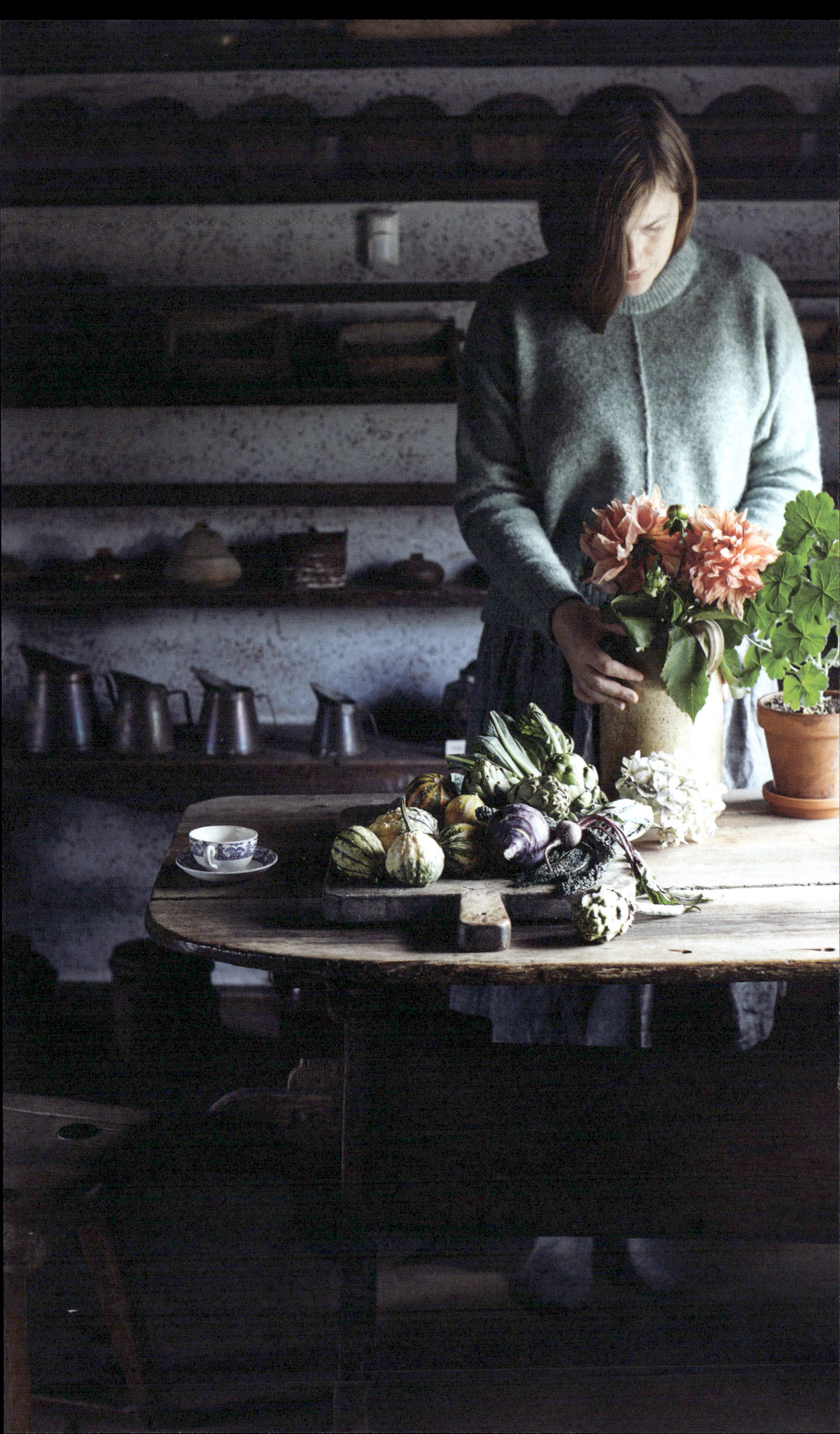

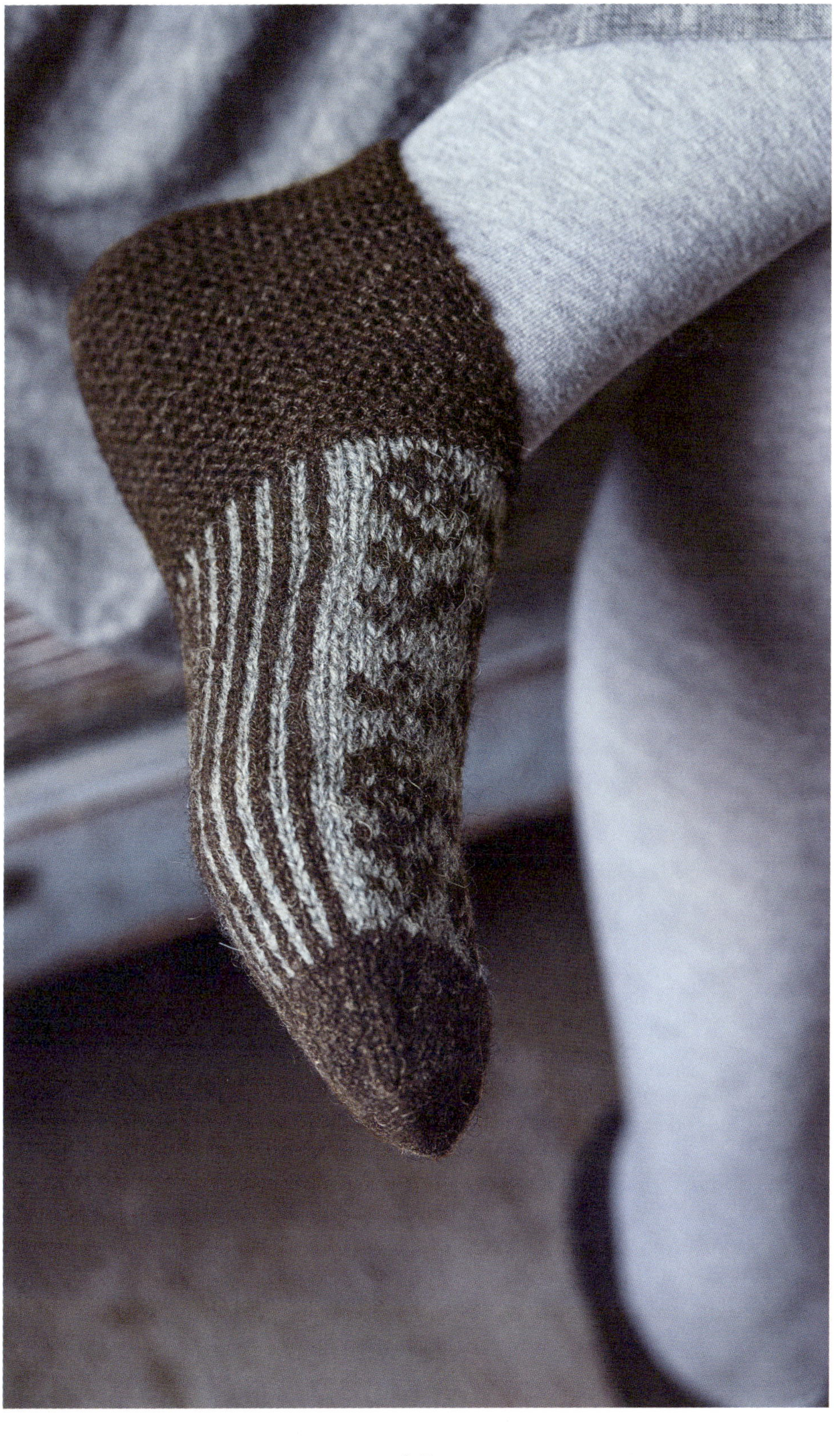

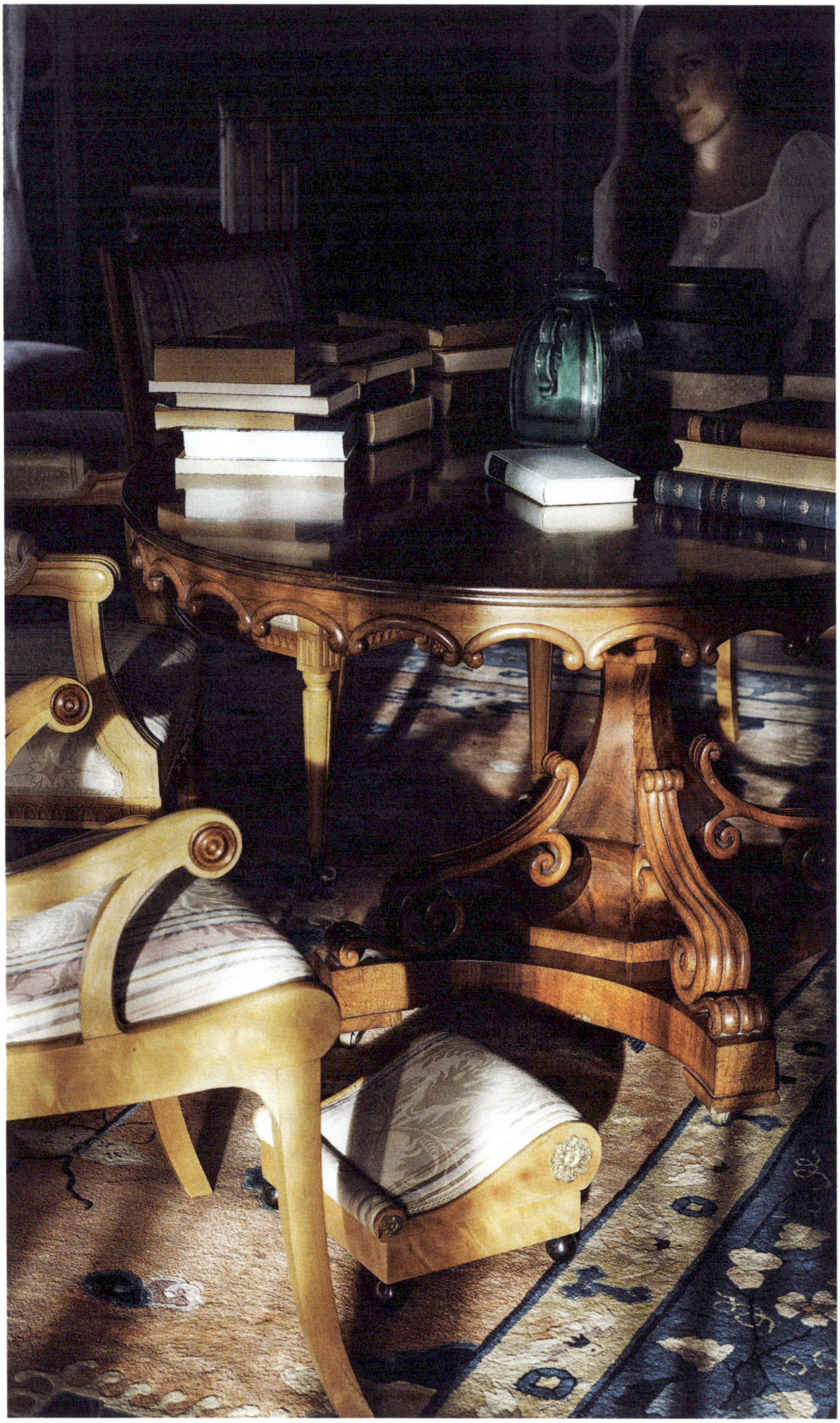

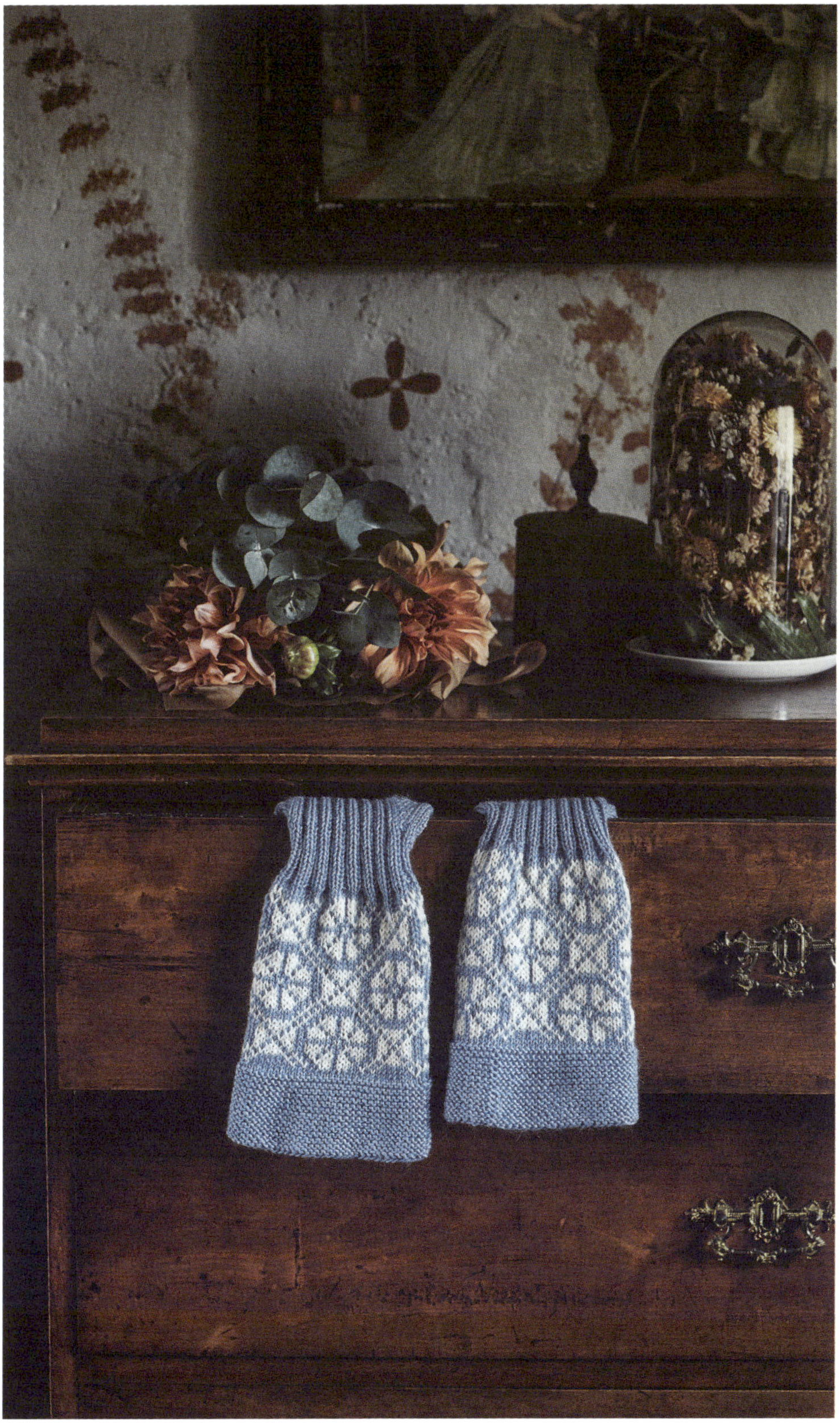

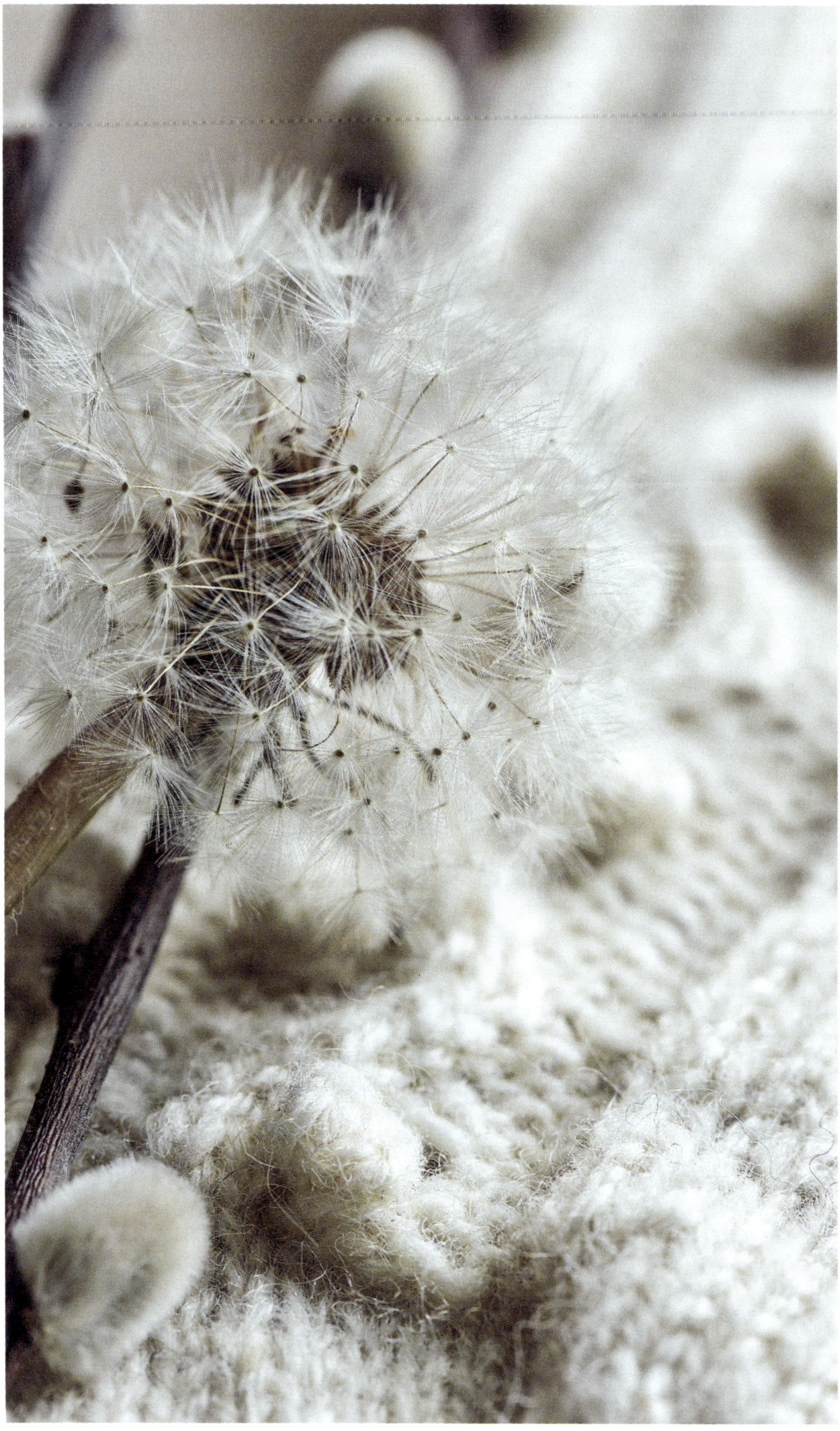

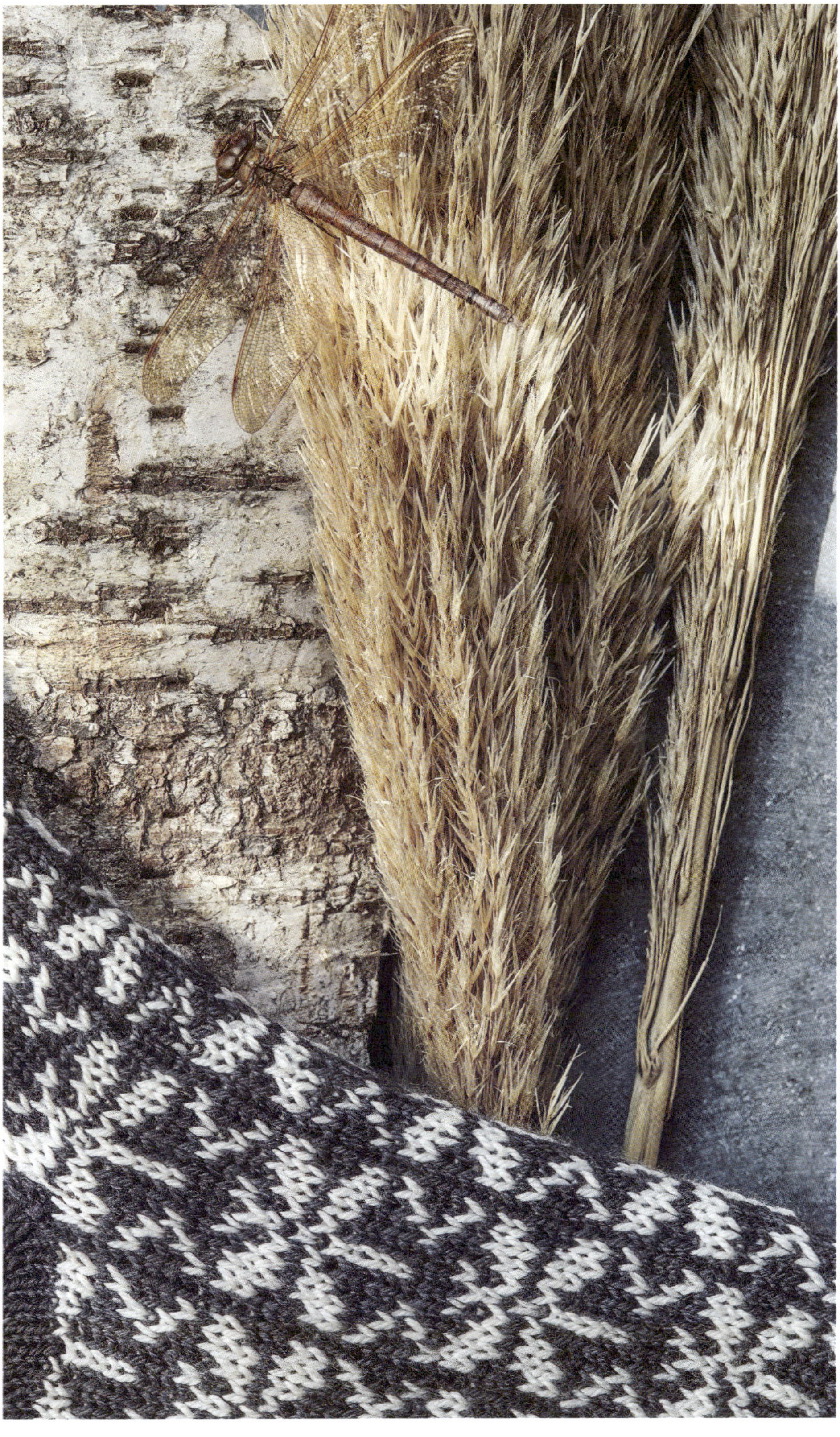

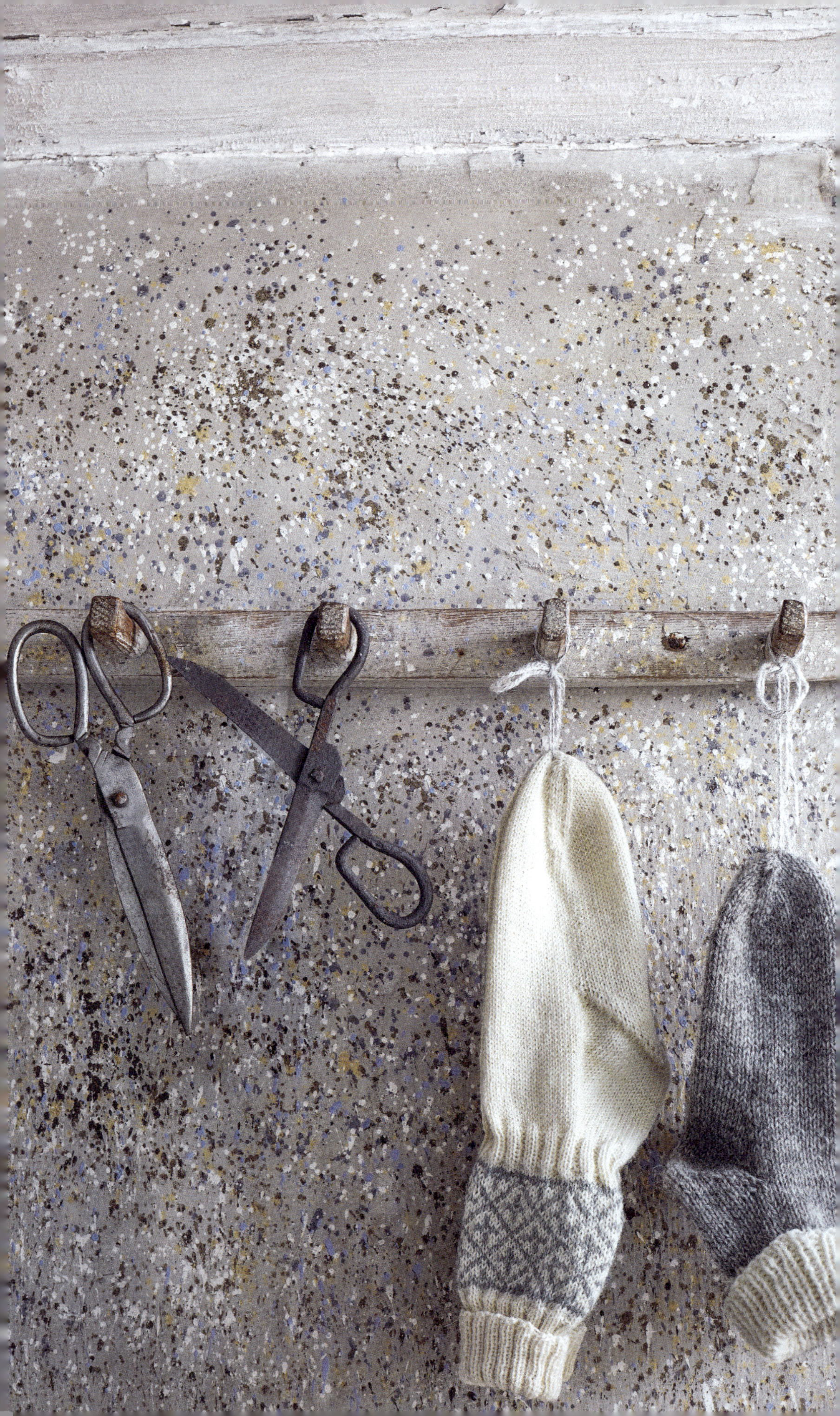

Anleitungen

EIN PAAR DINGE VORWEG

◇ Die meisten Anleitungen sind für mehrere Damengrößen geschrieben. Bei Bedarf kann man die Größe anpassen, indem man eine halbe Nadelstärke nach oben oder unten geht und/oder die Fuß- und Beinlänge verändert.

◇ Um die passende Größe festzulegen, sollte man den Fuß wie folgt mit einem Maßband messen: Den Fuß an der breitesten Stelle messen (="Umfang"), dann die Fußlänge vom Zeh bis zur Ferse messen (="Größe"). Dabei im Kopf behalten, dass Strümpfe dehnbar sind. Ein Strumpf, der ungedehnt 1 cm bis 1,5 cm kürzer als der Fuß ist, sitzt später gut. Bei langen Strümpfen muss man auch die Waden messen (="Beinumfang"). Um zu wissen, an welcher Stelle man den Umfang der Wade messen muss, orientiert man sich in der Anleitung an der Länge des Beins (="Beinlänge") und misst den Umfang der Wade an der Stelle, an welcher der Strumpf oben endet. Die Beinlänge wird immer vom Fersenende aus gemessen.

◇ Vor dem Stricken die komplette Anleitung durchlesen, um eine Vorstellung von der Konstruktion und der Methode zu erhalten.

◇ Abkürzungen beachten: siehe S. 195.

◇ Unbedingt darauf achten, dass der Begriff „Fuß“ in den Anleitungen nicht den gesamten Fuß meint, sondern den Teil zwischen Ferse und Spitze.

◇ Alle Zentimeterangaben sind nur circa-Angaben.

◇ Die Mengenangaben beziehen sich auf ganze Knäuel/Stränge – nicht auf die tatsächlich verstrickte Menge, die manchmal geringer sein kann.

◇ Vorher eine Maschenprobe von 12 × 12 cm stricken und auszählen, wie viele Maschen und Reihen auf 10 cm × 10 cm kommen. Stimmt die Maschenprobe nicht mit der Anleitung überein, die Nadelstärke anpassen. Bei zu wenigen Maschen auf dünnere Nadeln wechseln, bei zu vielen auf dickere.

◇ Wenn nicht mit der angegeben Wolle gestrickt wird, sollte die Ersatzwolle dieselbe Zusammensetzung und Maschenprobe haben.

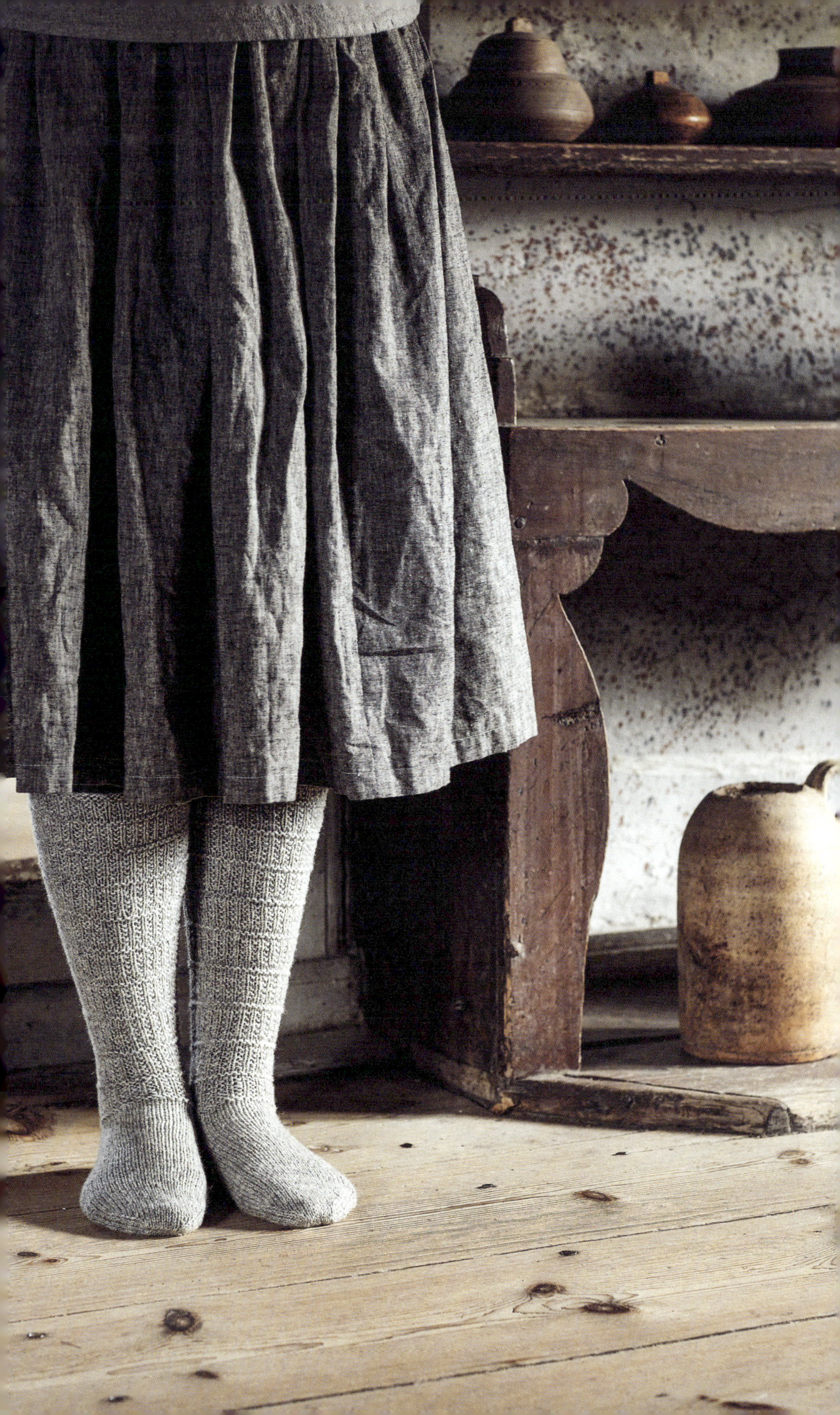

Arbeit

Vom Mittelalter bis ins 18. Jahrhundert hinein arbeiteten viele Frauen im Bergwerk. Die Bergfrauen erledigten im Grunde dieselbe Arbeit wie die Männer in den Gruben und Hütten. Sie erhielten oft sogar denselben Lohn und arbeiteten zu denselben Bedingungen wie die Männer. Trotzdem wurde ihre Geschichte mit der Zeit vergessen. Vielleicht hilft es, wenn wir Strümpfe zu ihrem Gedenken stricken? Diese Strümpfe entstanden, als ich mir vorzustellen versuchte, wie ein Arbeitstag einer Bergfrau ausgesehen haben mag, und wie ein paar robuste Grubensocken aussehen könnten. Das dekorative Strukturmuster am Bein ist elastisch und verleiht dem Stricken einen Fluss und einen Rhythmus – was bei jeder Arbeit wichtig ist. Um Blasen vorzubeugen, werden die Arbeitsstrümpfe besonders eng gestrickt, damit keine störenden Falten entstehen.

GRÖSSE: 36/37 (38/39) 40/41
UMFANG: 18 (18) 19,5 cm
BEINLÄNGE: 31 cm (Bund bis Fersenbeginn)
BEINUMFANG: 30 cm und dehnbar auf 36 cm
LÄNGE: 23 (24) 25 cm
MATERIAL: Tukuwool Sock (80 % finnische Wolle, 20 % Polyamid, 50 g = 160 m)
MENGE: 200 g Humu (Nr. 02)
NADELSPIEL: 3 mm
MASCHENPROBE: 27 M × 36 R = 10 cm × 10 cm glatt rechts auf Nadelstärke 3 mm
KONSTRUKTION: Die Socken werden von oben gestrickt, mit einer klassischen Ferse, s. S. 192. Das Bein hat sog. gebrochene Rippen und krause Querrippen.
STRICKKURS: Mit 3 Nadeln abketten, s. S. 198.

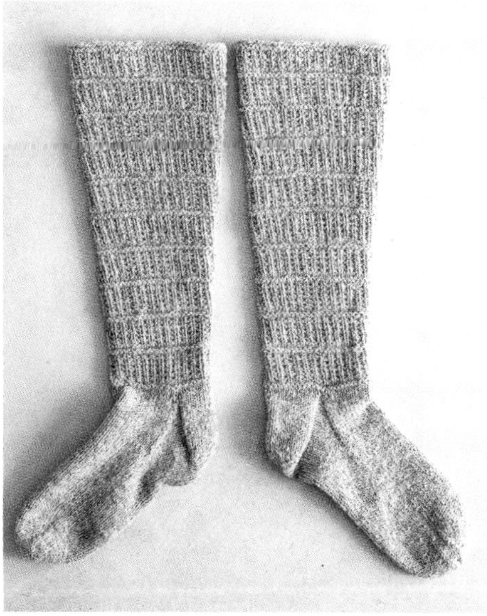

BEIN

Auf einem Nadelspiel 3 mm 72 M anschlagen und gleichmäßig auf 4 Nadeln verteilen.

1 Rd re, 1Rd li, 1 Rd re str.

Ab jetzt das Strukturmuster Abschnitt 1–5 str.

Strukturmuster – Abschnitt 1

Rd 1: re str.

Rd 2: *1 M re, 1 M li*. Von * bis * bis RdEnde wdh.

Rd 1–2 insg 5-mal wdh = 10 Rd.

2 Rd re, 1 Rd li, 1 Rd re str.

Rd 17: re str.

Rd 18: *1 M re, 1 M li*. Von * bis * bis RdEnde wdh.

Rd 17–18 insg 5-mal wdh = 10 Rd.

1 Rd re str.

AbnahmeRd: *2 M re zus, 10 M re*. Von * bis * bis RdEnde wdh = 66 M.

1 Rd li, 1 Rd re str.

Strukturmuster – Abschnitt 2

Rd 1: re str.

Rd 2: *1 M re, 1 M li*. Von * bis * bis RdEnde wdh.

Rd 1–2 insg 5-mal wdh = 10 Rd.

2 Rd re, 1 Rd li, 1 Rd re str.

Rd 17: re str.

Rd 18: *1 M re, 1 M li*. Von * bis * bis RdEnde wdh.

Rd 17–18 insg 5-mal wdh = 10 Rd.

1 Rd re str.

AbnahmeRd: *2 M re zus, 9 M re*. Von * bis * bis RdEnde wdh = 60 M.

1 Rd li, 1 Rd re str.

Strukturmuster – Abschnitt 3

Rd 1: re str.

Rd 2: *1 M re, 1 M li*. Von * bis * bis RdEnde wdh.

Rd 1–2 insg 5-mal wdh = 10 Rd.

2 Rd re, 1 Rd li, 1 Rd re str.

Rd 17: re str.

Rd 18: *1 M re, 1 M li*. Von * bis * bis RdEnde wdh.

Rd 17–18 insg 5-mal wdh = 10 Rd.

1 Rd re str.

AbnahmeRd: *2 M re zus, 8M re *. Von * bis * bis RdEnde wdh = 54 M.

1 Rd li, 1 Rd re str.

Strukturmuster – Abschnitt 4

Rd 1: re str.

Rd 2: *1 M re, 1 M li*. Von * bis * bis RdEnde wdh.

Rd 1–2 insg 5-mal wdh = 10 Rd.

2 Rd re, 1 Rd li, 1 Rd re str.

Rd 17: re str.

Rd 18: *1 M re, 1 M li*. Von * bis * bis RdEnde wdh.

Rd 17–18 insg 5-mal wdh = 10 Rd.

1 Rd re str.

AbnahmeRd: *2 M re zus, 7 M re*. Von * bis * bis RdEnde wdh = 48 M.

1 Rd li, 1 Rd re str.

Strukturmuster – Abschnitt 5

Rd 1: re str.

Rd 2: *1 M re, 1 M li*. Von * bis * bis RdEnde wdh.

Rd 1–2 insg 5-mal wdh = 10 Rd.

2 Rd re, 1 Rd li, 1 Rd re str.

Rd 17: re str.

Rd 18: *1 M re, 1 M li*. Von * bis * bis RdEnde wdh.

Rd 17–18 insg 5-mal wdh = 10 Rd.

2 Rd re, 1 Rd li und 3 Rd re.

KÄPPCHEN

Nadel 1 und 2 rechts und dann in Reihen glatt rechts über Nadeln 3 und 4 insg 20 R str (mit einer RückR enden).

FERSE

Nächste R (= HinR) wie folgt verkürzte R und Abnahmen str:

R 1: 14 M re, 2 M re ver zus, 1 M re, wenden.

R 2: 1 M li abh, 5 M li, 2 M li zus, 1 M li, wenden.

R 3: 1 M abh, 6 M re, 2 M re ver zus, 1 M re, wenden.

R 4: 1 M li abh, 7 M li, 2 M li zus, 1 M li, wenden.

R 5: 1 M abh, 8 M re, 2 M re ver zus, 1 M re, wenden.

R 6: 1 M li abh, 9 M li, 2 M li zus, 1 M li, wenden.

R 7: 1 M abh, 10 M re, 2 M re ver zus, 1 M re, wenden.

R 8: 1 M li abh, 11 M li, 2 M li zus, 1 M li, wenden.

R 9: 1 M abh, 12 M re, 2 M re ver zus, wenden.

R 10: 1 M li abh, 12 M li, 2 M li zus, wenden.

R 11 (HinR): Nun sind alle seitlichen M gestrickt. Wenden und glatt rechts über Nadeln 3 und 4 str.

ZWICKEL

13 M aus der rechten Seite der Fersenwand aufnehmen (= Nadel 4), Nadeln 1 und 2 re stricken. 13 M aus der linken Seite der Fersenwand aufnehmen, die restl FersenM re str (= Nadel 3).

1 Rd re str. Dann wie folgt abnehmen:

Nadel 4: Die letzten 2 M re zus. Nadel 1 und 2: Glatt rechts. Nadel 3: Die ersten 2 M re ver zus.

Die Abnahmen in jeder 2. Rd wdh, bis noch 48 (48) 52 M übrig sind. Die M gleichmäßig auf die 4 Nadeln verteilen.

FUSS

Glatt rechts bis der Fuß 19 (20) 21 cm misst.

SPITZE

AbnahmeRd: 1 M re, 1 M abh, 1 M re und die abgehobene M über diese ziehen. Bis zu den letzten 3 M auf Nadel 2: re, 2 M re zus, 1 M re. Nadel 3: 1 M re, 1 M abh, 1 M re und die abgehobene M über diese ziehen. Bis zu den letzten 3 M auf Nadel 4: re, 2 M re zus, 1 M re = 4 M abgenommen.

Die Abnahmen in jeder 2. Rd wdh, bis noch 20 (20) 24 M übrig sind.

MIT DREI NADELN ABKETTEN

Die Maschen auf 2 Nadeln verteilen – SpannM auf die eine und SohlenM auf die andere. Faden abschneiden, aber genug zum Abketten übrig lassen. Die Nadeln rechts auf rechts parallel halten.

Wie folgt abketten: *2 Maschen (je 1 SpannM und 1 SohlenM) rechts zusammenstricken (= 1 M von jeder Nadel). Dann die zuerst gestrickte Masche über die zweite ziehen*. Von * bis * wdh bis alle Maschen abgekettet sind. Faden abschneiden und alle Fäden vernähen. Beim zweiten Strumpf die Ferse über Nadeln 1 und 2 stricken, nicht 3 und 4, damit der Rd-Anfang jeweils innen landet.

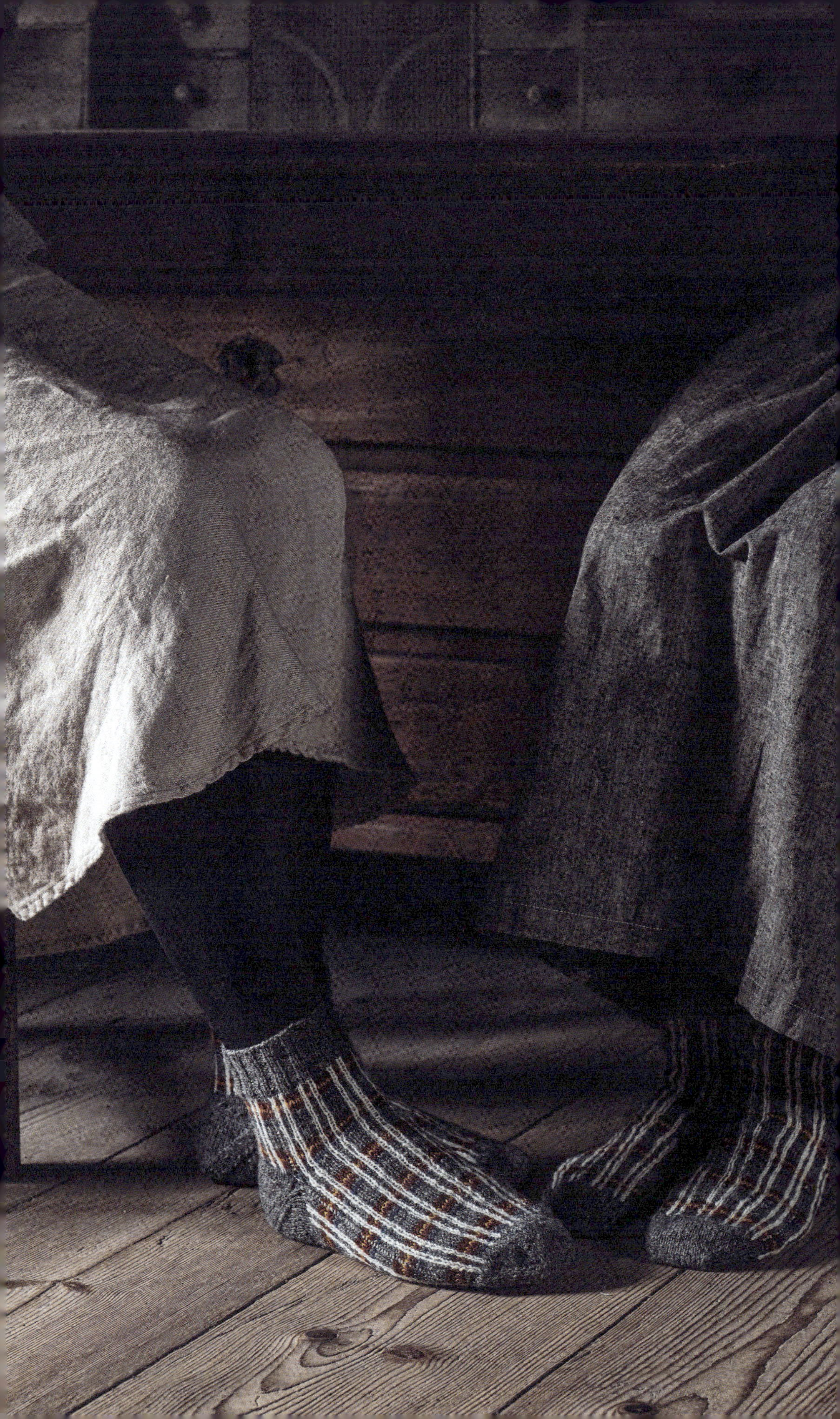

Bergmann

Diese Bergmänner waren Bauern, die vom Mittelalter bis ins 19. Jahrhundert hinein auch noch in Bergslagen im Bergwerk arbeiteten. Die Tracht der Bergmänner war straff und schick mit einer langen, dunklen Jacke zu Hemd, Weste und Kniebundhosen. Ein Bergmann trug oft auch eine Mütze, die wie eine Bergmannsaxt geformt war. Meine Familie lebt seit mehreren Hundert Jahren in Bergslagen, und viele meiner Vorfahren haben in den Gruben gearbeitet, die Schweden und Europa mit Eisenerz versorgten. Die Bergmannssocken sind eine Hommage an alle, die schwer in dunklen Tunneln geschuftet und ihr Leben und ihre Gesundheit für das Erz aufs Spiel gesetzt haben. Das Muster ist von der Weste inspiriert, die zur Bergmannstracht meines Papas gehört. *Bergmann* ist eine Socke, die man gut anpassen kann und die viele Größen bietet. Wählen Sie einen Fußumfang aus und kombinieren Sie ihn dann mit der gewünschten Länge.

GRÖSSE: 35/37 (38/40) 41/43 (44/46)
LÄNGE: 23 (25) 27 (29) cm
UMFANG: A = 20 cm, B = 24 cm
MATERIAL: 2 tr. Gammelserie von Rauma Garn (100 % norwegische Wolle, 50 g = 160 m)
MENGE: GF = 100 g Dunkelgrau meliert (Nr. 405), MF1 = 50 g Natur (Nr. 401), MF2 = 50 g Blau oder Petrol (Nr. 447 oder. 4902), MF3 = 50 g Kupferrot (Nr. 4904), MF4 = 50 g Ocker (Nr. 4905)
NADELSPIEL: 2 mm und 2,5 mm
MASCHENPROBE: 30 M × 42 R = 10 cm × 10 cm glatt rechts im Muster auf NS 2,5 mm
KONSTRUKTION: Es wird von der Spitze aus gestrickt mit nachträglicher Ferse, s. S. 192.
STRICKKURS: Judys magischer Anschlag, s. S. 194.
1 M LI NEIG ZUN = 1 M links neigend zunehmen, s. S. 196.
1 M RE NEIG ZUN = 1 M rechts neigend zunehmen, s. S. 196.
VERKÜRZTE R und WICKELMASCHEN, s. S. 194.

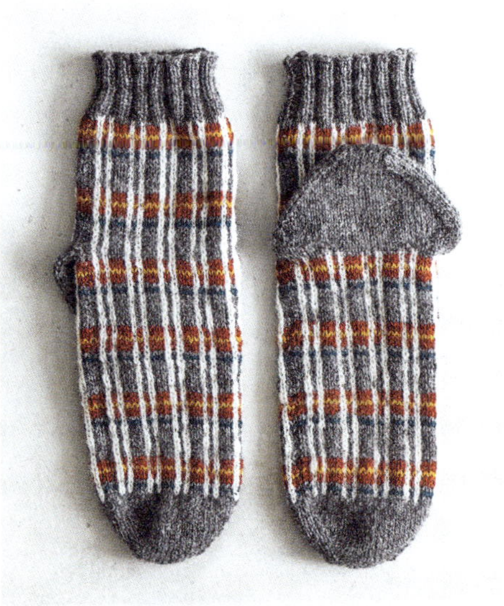

SPITZE

Auf Nadelspiel 2,5 mm mit GF 24 M (= A) oder 36 M (= B) auf 2 Nadeln (= 12 [18] M pro Nadel) mit Judys magischem Anschlag anschlagen.

Rd 1: Eine Rd rechts str, dabei die Maschen auf 4 Nadeln verteilen.

Rd 2: 2 M re, 1 M li neig zun, bis zur letzten M auf Nadel 2 re, 1 M re neig zun, 1 M re. Nadel 3: 2 M re, 1 M li neig zun, bis zur letzten M auf Nadel 4 re, 1 M re neig zun, 1 M re.

Rd 1 und 2 wdh bis zu insg 60 M (= A) oder 72 M (= B). 1.–30. oder 1.–36. M = Spann. 31.–60. oder 37.–72. M = Sohle.

1 Rd rechts.

FUSS

Glatt rechts im Muster laut Strickschrift stricken, Rd 1–14 insg 3 (4) 4 (5)-mal wdh: 1.–6. M 10-mal (= A) oder 12-mal (= B) pro Rd wdh. Danach Rd 1–9 insg 1 (0) 1 (0)-mal (je nach Größe) wdh.

VORBEREITUNG FÜR DIE FERSE

Die ersten 30 oder 36 SpannM wie Rd 10 (1) 10 (1) der Strickschrift stricken. Dann die folgenden 30 oder 36 M mit einem Wollrest stricken. (Hier wird später, wenn die Socke fertig ist, die Ferse nachträglich angestrickt.) Wieder zurück zur ersten, mit dem Wollrest gestrickten, M gehen und die letzten 30 oder 36 M erneut stricken, dieses Mal mit GF. (Damit werden die nächsten MusterM gesichert, wenn die M später für die Ferse aufgenommen werden.)

BEIN

Weiter im Muster laut Strickschrift str und mit Rd 11 (2) 11 (2) beginnen.

Bis inklusive Rd 14 str. Rd 1–14 1 (0) 1 (0)-mal wdh und dann Rd 1–9 0 (1) 0 (1)-mal str.

Dann Rd 1–9 1 (0) 1 (0)-mal wdh. Die Musterfarbe abschneiden.

2 Rd glatt rechts mit GF.

Auf Nadelspiel 2 mm wechseln und 16 Rd Rippen (= 2 M re, 2 M li) str, oder länger, wenn gewünscht. Im Muster abketten und Faden abschneiden.

FERSE

Jetzt wird die nachträgliche Ferse eingestrickt. Sie wird mit verkürzten R an den Seiten geformt, damit die Socke über dem Spann nicht zu eng sitzt.

Mit GF und Nadelspiel 2,5 mm: Den vorher eingestrickten Wollrest entfernen, dabei 60 (72) M auf 4 Nadeln verteilen. 1 Rd re str, in der rechten Fersenecke beginnen.

Verkürzte R 1: 8 M re, M umwickeln, wenden.

Verkürzte R 2: 16 M li, M umwickeln, wenden.

Verkürzte R 3: 14 M re, M umwickeln, wenden.

Verkürzte R 4: 12 M li, M umwickeln, wenden.

Verkürzte R 5: 10 M re, M umwickeln, wenden.

Verkürzte R 6: 8 M li, M umwickeln, wenden.

Verkürzte R 7: 42 (48) M re, M umwickeln, wenden. Daran denken, die Wickelmaschen mit ihren Wickeln zu stricken.

Verkürzte R 8: 16 M li, M umwickeln, wenden.

Verkürzte R 9: 14 M re, M umwickeln, wenden.

Verkürzte R 10: 12 M li, M umwickeln, wenden.

Verkürzte R 11: 10 M re, M umwickeln, wenden.

Verkürzte R 12: 8 M li, M umwickeln, wenden. Bis RdEnde re. (Dabei daran denken, die Wickelmaschen mit ihren Wickeln zu stricken.)

1 Rd re str. Dabei daran denken, die Wickelmaschen mit ihren Wickeln zu stricken.

AbnahmeRd: *1 M re, 1 M abh, 1 M re und die abgehobene M über die gestrickte ziehen. Bis zu den letzten 3 Sohlen/SpannM re, 2 M re zus, 1 M re*. Von * bis * 1-mal wdh = 4 M abgenommen.

1 Rd re str.

Die AbnahmeRd in jeder zweiten Rd wdh, bis noch 20 M (= A) oder 32 M (= B) übrig sind.

MIT DREI NADELN ABKETTEN

Faden abschneiden, aber genug zum Abketten übrig lassen. Die Nadeln mit je 10 M (= A) oder (16 M = B) (SpannM auf der einen und SohlenM auf der anderen) rechts auf rechts parallel halten, s. S. 198.

Wie folgt abketten: *2 Maschen (je 1 SpannM und 1 SohlenM) rechts zusammenstricken (= 1 M von jeder Nadel). Dann die zuerst gestrickte Masche über die zweite ziehen*. Von * bis * wdh bis alle Maschen abgekettet sind. Faden abschneiden und alle Fäden vernähen.

Die zweite Socke genauso stricken.

Für die zweite Socke wird die Strickschrift spiegelverkehrt gestrickt, dafür liest man sie von links nach rechts anstatt, wie bei der ersten Socke, von rechts nach links.

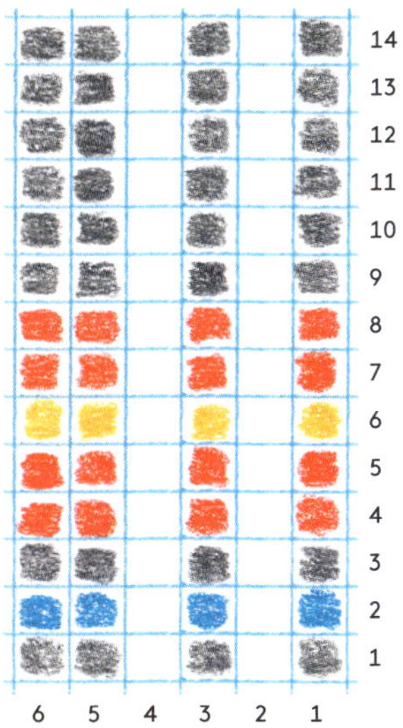

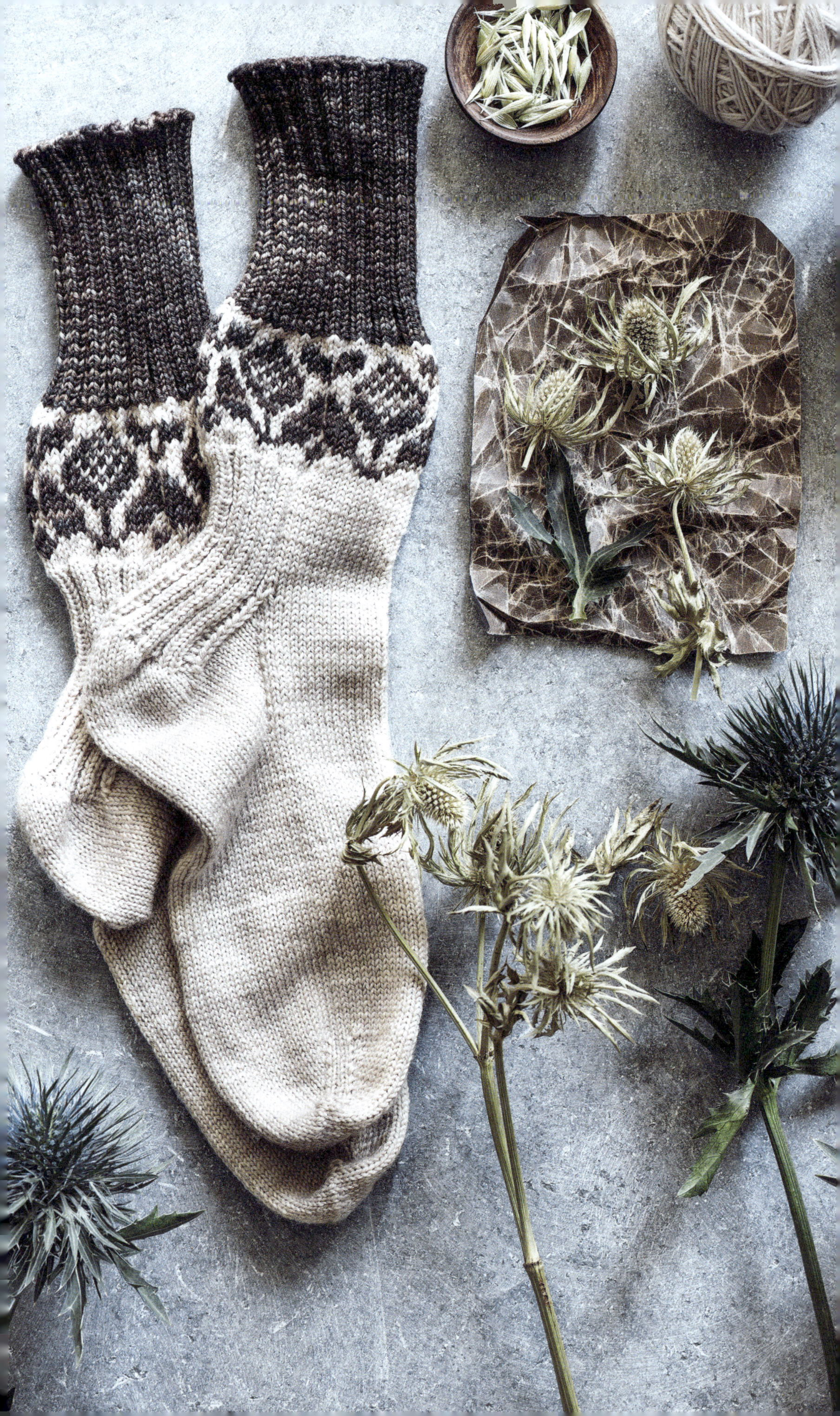

Kugeldistel

Kugeldisteln werden seit dem 17. Jahrhundert in Schweden angepflanzt. Im Sommer lieben Hummeln und Schmetterlinge die leuchtenden Blüten, und im Winter sind die Samen wertvolles Futter für Vögel. Diese Strümpfe sitzen durch das Rippenmuster an der Ferse und am Knöchel ganz besonders gut, oben kann man sie, wenn man möchte, auch umschlagen.

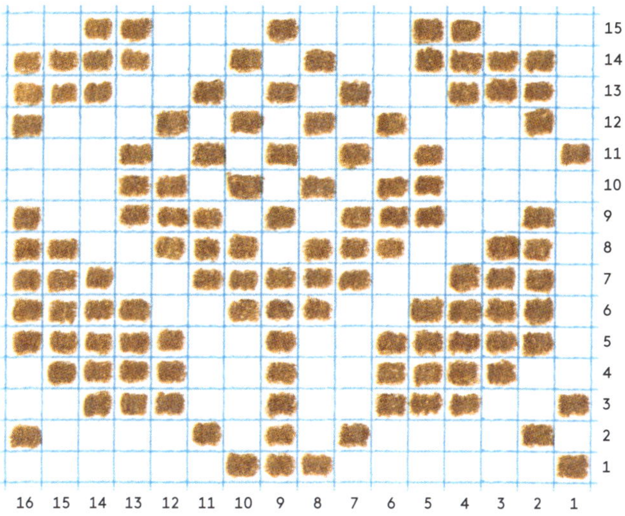

Grösse: 36/37 (38/39) 40/41

Länge: 23–23,5 (24,5–25) 26–26,5 cm

Umfang: 18 cm

Material: Manos del Uruguay Alegría, (75 % superwash Merino, 25 % Polyamid, 100 g = 425 m)

Menge:

GF = 50 g Sand (Nr. 14750),

MF = 50 g Zaino (Nr. 14748)

Nadelspiel: 2,5 mm und 3 mm

Zubehör: 4 Maschenmarkierer

Maschenprobe: 36 M × 48 R = 10 cm × 10 cm im Muster auf Nadelstärke 3 mm

Konstruktion: Die Socken werden von der Spitze aus mit einer gerippten, klassischen Ferse für Socken von der Spitze gestrickt, s. S. 192.

Strickkurs: Judys magischer Anschlag, s. S. 194.

1 M li neig zun = 1 M links neigend zunehmen, s. S. 196.

1 M re neig zun = 1 M rechts neigend zunehmen, s. S. 196.

Verkürzte R und Wickelmaschen, s. S. 194.

SPITZE

Auf Nadelspiel 2,5 mm mit GF 24 M auf 2 Nadeln (= 12 M pro Nadel) mit Judys magischem Anschlag anschlagen.

Rd 1: Eine Rd rechts str, dabei die Maschen auf 4 Nadeln verteilen.

Rd 2: 2 M re, 1 M li neig zun, bis zur letzten M auf Nadel 2 re, 1 M re neig zun, 1 M re. Nadel 3: 2 M re, 1 M li neig zun, bis zur letzten M auf Nadel 4 re, 1 M re neig zun, 1 M re.

Rd 1 und 2 wdh bis zu insg 64 M. 1.–32. M = Spann, 33.–64. M = Sohle.

FUSS

Glatt rechts str bis der Strumpf 13 (14) 15 cm misst.

ZWICKEL

Rd 1: Spann: re str, Sohle: 1 M re, 1 M li neig zun, bis zur letzten M re, 1 M re neig zun, 1 M re.

Rd 2: re str.

Rd 1–2 wdh bis man 52 SohlenM hat.

1 Rd re str, und dann SpannM 1-mal. Jetzt wird die Ferse gestrickt.

FERSE

Die Ferse wird mit verkürzten Reihen und Wickelmaschen gestrickt und zwar nur mit den Sohlenmaschen. Wie folgt 4 Maschenmarkierer platzieren: MM1 nach der 10. M, MM2 nach der 20. M, MM3 nach der 32. M, MM4 nach der 42. M.

Zwischen MM1 und MM4 liegen die mittleren 32 M, die zum Käppchen werden.

Zwischen MM2 und MM3 liegen die mittleren 12 M, die zur hinteren Käppchenmitte werden.

R 1 (HinR): Bis 1 M vor MM4 re, M umwickeln, wenden.

R 2 (RückR): Bis 1 M vor MM1 li, M umwickeln, wenden.

R 3 (HinR): Bis 1 M vor WendeM der vorigen R re, M umwickeln, wenden.

R 4 (RückR): Bis 1 M vor WendeM der vorigen R li, M umwickeln, wenden.

R 3 und 4 wdh bis alle M außerhalb von MM2 und MM3 WickelM sind. Die mittleren 12 M zwischen MM2 und MM3 werden nicht umwickelt.

Folgende R (HinR): 12 M re. Alle WickelM bis MM4 str wie auf S. 194 für re R beschrieben. Wenden.

Nächste R (RückR): 1 M li abh, bis zu den WickelM li (nach MM2). Alle WickelM bis MM1 str wie auf S. 194 für li R beschrieben.

FERSENKÄPPCHEN

Das Käppchen wird in Rippen gestrickt und gleichzeitig die ZwickelM mit den seitlichen FersenwandM zusammen gestrickt.

Rd 1 (HinR): Wenden und 1 M re abh, dabei den Faden anziehen, 1 M re, 2 M li. Im Rippenmuster str (2 M re, 2 M li) bis 1 M vor MM4, 2 M re ver zus.

Rd 2 (RückR): Wenden und 1 M li abh, dabei den Faden anziehen, 2 M re. Im Rippenmuster str (2 M li, 2 M re) bis 1 M vor MM1, 2 M li zus. Maschenmarkierer entfernen.

Rd 3 (HinR): Wenden und 1 M re abh (Faden anziehen), im Rippenmuster bis zur abgeh M str. Die abgeh M mit der nächsten ZwickelM zus str: 2 M re ver zus (= 1 M vor + 1 M nach der kleinen Lücke, die beim Wenden entsteht).

Rd 4 (RückR): Wenden und 1 M li abh (Faden anziehen), im Rippenmuster bis zur abgeh M str.

Die abgeh M mit der nächsten ZwickelM zus str: 2 M li zus (= 1 M vor + 1 M nach der Lücke).

Rd 3–4 wdh bis alle ZwickelM gestrickt wurden (mit einer HinR enden). Bis RdEnde re.

Nächste Rd: Spann: re str, Sohle: 2 M re zus, 31 M wie vorher Rippen str. Jetzt sind wieder so viele M auf den Nadeln wie zu Beginn, die Ferse ist fertig!

BEIN

20 Rd glatt rechts über die SpannM und Rippen über die SohlenM str.

2 Rd re. Auf Nadelspiel 3 mm wechseln und laut Strickschrift str, 1.–15. Rd (1.–16. M 4-mal pro Rd wdh). 2 Rd re mit GF.

Auf Nadelspiel 2,5 mm wechseln und mit MF 1 Rd re str.

10 cm im Rippenmuster str (2 M re, 2 M li).

Im Muster abketten, Faden abschneiden und Fäden vernähen.

Die zweite Socke genauso stricken.

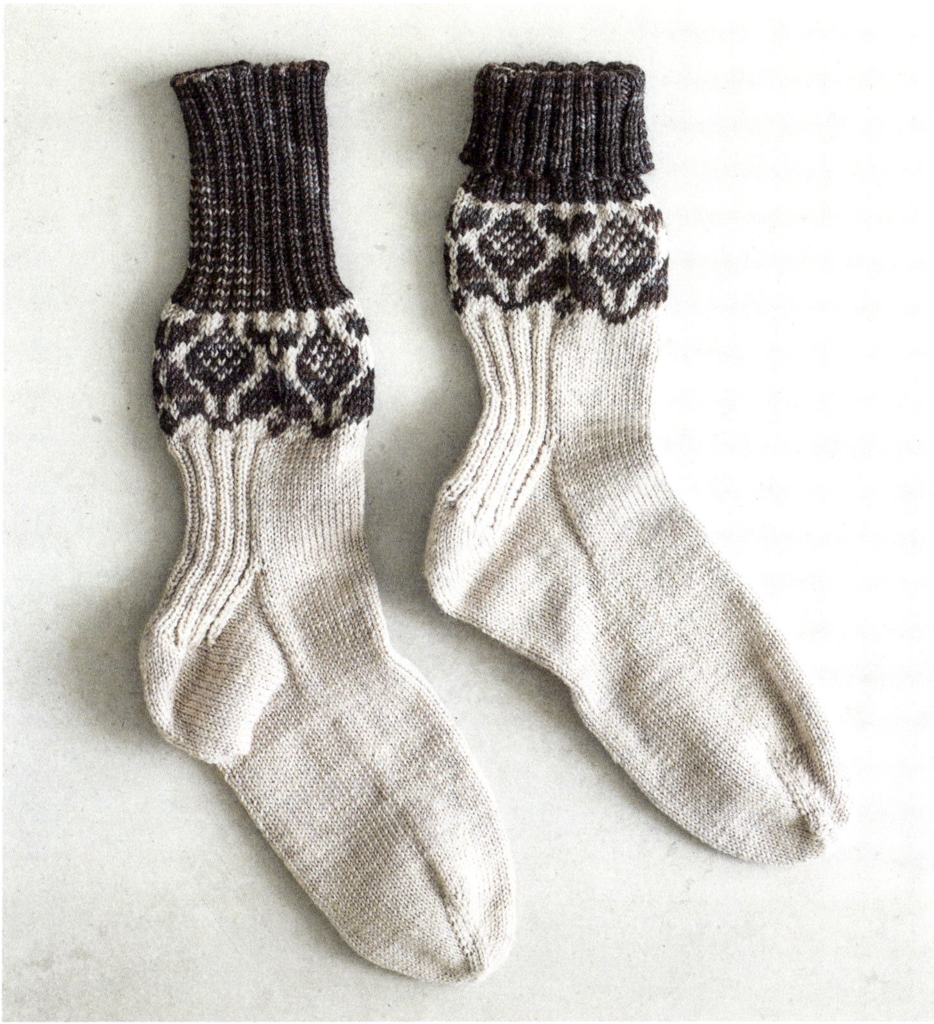

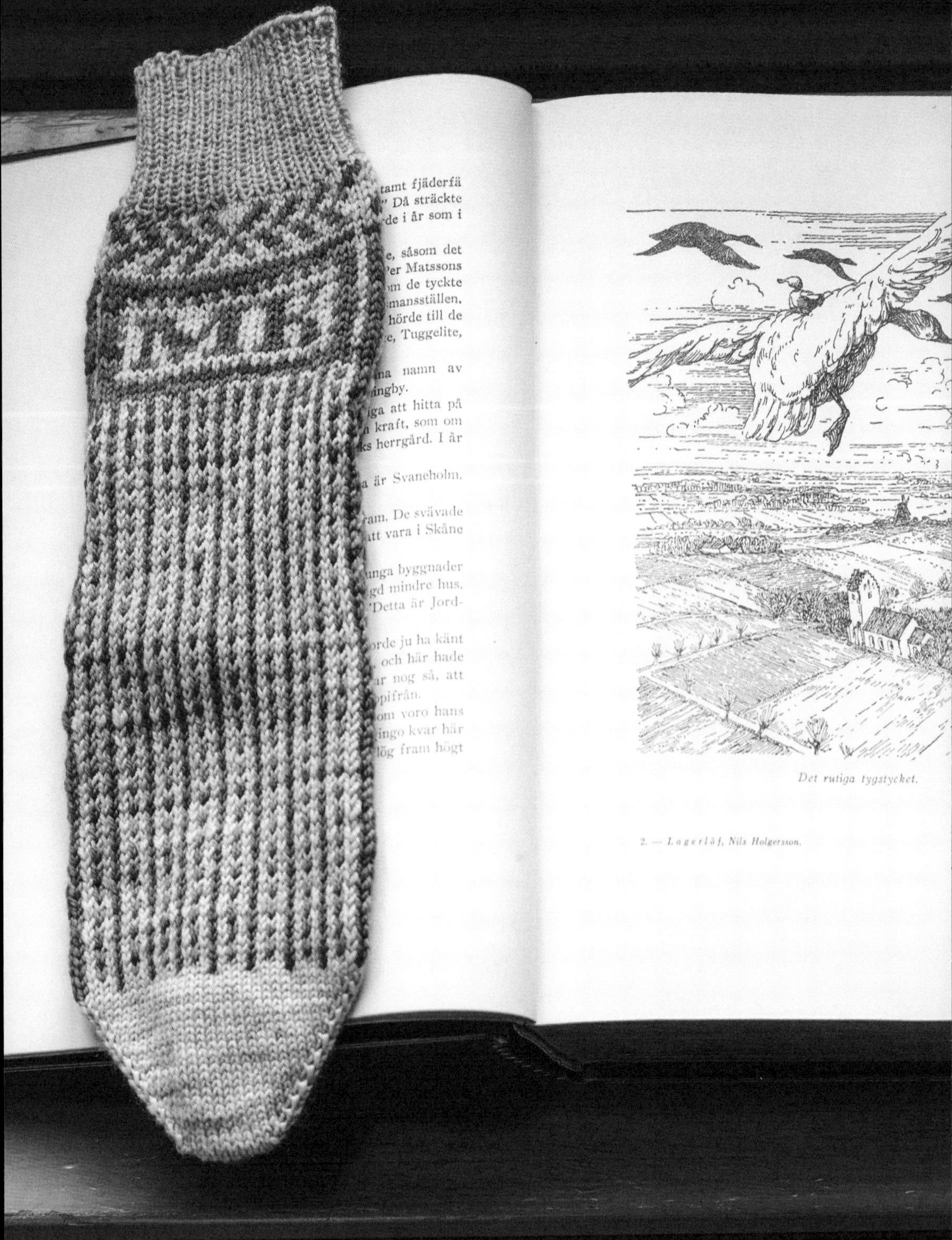
tamt fjäderfä
" Då sträckte
rde i år som i
e, såsom det
Per Matssons
m de tyckte
mansställen,
hörde till de
e, Tuggelite,
na namn av
ingby.
iga att hitta på
n kraft, som om
ks herrgård. I år
a är Svaneholm.
ram. De svävade
tt vara i Skåne
nga byggnader
gd mindre hus.
Detta är Jord-
orde ju ha känt
, och här hade
r nog så, att
pifrån.
om voro hans
ingo kvar här
lög fram högt
Det rutiga tygstycket.
2. — Lagerlöf, Nils Holgersson.

Exlibris

Exlibris sind hübsche Etiketten, die man vorn in Bücher einklebt. Ex libris ist lateinisch und bedeutet „aus den Büchern von …“. Früher waren solche Exlibrisaufkleber weit verbreitet und oft fantasievoll gestaltet. Das Motiv konnte sich auf den Beruf des Buchbesitzers beziehen, auf seine Interessen, seine Heimat oder seine Familie, oder aber es trug ein Motto. Schon seit ich ein Kind war, habe ich die Exlibris meiner Verwandten bewundert. Die eigenen Bücher zu markieren hat so eine schöne Symbolik – als würde der Wert des Buchs damit noch deutlicher. Mit dem Strumpf *Exlibris* kann man sein eigenes kleines Etikett gestalten – wenn auch in gestrickter Form. Die Buchstaben lassen sich je nach Wunsch austauschen, siehe S. 199.

A

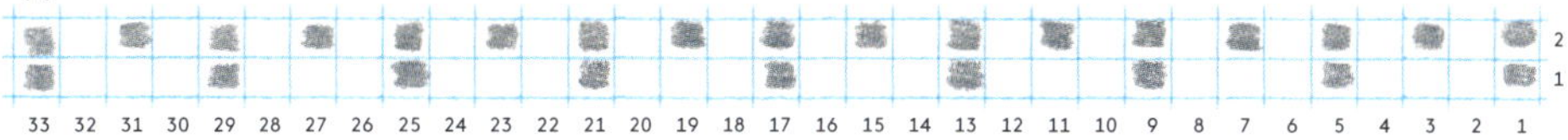

Grösse: 36/37 (38/39) 40/41

Länge: 23–23,5 (24,5–25) 26–26,5 cm

Umfang: 20 cm

Material: Manos del Uruguay Alegría, (75 % superwash Merino, 25 % Polyamid, 100 g = 425 m)

Menge: GF = 100 g Petal (Nr. 14751), MF = 50 g Kohl (Nr. 14759)

Nadelspiel: 2 mm und 2,5 mm

Zubehör: 4 Maschenmarkierer

Maschenprobe: 30 M × 40–42 R = 10 cm × 10 cm im Muster auf Nadelstärke 3 mm

Konstruktion: Die Socken werden von der Spitze aus mit klassischen Ferse für Socken von der Spitze gestrickt, s. S. 192. Für eigene Initialen siehe Alphabet auf S. 199. Die Buchstaben am besten auf Karopapier aufschreiben.

Der Rahmen um die Buchstaben kann ggf. dünner gestrickt werden.

Strickkurs: Judys magischer Anschlag, s. S. 194.

1 M li neig zun = 1 M links neigend zunehmen, s. S. 196.

1 M re neig zun = 1 M rechts neigend zunehmen, s. S. 196.

Verkürzte R und Wickelmaschen, s. S. 194.

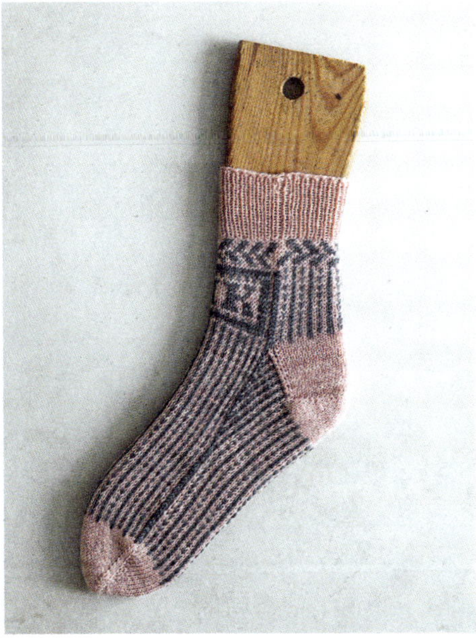

SPITZE

Auf Nadelspiel 2,5 mm mit GF 22 M auf 2 Nadeln (= 11 M pro Nadel) mit Judys magischem Anschlag anschlagen.

Rd 1: Eine Rd rechts str, dabei die Maschen auf 4 Nadeln verteilen.

Rd 2: 2 M re, 1 M li neig zun, bis zur letzten M auf Nadel 2 re, 1 M re neig zun, 1 M re. Nadel 3: 2 M re, 1 M li neig zun, bis zur letzten M auf Nadel 4 re, 1 M re neig zun, 1 M re.

Rd 1 und 2 wdh bis zu insg 66 M. 1.–33. M = Spann, 34.–66. M = Sohle. 1 Rd re str.

FUSS

Glatt rechts im Muster der Strickschrift A str, 1.–33. M (2-mal pro Rd), Rd 1–2 wdh bis der Strumpf 13 (14) 15 cm misst.

ZWICKEL

Rd 1: Spann: Weiter laut Strickschrift A str, Sohle: 1 M li neig zun (Die Zunahme geschieht nicht in der Farbe der nächsten normalen M, sondern den Faden mit der gerade gestrickten Farbe aufnehmen).

1 Rd re. 1 M re neig zun (mit Kontrastfarbe). So weiter zunehmen, damit der Zwickel gestreift ist. (Die Streifen vermehren sich durch die Zunahmen.)

Rd 2: Spann: Laut Strickschrift, Sohle: Rechts im Muster inklusive gestreiftem Zwickel. Rd 1–2 wdh bis zu 55 SohlenM.

Nun nur die SpannM 1-mal im Muster str.

FERSE

Die Ferse wird mit GF und verkürzten Reihen mit Wickelmaschen gestrickt, und zwar nur mit den Sohlenmaschen. Wie folgt 4 Maschenmarkierer platzieren: MM1 nach der 11. M, MM2 nach der 22. M, MM3 nach der 33. M, MM4 nach der 44. M.

Zwischen MM1 und MM4 liegen die mittleren 33 M, die zum Käppchen werden.

Zwischen MM2 und MM3 liegen die mittleren 11 M, die zur hinteren Käppchenmitte werden.

R 1 (HinR): Bis 1 M vor MM4 re, M umwickeln, wenden.

R 2 (RückR): Bis 1 M vor MM1 li, M umwickeln, wenden.

R 3 (HinR): Bis 1 M vor WendeM der vorigen R re, M umwickeln, wenden.

R 4 (RückR): Bis 1 M vor WendeM der vorigen R li, M umwickeln, wenden.

R 3 und 4 wdh bis alle M außerhalb von MM2 und MM3 WickelM sind. Die mittleren 11 M zwischen MM2 und MM3 nicht umwickeln.

Folgende R (HinR): 11 M re. Alle WickelM bis MM4 str wie auf S. 194 für re R beschrieben. Wenden.

Nächste R (RückR): 1 M li abh, bis zur WickelM li (nach MM2). Alle WickelM bis MM1 str wie auf S. 194 für li R beschrieben.

KÄPPCHEN

Mit dem Käppchen werden gleichzeitig ZwickelM mit den seitlichen FersenwandM zusammen gestrickt.

Rd 1 (HinR): Wenden und 1 M re abh, dabei den Faden anziehen, bis 1 M vor MM4 re, 2 M re ver zus.

Rd 2 (RückR): Wenden und 1 M li abh, dabei den Faden anziehen, bis 1 M vor MM1 li, 2 M li zus. Maschenmarkierer entfernen.

Rd 3 (HinR): Wenden und 1 M re abh (Faden anziehen), bis zur abgeh M re. Die abgeh M mit der nächsten ZwickelM zus str: 2 M re ver zus (= 1 M vor + 1 M nach der kleinen Lücke, die beim Wenden entsteht).

Rd 4 (RückR): Wenden und 1 M li abh (Faden anziehen), bis zur abgeh M li, die abgeh M mit der nächsten ZwickelM zus str: 2 M li zus (= 1 M vor + 1 M nach der Lücke).

Rd 3-4 wdh bis alle ZwickelM abgenommen sind (mit einer HinR enden). Bis RdEnde str.

Nächste Rd: Spann: Laut Strickschrift A str. Sohle mit GF: 2 M re zus, 32 M re wie vorher = 33 M.

BEIN

Noch ein paar Rd so nach Strickmuster A str, dass man mit Rd 1 endet.

Dann das Muster laut Strickschrift B str, 1.–66. M, Rd 1–22.

2 Rd re mit GF.

BUND

Auf Nadelspiel 2 mm wechseln und 5 cm im Rippenmuster str (1 M re, 1 M li). Im Muster abketten, Faden abschneiden und Fäden vernähen. Eine zweite Socke stricken.

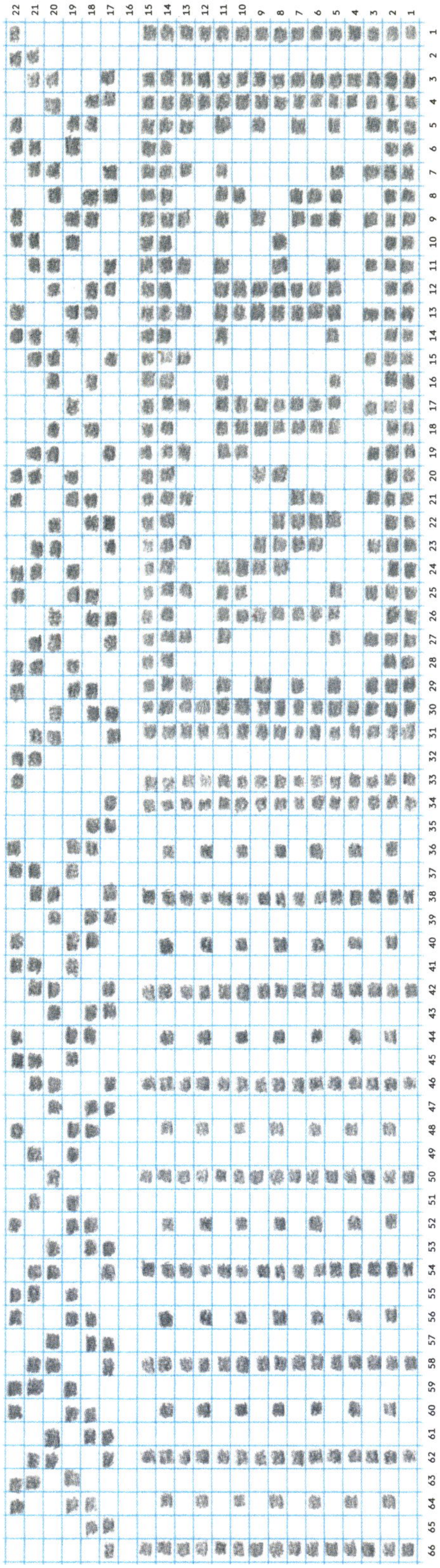

B

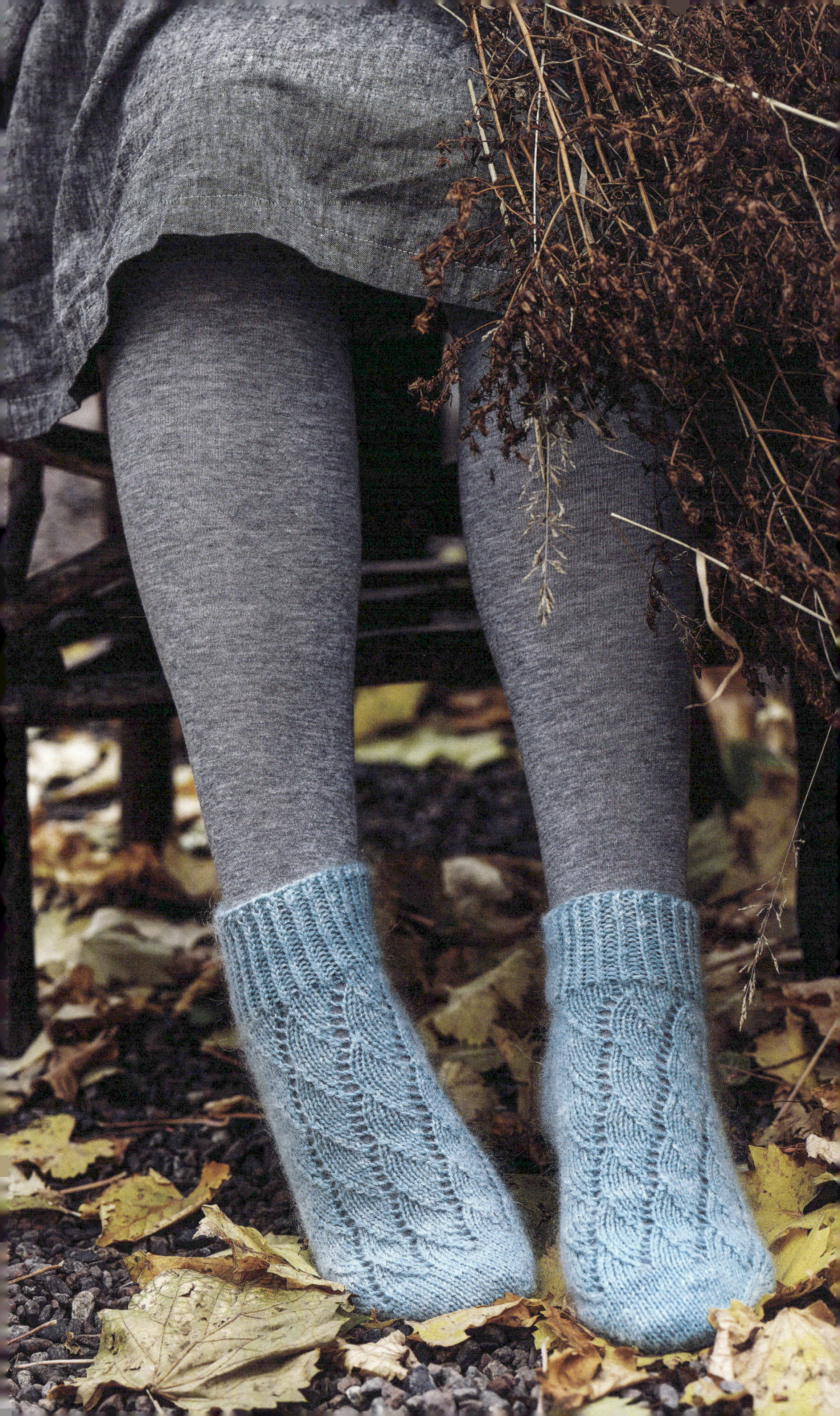

Flora

Das Durchscheinende, fast Schwerelose, fasziniert mich. Stängel, die sich im Wind wiegen, Blütenwolken und Weizenfelder. Diese Socken schmückt ein fließendes Spitzenmuster. Durch das Mohairgarn wirken sie leicht und schwebend – wie eine Sommerwiese in voller Blütenpracht. Das Muster neigt dazu, sich zu verdrehen, aber nach dem feuchten Spannen legt sich das, und die Socke sitzt gut am Fuß.

GRÖSSE: 36/37 (38/39) 40/41 (42/43)

LÄNGE: 24 (25) 26 (27) cm

UMFANG: 22 (22) 22 (24) cm

MATERIAL: Järbo Garn Junior Raggi (75 % superwash Wolle", 25 % Polyamid, 50 g = 200 m), Cabrito, 80 % Kidmohair,20 % Polyamid, 25 g = 210 m)

MENGE: Fdn 1= 100 g Junior Raggi, Mint Green (Nr. 68416), Fdn 2 = 50 g Cabrito, Seasalt (Nr. 14916)

NADELSPIEL: 3 mm

MASCHENPROBE: 23 M × 36 R = 10 cm × 10 cm glatt rechts auf 3 mm

KONSTRUKTION: Die Socken werden von der Spitze aus mit einer klassischen Ferse für Socken von der Spitze gestrickt, s. S. 192.

STRICKKURS: Judys magischer Anschlag, s. S. 194.

1 M LI NEIG ZUN = 1 M links neigend zunehmen, s. S. 196.

1 M RE NEIG ZUN = 1 M rechts neigend zunehmen, s. S. 196.

VERKÜRZTE R und WICKELMASCHEN, s. S. 194.

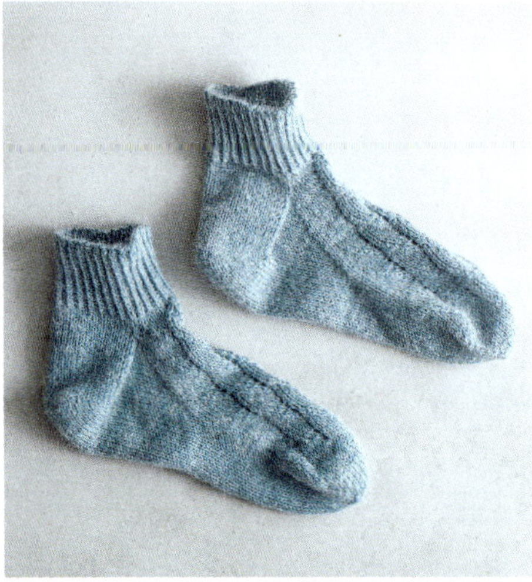

SPITZE

Auf Nadelspiel 3 mm mit 1 Faden jeder Wolle 20 M auf 2 Nadeln (= 10 M pro Nadel) mit Judys magischem Anschlag anschlagen.

Rd 1: Eine Rd rechts str, dabei die Maschen auf 4 Nadeln verteilen.

Rd 2: 2 M re, 1 M li neig zun, bis zur letzten M auf Nadel 2 re, 1 M re neig zun, 1 M re. Nadel 3: 2 M re, 1 M li neig zun, bis zur letzten M auf Nadel 4 re, 1 M re neig zun, 1 M re.

Rd 1 und 2 wdh bis zu insg 52 (52) 52 (56) M.

1.–26. (1.–26.) 1.–26. (1.–28.) M = Spann.

27.–52. (27.–52.) 27.–52. (29.–56.) M = Sohle.

2 Rd re str.

FUSS

Jetzt wird das Spitzenmuster auf der Oberseite gestrickt. Rd 1: 1 (1) 1 (2) M re, *U, 1 M abh, 1 M re und die abgeh M über die gerade gestr M ziehen, 4 M re*. Von * bis * 3-mal wdh, 1 (1) 1 (2) M re. SohlenM rechts.

Rd 2, 4, 6, 8 und 10: Alle M re.

Rd 3: 1 (1) 1 (2) M re, *U, 1 M re, 1 M abh, 1 M re, dann die abgehobene M über die gestrickte ziehen, 3 M re*. Von * bis * 3-mal wdh, 1 (1) 1 (2) M re. Alle SohlenM rechts.

Rd 5: 1 (1) 1 (2) M re, *U, 2 M re, 1 M abh, 1 M re, dann die abgehobene M über die gestrickte ziehen, 2 M re*. Von * bis * 3-mal wdh, 1 (1) 1 (2) M re. Alle SohlenM rechts.

Rd 7: 1 (1) 1 (2) M re, *U, 3 M re, 1 M abh, 1 M re, dann die abgehobene M über die gestrickte ziehen, 1 M re*. Von * bis * 3-mal wdh, 1 (1) 1 (2) M re. Alle SohlenM rechts.

Rd 9: 1 (1) 1 (2) M re, *U, 4 M re, 1 M abh, 1 M re, dann die abgehobene M über die gestrickte ziehen*. Von * bis * 3-mal wdh, (1) 1 (2) M re. Alle SohlenM rechts.

Die SpannM im Muster und die SohlenM glatt rechts str, dabei die MusterRd 1–10 wdh bis die Socke ca. 12 (13) 14 (15) cm misst.

Auf dem Spann die MusterRd 1–10 weiter wdh – auch wenn der Keil und die Ferse gestrickt werden, da nur an der Sohle zugenommen wird.

ZWICKEL

Rd 1: Spann: Im Muster str, Sohle: 2 M re, 1 M li neig zun, bis zu den letzten 2 M re, 1 M re neig zun, 2 M re.

Rd 2: re str.

Rd 1–2 wdh bis 48 (48) 48 (50) SohlenM auf den Nadeln liegen.

Noch 1 Rd im Muster auf dem Spann und glatt rechts auf der Sohle str.

Dann die SpannM 1-mal im Muster str. Jetzt wird die Ferse gestrickt.

FERSE

Die Ferse wird mit verkürzten Reihen und Wickelmaschen gestrickt und zwar nur mit den Sohlenmaschen. Wie folgt 4 Maschenmarkierer platzieren:

MM1 nach der 11. (11.) 11. (11.) M.

MM2 nach der 20. (20.) 20. (21.) M.

MM3 nach der 28. (28.) 28. (29.) M.

MM4 nach der 37. (37.) 37. (39.) M.

Zwischen MM1 und MM4 liegen die mittleren 26 (26) 26 (28) M, die zum Käppchen werden.

Zwischen MM2 und MM3 liegen die mittleren 8 M, die zur hinteren Käppchenmitte werden.

R 1 (HinR): Bis 1 M vor MM4 re, M umwickeln, wenden.

R 2 (RückR): Bis 1 M vor MM1 li, M umwickeln, wenden.

R 3 (HinR): Bis 1 M vor WendeM der vorigen R re, M umwickeln, wenden.

R 4 (RückR): Bis 1 M vor WendeM der vorigen R li, M umwickeln, wenden.

R 3 und 4 wdh bis alle M außerhalb von MM2 und MM3 WickelM sind. Die mittleren 8 M zwischen MM2 und MM3 nicht umwickeln.

Folgende R (HinR): 8 M re. Alle WickelM bis MM4 str wie auf S. 194 für re R beschrieben. Wenden.

Nächste R (RückR): 1 M li abh, bis zu den WickelM li (nach MM2). Alle WickelM bis MM1 str wie auf S. 194 für li R beschrieben.

KÄPPCHEN

Mit dem Käppchen werden gleichzeitig ZwickelM mit den seitlichen FersenwandM zusammen gestrickt.

R 1 (HinR): Wenden und 1 M re abh, dabei den Faden anziehen, bis 1 M vor MM4 re, 2 M re ver zus.

R 2 (RückR): Wenden und 1 M li abh, dabei den Faden anziehen, bis 1 M vor MM1 li, 1 M li zus. Maschenmarkierer entfernen.

R 3 (HinR): Wenden und 1 M re abh (Faden anziehen), bis zur abgeh M re. Die abgeh M mit der nächsten ZwickelM zus str: 2 M re ver zus (= 1 M vor + 1 M nach der kleinen Lücke, die beim Wenden entsteht).

R 4 (RückR): Wenden und 1 M li abh (Faden anziehen), bis zur abgeh M li. Die abgeh M mit der nächsten ZwickelM zus str: 2 M li zus (= 1 M vor + 1 M nach der Lücke).

R 3-4 wdh bis alle ZwickelM abgenommen sind (mit einer HinR enden).

Bis RdEnde str.

Nächste Rd: Spann: Wie vorher im Muster str. Sohle: 2 M re zus, 25 (25) 25 (26) M re. Jetzt sind wieder so viele M auf den Nadeln wie zu Beginn, die Ferse ist fertig!

BEIN

Weiter den Spann im Muster und die Sohle glatt rechts str, bis das Muster einmal ganz gestrickt wurde. Mit der 10. MusterRd enden. 2 Rd rechts.

Nun 5 cm verschränkte Rippen str (1 M re ver, 1 M li).

Im Muster abketten und Faden abschneiden. Fäden vernähen.

Die zweite Socke genauso stricken.

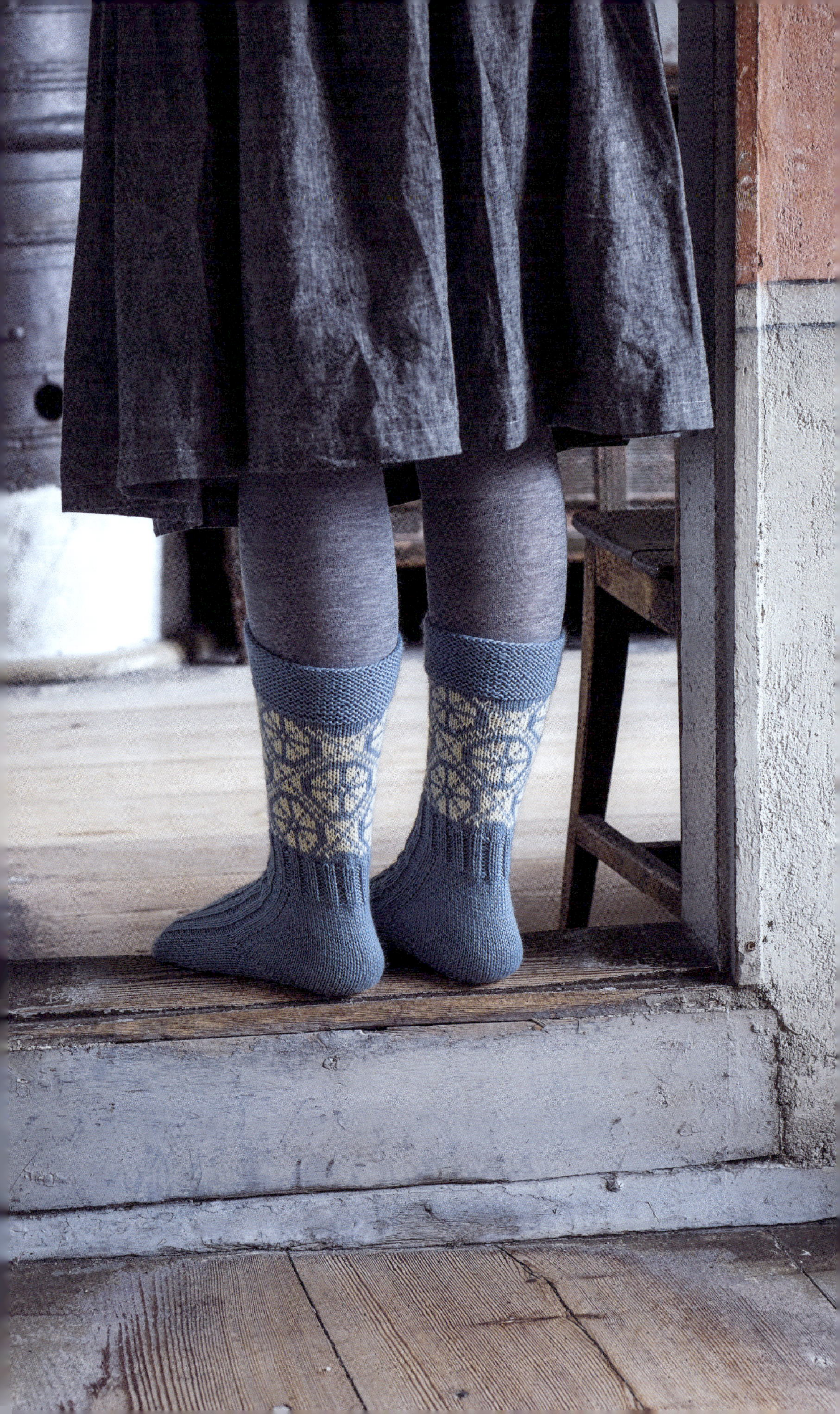

Fortuna

Fortuna, die Glücksgöttin der römischen Mythologie, wird manchmal mit verbundenen Augen und einem Rad in den Händen dargestellt. Meine Fortunastrümpfe schmückt ein traditionelles Radmuster aus Gotland, das ich von Handschuhen übernommen habe, die einst meine Oma gestrickt hat.

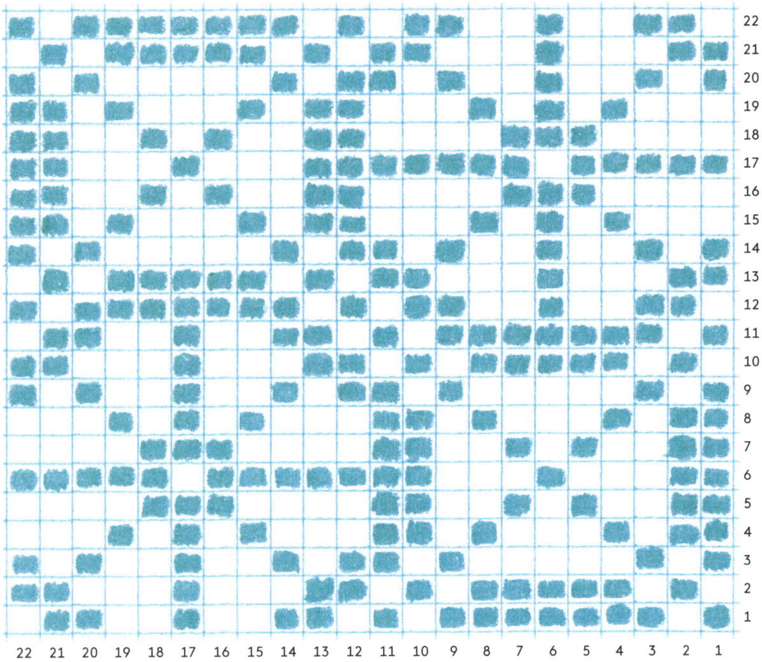

GRÖSSE: 36/37 (38/39) 40/41

LÄNGE: 22,5 (23,5) 24,5 cm

UMFANG: 22 cm, 26 cm

MATERIAL: Järbo Garn Mellanraggi (75 % superwash Wolle, 25 % Polyamid, 100 g = 260 m)

MENGE: GF = 200 light Blue/Hellblau (Nr. 28230), MF = 100 natural white/Natur (Nr. 28201)

NADELSPIEL: 3 mm

ZUBEHÖR: 1 Maschenmarkierer

MASCHENPROBE: 27 M × 35 R = 10 cm × 10 cm glatt rechts im Muster auf NS 3 mm

KONSTRUKTION: Die Socken werden von oben gestrickt, mit krausrechtem Bund und Rippen nach dem Beinmuster, sowie einer Fleegleferse (auch Keilferse genannt) s. S. 192.

STRICKKURS: 1 M LI NEIG ZUN = 1 M links neigend zunehmen, s. S. 196.

1 M RE NEIG ZUN = 1 M rechts neigend zunehmen, s. S. 196.

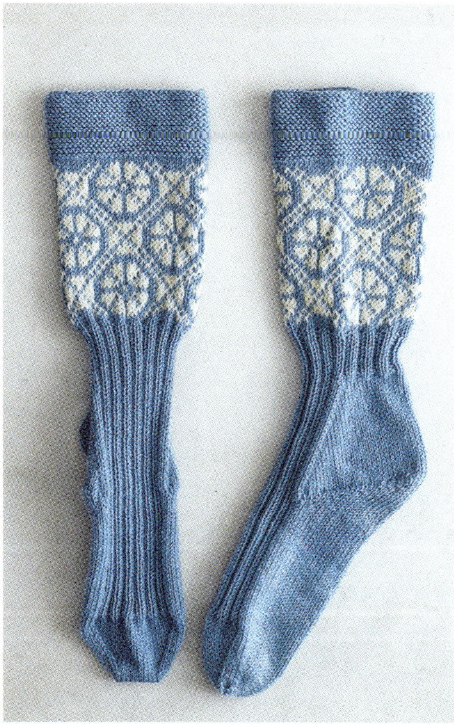

BUND

Mit GF und Nadelspiel 3 mm: 66 M anschlagen und gleichmäßig auf 4 Nadeln verteilen. Dann wie folgt in Runden stricken:

Rd 1: Links

Rd 2: Rechts

Rd 3: Links

Rd 2 und 3 insg 11-mal wdh.
(13 Krausripppen)

BEIN

2 Rd re str.

Laut Strickschrift im Muster str, Rd 1–22 (1.–22. M in jeder Rd 3-mal wdh). Anschließend Rd 1–11 str.

Mit GF: 1 Rd re str.

AbnahmeRd: *2 M re zus, 9 M re*. Von * bis * bis RdEnde wdh = 60 M.

Im Rippenmuster 3 cm str (2 M re, 2 M li).

Die SpannM (1.–30. M) im Rippenmuster str, die SohlenM (31.–60. M) glatt rechts (= in Rd alle M rechts). Noch 1 Rd so str, d.h. den Spann in Rippen und die Sohle glatt rechts.

ZWICKEL

Wie folgt zu beiden Seiten der Sohle zun:

Rd 1: Spann: Wie bisher im Rippenmuster str, Sohle: 1 M re, 1 M li neig zun, bis zur letzten M re, 1 M re neig zun, 1 M re.

Rd 2: SpannM im Rippenmuster str und SohlenM glatt rechts.

Rd 1 und 2 wdh bis zu 58 SohlenM.

Mit Rd 2 enden.

FERSE

SpannM im Rippenmuster str. Einen MM zwischen die beiden mittleren SohlenM setzen.

Jetzt die Sohle glatt rechts in Reihen str und wie folgt an den Seiten abnehmen:

R 1 (HinR): Bis MM str, 2 M re, 2 M re zus, 1 M re, wenden.

R 2 (RückR): 1 M li abh (= 1 M wie zum links Stricken von der linken auf die rechte Nadel abheben (Faden vor der Arbeit)), Faden anziehen und bis MM str. 2 M li, 2 M li ver zus (= die folgenden 2 M nacheinander wie zum re Stricken abheben, dann zurück auf die linke Nadel schieben (sie sind verdreht) und links verschränkt zusammenstricken), 1 M li, wenden.

R 3 (HinR): 1 M re abh (= 1 M wie zum rechts Stricken von der linken auf die rechte Nadel abheben (Faden hinter der Arbeit)) und Faden anziehen, bis 1 M vor der Lücke am letzten Wendepunkt, re. Die M vor und nach der Lücke zus str (= 2 M re zus), 1 M re, wenden.

R 4 (RückR): 1 M li abh und Faden anziehen, bis 1 M vor der Lücke li. Die M vor und nach der Lücke zus str (= 2 M li ver zus), 1 M li, wenden.

R 3 und 4 wdh bis nach einer RückR noch 2 M ungestrickt sind. Wenden.

Nächste R (HinR): Wie R 3, aber nicht wenden, sondern weiter über den Spann str.

Nächste Rd: Spann: Rippen wie bisher, Sohle: 1 M re, 2 M re ver zus, bis zu den letzten 3 M re, 2 M re zus, 1 M re.

Nächste Rd: Spann: Rippen, Sohle: 1 M re, 2 M re ver zus, bis RdEnde re. Jetzt sind es wieder 30 SohlenM und insg 60 M.

FUSS

Wie vorher den Spann im Rippenmuster str und die Sohle glatt rechts bis der Fuß 17,5 (18,5) 19,5 cm misst.

Ab jetzt werden Spann und Sohle glatt rechts gestrickt.

SPITZE

AbnahmeRd: 1 M re, 1 M abh, 1 M re, dann die abgehobene M über die gestrickte ziehen. Bis zu den letzten 3 M auf Nadel 2 re, 2 M re zus, 1 M re. Nadel 3: 1 M re, 1 M abh, 1 M re, dann die abgehobene M über die gestrickte ziehen. Bis zu den letzten 3 M auf Nadel 4 re, 2 M re zus, 1 M re = 4 M abgenommen.

Die Abnahmen in jeder 2. Rd wdh bis noch 24 M übrig sind.

MIT DREI NADELN ABKETTEN

Die Maschen auf 2 Nadeln verteilen – SpannM auf die eine und SohlenM auf die andere. Faden abschneiden, aber genug zum Abketten stehen lassen. Die Nadeln rechts auf rechts parallel halten.

Wie folgt abketten: *2 Maschen (je 1 SpannM und 1 SohlenM) rechts zusammenstricken (= 1 M von jeder Nadel). Die zuerst gestrickte Masche über die zweite ziehen*. Von * bis * wdh bis alle Maschen abgekettet sind. Faden abschneiden und alle Fäden vernähen. Die zweite Socke genauso stricken.

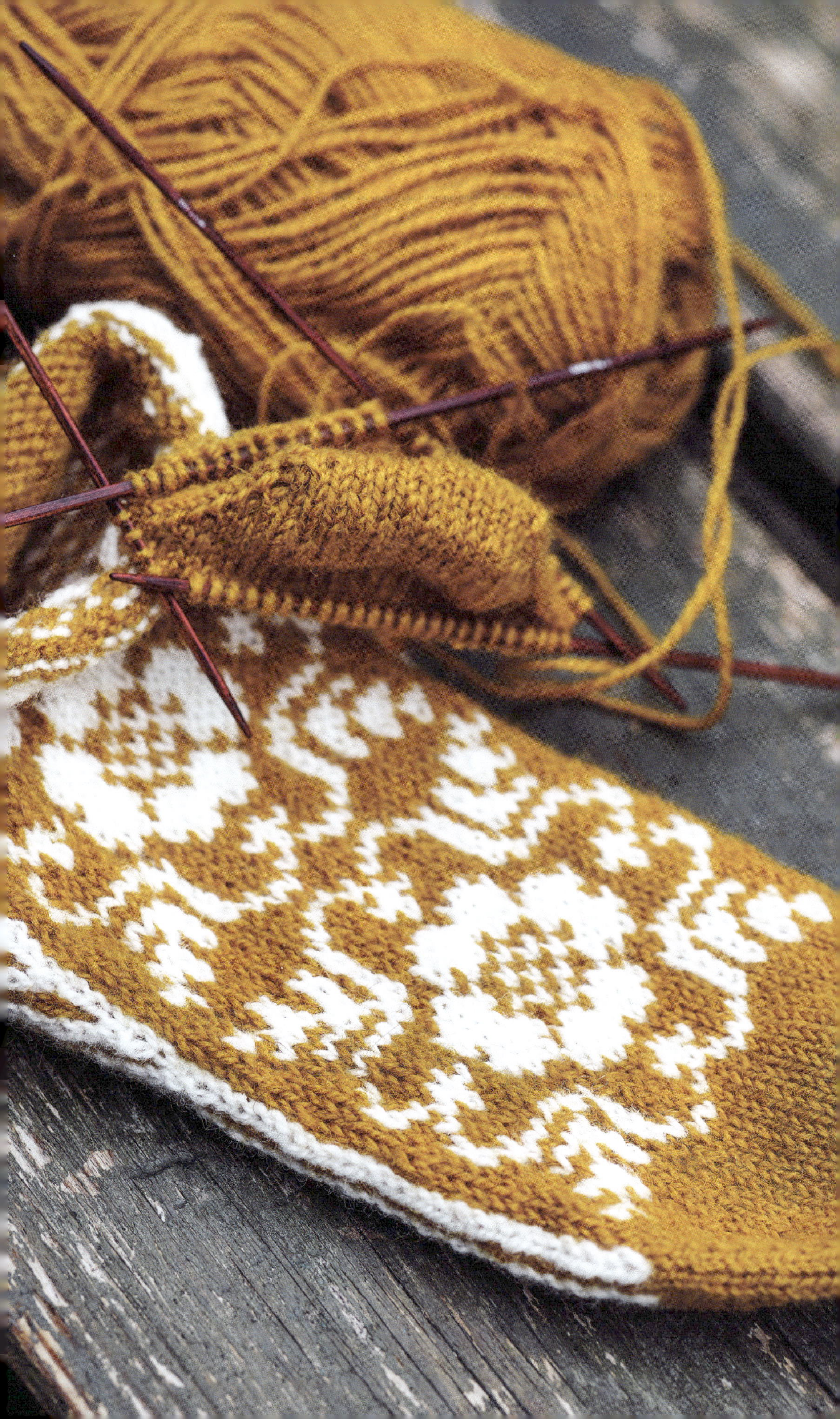

Schönheit

Über die Schönheit von Blumen und Blüten sind schon viele Gedichte geschrieben worden. Die passen durchaus auch zu diesen gestrickten Blumen! Wählen Sie die Farbe nach der Jahreszeit, dann haben Sie einen „Blumenstrauß“, der nie verwelkt. Der Füßling sitzt eng, fast wie eine Sportsocke, doch durch das Muster hält er trotzdem schön warm.

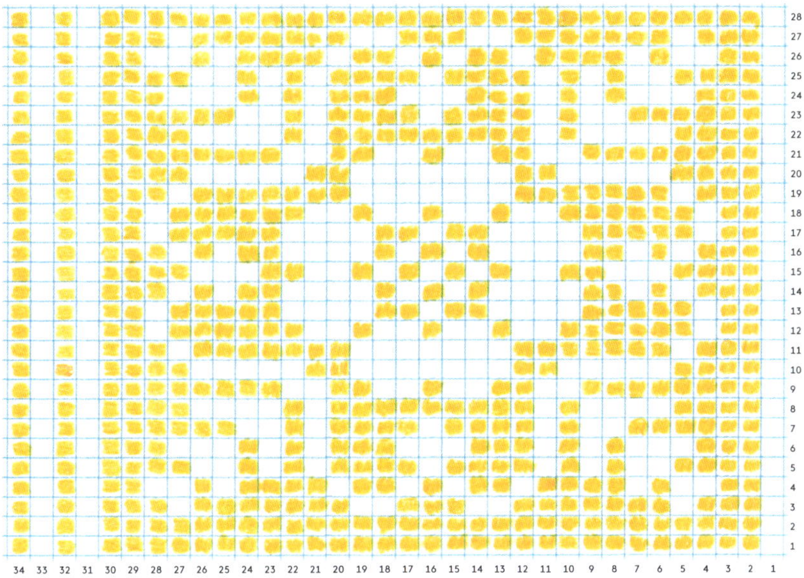

GRÖSSE: 37–40, Einheitsgröße
FUSSLÄNGE: 24 cm
FUSSUMFANG: 18 cm
MATERIAL: 2 tr. Rauma Garn Gammelserie (100 % norwegische Wolle, 50 g = 160 m)
MENGE: GF = 50 g Ocker (Nr. 4905), MF = 50 g Natur (Nr. 401)
NADELSPIEL: 2,5 mm

ZUBEHÖR: 4 Maschenmarkierer
MASCHENPROBE: 32 M × 36 R = 10 cm × 10 cm im Muster auf Nadelstärke 2,5 mm
KONSTRUKTION Die Füßlinge werden von der Spitze aus mit einer klassischen Ferse für Socken von der Spitze gestrickt, s. S. 192. Die Kante wird als Kordel abgekettet.

STRICKKURS: Judys magischer Anschlag, s. S. 194.
1 M LI NEIG ZUN = 1 M links neigend zunehmen, s. S. 196.
1 M RE NEIG ZUN = 1 M rechts neigend zunehmen, s. S. 196.
1 M TIEF ZUN = 1 M tiefer gestochen zunehmen, s. S. 197.
VERKÜRZTE R und WICKELMASCHEN, s. S. 194.

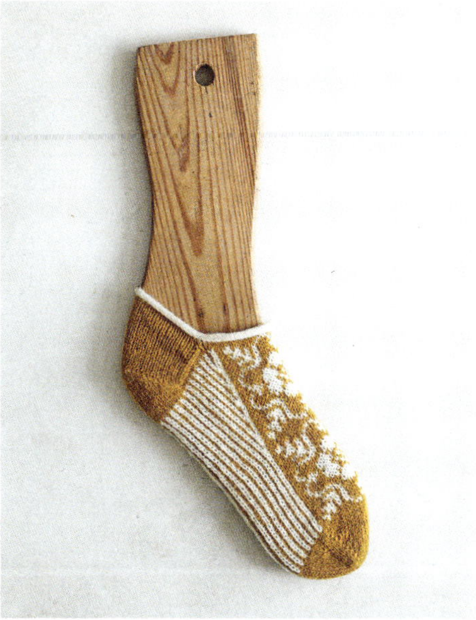

SPITZE

Auf Nadelspiel 2,5 mm mit GF 24 M auf 2 Nadeln (= 12 M pro Nadel) mit Judys magischem Anschlag anschlagen.

Rd 1: Eine Rd rechts str, dabei die Maschen auf 4 Nadeln verteilen.

Rd 2: 2 M re, 1 M li neig zun, bis zur letzten M auf Nadel 2 re, 1 M re neig zun, 1 M re. Nadel 3: 2 M re, 1 M li neig zun, bis zur letzten M auf Nadel 4 re, 1 M re neig zun, 1 M re.

Rd 1 und 2 wdh bis zu insg 60 M. Dann die M wie folgt aufteilen: 1.–31. M = Spann, 32.–60. M = Sohle.

FUSS

Glatt rechts laut Strickschrift im Muster str, Rd 1–28 (1.–32. M, dann bis RdEnde 33.–34. M wdh).

ZWICKEL

Rd 1: Spann: Rechts laut Strickschrift, Sohle: 1 M li neig zun (Die Zunahme geschieht nicht in der Farbe der nächsten normalen M, sondern den Faden mit der letzten Farbe aufnehmen).

Rechts im Streifenmuster str und 1 M re neig zun (mit Kontrastfarbe). So weiter zunehmen, damit der Zwickel gestreift ist. (Die Streifen vermehren sich durch die Zunahmen.)

Rd 2: Spann: Rechts laut Strickschrift, Sohle: Rechts im Streifenmuster.

Rd 1–2 wdh bis zu 53 SohlenM.

Rd 25–27 laut Strickschrift str, das Muster über den Spann und Streifen an der Sohle, aber ohne Zwickelzunahmen.

Mit GF: SpannM rechts.

FERSE

Die Ferse wird mit verkürzten Reihen und Wickelmaschen gestrickt und zwar nur mit den Sohlenmaschen. Wie folgt 4 Maschenmarkierer platzieren: MM1 nach der 12. M, MM2 nach der 22. M, MM3 nach der 31. M, MM4 nach der 41. M.

Zwischen MM1 und MM4 liegen die mittleren 29 M, die zum Käppchen werden.

Zwischen MM2 und MM3 liegen die mittleren 9 M, die zur hinteren Käppchenmitte werden.:

R 1 (HinR): Bis 1 M vor MM4 re, M umwickeln, wenden.

R 2 (RückR): Bis 1 M vor MM1 li, M umwickeln, wenden.

R 3 (HinR): Bis 1 M vor WendeM der vorigen Rd re, M umwickeln, wenden.

R 4 (RückR): Bis 1 M vor WendeM der vorigen R li, M umwickeln, wenden.

R 3 und 4 wdh bis alle M außerhalb von MM2 und MM3 WickelM sind. Die mittleren 9 M zwischen MM2 und MM3 nicht umwickeln.

Folgende R (HinR): 9 M re. Alle WickelM bis MM4 str wie auf S. 194 für re R beschrieben. Wenden.

Nächste R (RückR): 1 M li abh, bis zu den WickelM li (nach MM2). Alle WickelM bis MM1 str wie auf S. 194 für li R beschrieben.

KÄPPCHEN

Mit dem Käppchen werden gleichzeitig ZwickelM mit den seitlichen FersenwandM zusammen gestrickt.

Rd 1 (HinR): Wenden und 1 M re abh, dabei den Faden anziehen, bis 1 M vor MM4 re, 2 M re ver zus.

Rd 2 (RückR): Wenden und 1 M li abh, dabei den Faden anziehen, bis 1 M vor MM1 li, 2 M li zus. Maschenmarkierer entfernen.

Rd 3 (HinR): Wenden und 1 M re abh (Faden anziehen), bis zur abgeh M re. Die abgeh M mit der nächsten ZwickelM zus str: 2 M re ver zus (= 1 M vor + 1 M nach der kleinen Lücke, die beim Wenden entsteht).

Rd 4 (RückR): Wenden und 1 M li abh (Faden anziehen), bis zur abgehob M li. Die abgeh M mit der nächsten ZwickelM zus str: 2 M li zus (= 1 M vor + 1 M nach der Lücke).

Rd 3-4 wdh bis alle ZwickelM abgenommen sind (mit einer HinR enden). Bis RdEnde str.

Nächste Rd: Spann: Rechts, Sohle: 2 M re zus, 28 M re. Jetzt sind wieder so viele M auf den Nadeln wie zu Beginn, die Ferse ist fertig!

I-CORD-KANTE

Mit MF: 1 Rd re str.

ZunRd: 4 M re, [1 M tief zun, 6 M re] 2-mal, [1 M tief zun, 7 M re] 3-mal, [1 M tief zun, 6 M re] 2-mal, 1 M tief zun, 3 M re = 68 M.

Mit Strickkordel abketten: 3 M auf der linken Nadel anschlagen. * 1 M re, 2 M re ver zus. Die 3 gerade gestrickten M von der rechten auf die linke Nadel schieben*. Von * bis * bis RdEnde wdh, bis noch 3 M übrig sind. Diese 3 M abketten. Faden abschneiden. Beginn und Ende der Kordel sorgfältig zusammennähen. Fäden vernähen.

Die zweite Socke genauso stricken.

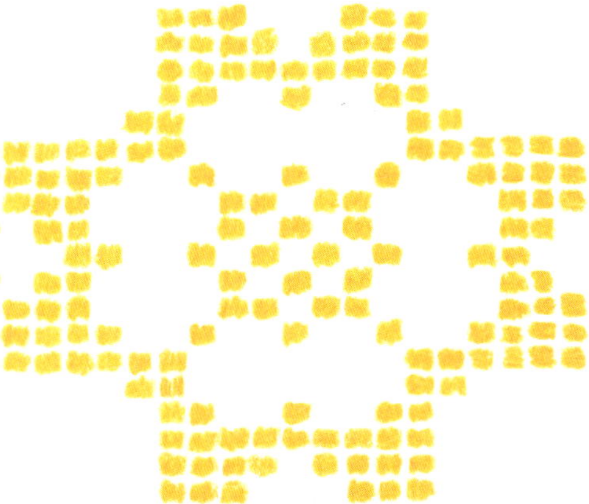

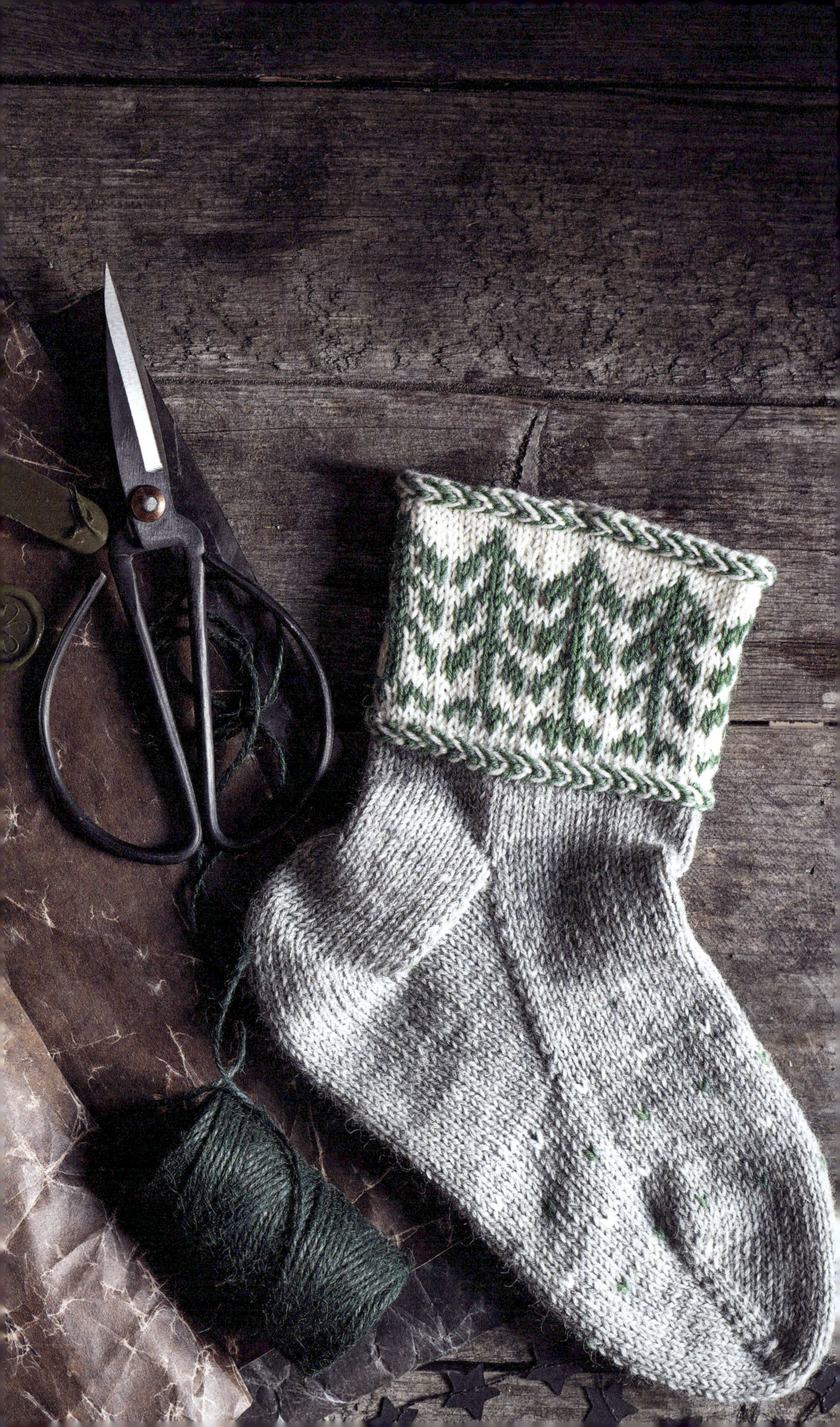

Fichte

Die Sitte, sein Zuhause mit einem echten Baum und Zweigen zu schmücken, ist sehr alt und diente einmal als Schutz gegen böse Mächte und boshafte Wesen. Manchmal stellte man sogenannte Weihnachtsstangen vor die Bauernhöfe oder je eine Fichte rechts und links der Haustür. Irgendwann entwickelte sich daraus der Christbaum im Haus. Als Kind ging ich mit meinem Papa in den Wald, um den perfekten Weihnachtsbaum zu suchen. Das war eine spannende und feierliche Aufgabe. Irgendwo da draußen fanden wir sie dann immer: Die Fichte.

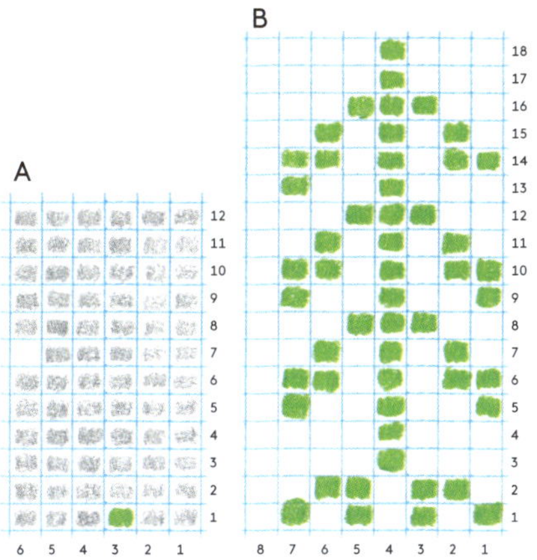

GRÖSSE: 36/37 (38/39) 40/42

LÄNGE: 24 (25) 27 cm

FUSSUMFANG: 20 (22) 22 cm

BEINUMFANG: 21 (24) 24 cm

MATERIAL: Järbo Garn Mellanraggi (75 % superwash Wolle", 25 % Polyamid, 100 g = 260 m)

MENGE: GF = 100 g light grey (Nr. 28211), MF1 = 50 g green (Nr. 28236), MF2 = 50 g Natural White (Nr. 28201)

NADELSPIEL: 3 mm

ZUBEHÖR: 4 Maschenmarkierer Maschenprobe: 28 M × 34 R = 10 cm × 10 cm im Muster auf Nadelstärke 3 mm

KONSTRUKTION: Die Socken werden von der Spitze aus mit einer klassischen Ferse für Socken von der Spitze gestrickt, s. S. 192. Den gemusterten Bund fassen lettische Flechtzöpfe ein, s. S. 197.

Achtung, diese Socken sitzen lockerer als üblich – eher wie Pantoffeln.

STRICKKURS: Judys magischer Anschlag, s. S. 194.

1 M LI NEIG ZUN = 1 M links neigend zunehmen, s. S. 196.

1 M RE NEIG ZUN = 1 M rechts neigend zunehmen, s. S. 196.

VERKÜRZTE R und WICKELMASCHEN, s. S. 194.

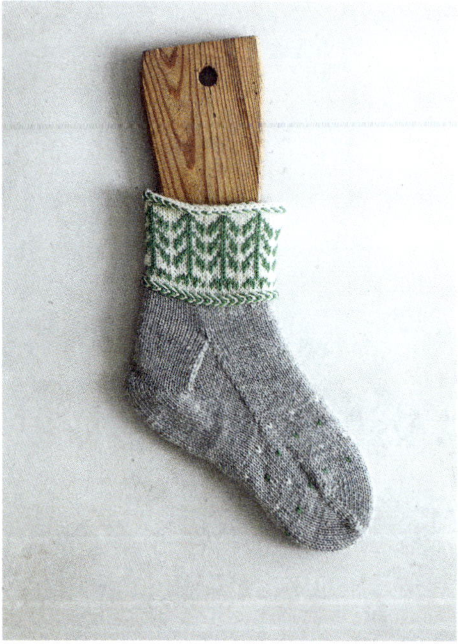

SPITZE

Auf Nadelspiel 3 mm mit GF 22 (24) 24 M auf 2 Nadeln (= 11 (12) 12 M pro Nadel) mit Judys magischem Anschlag anschlagen.

Rd 1: Eine Rd rechts str, dabei die Maschen auf 4 Nadeln verteilen.

Rd 2: 2 M re, 1 M li neig zun, bis zur letzten M auf Nadel 2 re, 1 M re neig zun, 1 M re. Nadel 3: 2 M re, 1 M li neig zun, bis zur letzten M auf Nadel 4 re, 1 M re neig zun, 1 M re.

Rd 1 und 2 wdh bis zu insg 54 (60) 60 M. 1.–27. (1.–30.) 1.–30. M = Spann. 28.–54. (31.–60.) 31.–60. M = Sohle. 1 Rd re str.

FUSS

Mit GF: 1 Rd re str.

Weiter glatt rechts und laut Strickschrift A str (1.–6. M 9 (10) 10-mal pro Rd wdh), Rd 1–12 und dann Rd 1–7.

Mit GF: Weiterstr bis der Fuß 12 (13) 15 cm misst.

ZWICKEL

Rd 1: Spann: Rechts str, Sohle: 1 M re, 1 M li neig zun, bis zur letzten M re, 1 M re neig zun, 1 M re.

Rd 2: Rechts str.

Rd 1–2 wdh bis zu 49 (52) 52 SohlenM.

1 Rd re, und dann die SpannM 1-mal str. Jetzt wird die Ferse gestrickt

FERSE

Die Ferse wird mit verkürzten Reihen und Wickelmaschen gestrickt und zwar nur mit den Sohlenmaschen. Wie folgt 4 Maschenmarkierer platzieren: MM1 nach der 11. (11.) 11. M. MM2 nach der 21. (22.) 22. M. MM3 nach der 28. (30.) 30. M. MM4 nach der 38. (41.) 41. M.

Zwischen MM1 und MM4 liegen die mittleren 27 (30) 30 M, die zum Käppchen werden.

Zwischen MM2 und MM3 liegen die mittleren 7 (8) 8 M, die zur hinteren Käppchenmitte werden.

R 1 (HinR): Bis 1 M vor MM4 re, M umwickeln, wenden.

R 2 (RückR): Bis 1 M vor MM1 li, M umwickeln, wenden.

R 3 (HinR): Bis 1 M vor WendeM der vorigen Rd re, M umwickeln, wenden.

R 4 (RückR): Bis 1 M vor WendeM der vorigen Rd li, M umwickeln, wenden.

R 3 und 4 wdh bis alle M außerhalb von MM2 und MM3 WickelM sind. Die mittleren 7 (8) 8 M zwischen MM2 und MM3 nicht umwickeln.

Folgende R (HinR): 7 (8) 8 M re. Alle WickelM bis MM4 str wie auf S. 194 für re R beschrieben. Wenden.

Nächste R (RückR): 1 M li abh, bis zu den WickelM li (nach MM2). Alle WickelM bis MM1 str wie auf S. 194 für li R beschrieben.

KÄPPCHEN

Mit dem Käppchen werden gleichzeitig ZwickelM mit den seitlichen FersenwandM zusammen gestrickt.

Rd 1 (HinR): Wenden und 1 M re abh, dabei den Faden anziehen, bis 1 M vor MM4 re, 2 M re ver zus.

Rd 2 (RückR): Wenden und 1 M li abh, dabei den Faden anziehen, bis 1 M vor MM1 li, 2 M li zus. Maschenmarkierer entfernen.

Rd 3 (HinR): Wenden und 1 M re abh (Faden anziehen), bis zur abgeh M re. Die abgeh M mit der nächsten ZwickelM zus str: 2 M re ver zus (= 1 M vor + 1 M nach der kleinen Lücke, die beim Wenden entsteht).

Rd 4 (RückR): Wenden und 1 M li abh (Faden anziehen), bis zur abgehob M li. Die abgeh M mit der nächsten ZwickelM zus str: 2 M li zus (= 1 M vor + 1 M nach der Lücke).

Rd 3-4 wdh bis alle ZwickelM abgenommen sind (mit einer HinR enden). Bis RdEnde str.

Nächste Rd: Spann: Rechts, Sohle: 2 M re zus, 26 (29) 29 M re.

Jetzt sind wieder so viele M auf den Nadeln wie zu Beginn, die Ferse ist fertig!

BEIN

9 Rd glatt rechts str.

ZunRd: 2 (4) 4 M gleichmäßig verteilt zun = 56 (64) 64 M.

BUND

Der Bund beginnt und endet mit lettischen Flechtzöpfen s. S. 197.

Rd 1: *1 M re mit MF1, 1 M re mit MF2*. Von * bis * bis RdEnde wdh.

Rd 2: *1 M li mit MF1, 1 M li mit MF2*. Von * bis * bis RdEnde wdh. Beim Stricken beide Fäden vor der Arbeit halten. Beim Farbwechsel muss die neue Farbe unter der gerade gestrickten geführt werden.

Rd 3: *1 M li mit MF1, 1 M li mit MF2*. Von * bis * bis RdEnde wdh. Beim Stricken beide Fäden vor der Arbeit halten. Beim Farbwechsel muss die neue Farbe über der gerade gestrickten geführt werden.

Mit MF2: 2 Rd re str.

Laut Strickschrift B str [1.–8. M] 7 (8) 8-mal pro Rd wdh, Rd 1–18.

Mit MF2: 2 Rd re str.

Auf dieselbe Weise mit einem lettischen Flechtzopf enden. Faden abschneiden und Fäden vernähen. Für die zweite Socke wird die Strickschrift spiegelverkehrt gestrickt, dafür liest man die Strickschrift von links nach rechts anstatt von rechts nach links.

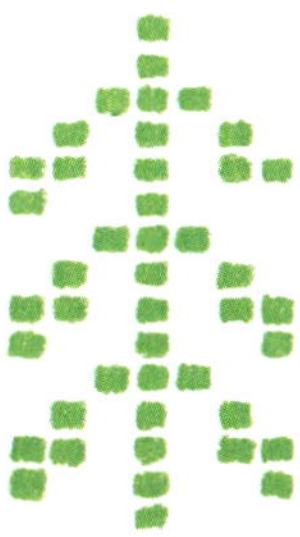

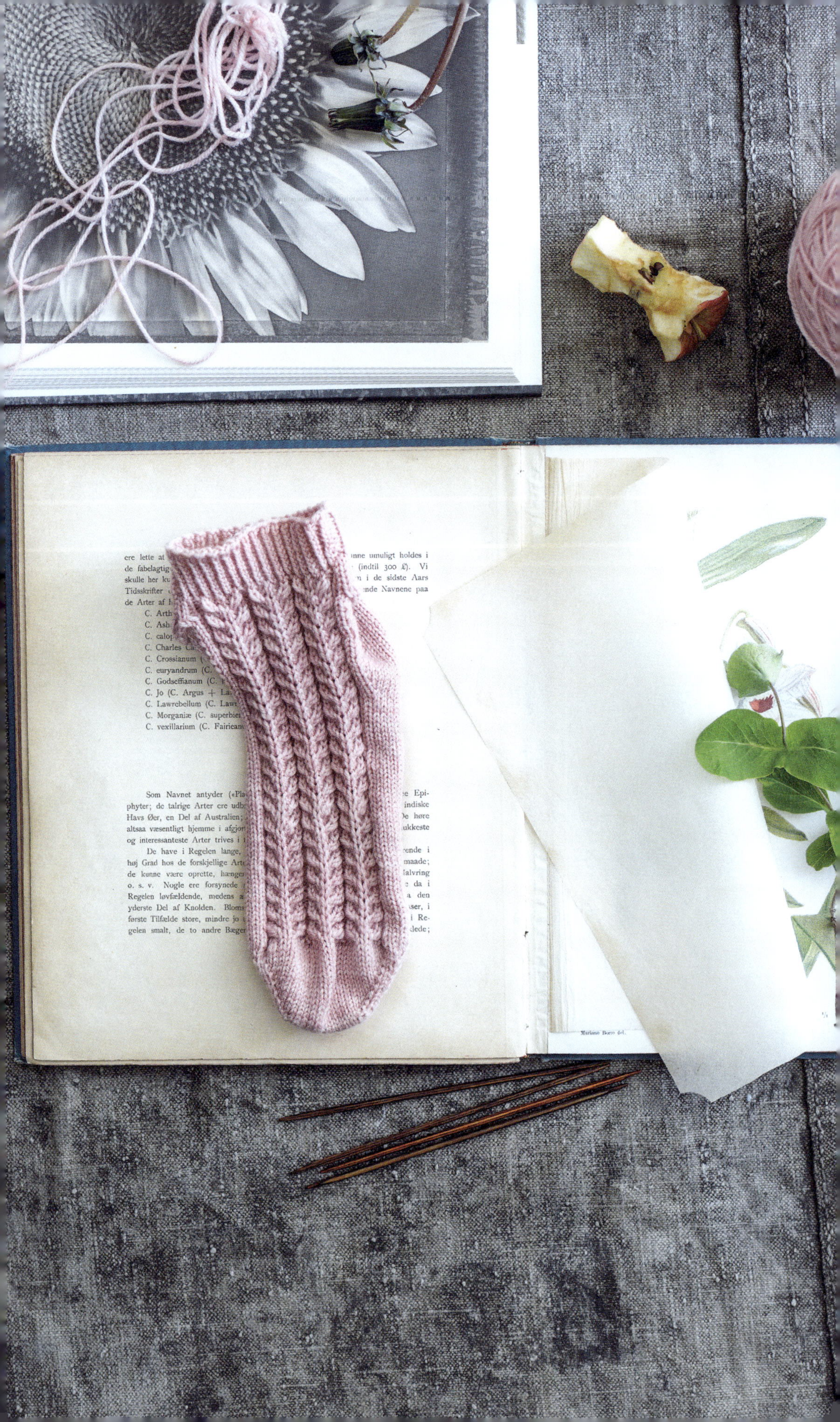

Geißblatt

Im Frühling blüht das rosa Geißblatt an unserem Haus in Norra Fjäll. Und plötzlich verschwindet das Vordach unter duftenden Ranken. Ich sitze dann auf den sonnenwarmen Brettern, stricke und trinke Kaffee aus einer zarten Tasse – umgeben vom Summen der Hummeln und dem entfernten Muhen von der Kuhweide. Selten fühle ich mich reicher.

Grösse: 36/37 (38/39) 40/41

Länge: 23 (24,5–25) 26 cm

Umfang: 17–20 cm (durch das Zopfmuster ist die Socke sehr dehnbar)

Material: Manos del Uruguay Alegría, (75 % superwash Merino, 25 % Polyamid, 100 g = 425 m)

Menge: 100 g Petal (Nr. 14751)

Nadelspiel: 2,5 mm und Zopfnadel

Zubehör: 4 Maschenmarkierer

Maschenprobe: 32 M × 44 R = 10 cm × 10 cm im Muster auf Nadelstärke 2,5 mm

Konstruktion: Die Füßlinge werden von der Spitze aus mit einer klassischen Ferse für Socken von der Spitze gestrickt, s. S. 192. Den Spann schmückt ein tolles Zopfmuster.

Strickkurs: Judys magischer Anschlag, s. S. 194.

1 M li neig zun = 1 M links neigend zunehmen, s. S. 196.

1 M re neig zun = 1 M rechts neigend zunehmen, s. S. 196.

Rechter Zopf 3 M re zus: 2 M auf einer Zopfnadel hinter die Arbeit legen. Die nächsten 3 M re zus, die 2 M von der Zopfnadel re.

Linker Zopf 3 M re zus: 3 M auf einer Zopfnadel vor die Arbeit legen, die nächsten 2 M re, die 3 M von der Zopfnadel re ver zus.

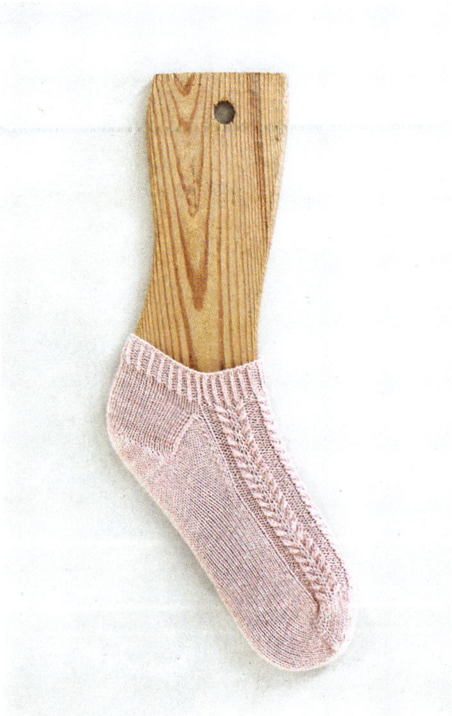

ZOPFMUSTER

Rd 1: 1 M re, *2 M li, 2 M re, [1 M re, U, 1 M re] in dieselbe M, 1 M re, [1 M re, U, 1 M re] in dieselbe M, 2 M re*. Von * bis * 2-mal wdh, 2 M li, 1 M re.

Rd 2: 1 M re, *2 M li, 2 M re, [3 M von der linken auf die rechte Nadel heben, 1 M re, die 3 M von der linken auf die rechte Nadel heben], 2 M re*. Von * bis * 2-mal wdh, 2 M li, 1 M re.

Rd 3: 1 M re, *2 M li, die nächsten 5 M wie folgt stricken [rechter Zopf 3 M re zus, 1 M re, linker Zopf 3 M re zus], 1 M re, die nächsten 5 M wie folgt stricken [rechter Zopf 3 M re zus, 1 M re, linker Zopf 3 M re zus]*. Von * bis * 2-mal wdh, 2 M li, 1 M re.

Rd 4: 1 M re, *2 M li, 3 M re, 1 M von der linken auf die rechte Nadel heben, 3 M re*. Von * bis * 2-mal wdh, 2 M li, 1 M re.

Rd 1–4 fürs Zopfmuster wdh.

SPITZE

Auf Nadelspiel 2,5 mm 26 M auf 2 Nadeln (= 13 M pro Nadel) mit Judys magischem Anschlag anschlagen.

Rd 1: Eine Rd rechts str, dabei die Maschen auf 4 Nadeln verteilen.

Rd 2: 2 M re, 1 M li neig zun, bis zur letzten M auf Nadel 2 re, 1 M re neig zun, 1 M re. Nadel 3: 2 M re, 1 M li neig zun, bis zur letzten M auf Nadel 4 re, 1 M re neig zun, 1 M re.

Rd 1 und 2 wdh bis zu insg 62 M. 1.–31. M = Spann, 32.–62. M = Sohle.

1 Rd rechts str.

FUSS

SpannM im Zopfmuster (Rd 1–4 wdh) und die SohlenM glatt rechts (= in Rd alle M rechts) str bis die Socke ca. 13 (14) 15 cm misst.

ZWICKEL

Rd 1: Spann: Zopfmuster, Sohle: 1 M re, 1 M li neig zun, bis zur letzten M re, 1 M re neig zun, 1 M re.

Rd 2: SpannM im Zopfmuster und SohlenM glatt rechts str.

Rd 1–2 wdh bis zu 53 SohlenM.

Noch 1 Rd im Zopfmuster über die SpannM str und die SohlenM glatt rechts.

Ab jetzt nur noch einmal die SpannM im Zopfmuster str. Jetzt wird die Ferse gestrickt.

FERSE

Die Ferse wird mit verkürzten Reihen und Wickelmaschen gestrickt und zwar nur mit den Sohlenmaschen. Wie folgt 4 Maschenmarkierer platzieren: MM1 nach der 11. M, MM2 nach der 22. M, MM3 nach der 31. M, MM4 nach der 42. M.

Zwischen MM1 und MM4 liegen die mittleren 31 M, die zum Käppchen werden.

Zwischen MM2 und MM3 liegen die mittleren 9M, die zur hinteren Käppchenmitte werden.

R 1 (HinR): Bis 1 M vor MM4 re, M umwickeln, wenden.

R 2 (RückR): Bis 1 M vor MM1 li, M umwickeln, wenden.

R 3 (HinR): Bis 1 M vor WendeM der vorigen Rd re, M umwickeln, wenden.

R 4 (RückR): Bis 1 M vor WendeM der vorigen Rd li, M umwickeln, wenden.

R 3 und 4 wdh bis alle M außerhalb von MM2 und MM3 WickelM sind. Die mittleren 9 M zwischen MM2 und MM3 nicht umwickeln.

Folgende R (HinR): 9 M re. Alle WickelM bis MM4 str wie auf S. 194 für re R beschrieben. Wenden.

Nächste R (RückR): 1 M li abh, bis zu den WickelM li (nach MM2). Alle WickelM bis MM1 str wie auf S. 194 für li R beschrieben.

KÄPPCHEN

Mit dem Käppchen werden gleichzeitig ZwickelM mit den seitlichen FersenwandM zusammen gestrickt.

R 1 (HinR): Wenden und 1 M re abh, dabei den Faden anziehen, bis 1 M vor MM4 re, 2 M re ver zus.

R 2 (RückR): Wenden und 1 M li abh, dabei den Faden anziehen, bis 1 M vor MM1 li, 2 M li zus. Maschenmarkierer entfernen.

R 3 (HinR): Wenden und 1 M re abh (Faden anziehen), bis zur abgeh M re. Die abgeh M mit der nächsten ZwickelM zus str: 2 M re ver zus (= 1 M vor + 1 M nach der kleinen Lücke, die beim Wenden entsteht).

R 4 (RückR): Wenden und 1 M li abh (Faden anziehen), bis zur abgehob M li. Die abgeh M mit der nächsten ZwickelM zus str: 2 M li zus (= 1 M vor + 1 M nach der Lücke).

R 3-4 wdh bis alle ZwickelM abgenommen sind, mit einer HinR enden. Bis RdEnde str.

Nächste R: Spann: Zopfmuster, Sohle: 2 M re zus, 30 M re.

Jetzt sind wieder so viele M auf den Nadeln wie zu Beginn, die Ferse ist fertig!!

BEIN

Mindestens weitere 2 Rd die SpannM im Zopfmuster und die SohlenM glatt rechts str. Das Zopfmuster so lange stricken, dass man mit Rd 4 endet.

10 Rd verschränkte Rippen str (1 M re verschr, 1 M li). Im Muster abketten und Faden abschneiden. Fäden vernähen.

Die zweite Socke genauso stricken.

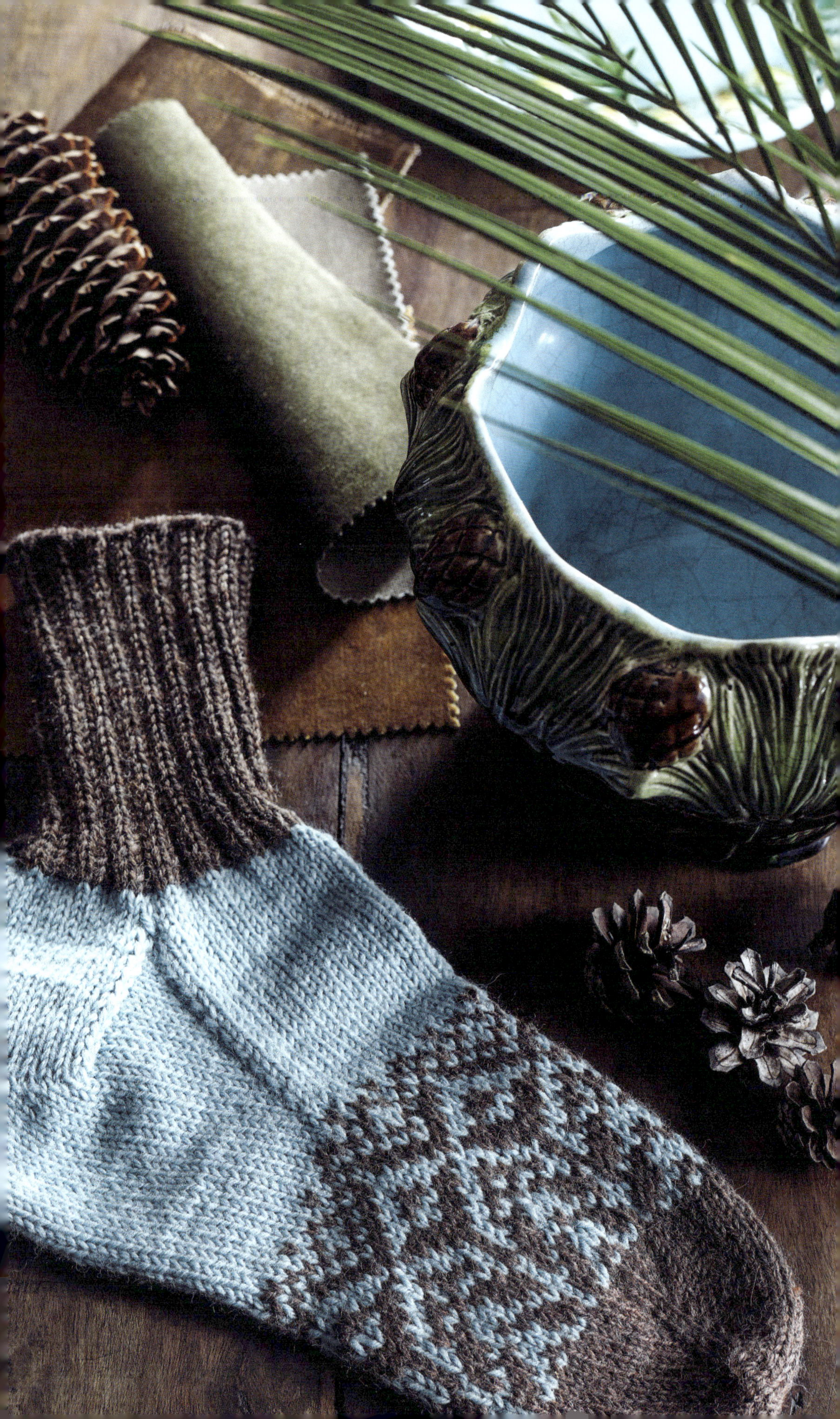

Majolika

Die Inspiration für diese Socke stammt von üppig verzierten Majolikatöpfen. Dort findet sich die Natur in stilisierter Form. Meine Version verbindet Pflanzenornamentik mit der typischen, türkisenen Farbe, die man innen im hübschen Zapfentopf von Rörstrands sieht. Wenn Sie gern andere Farben ausprobieren möchten, dann empfehle ich Dunkelgrün oder Weinrot – tolle, dunkle Farben aus der Welt der Majoliken.

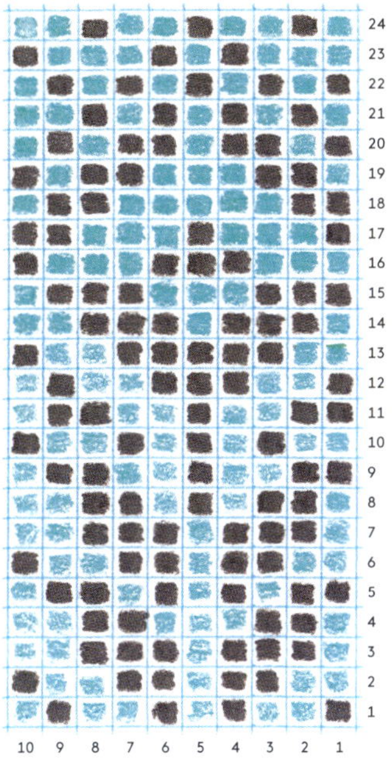

GRÖSSE: 36/37 (38/39) 40/41

LÄNGE: 23 (24) 25 cm

UMFANG: 20 cm

MATERIAL: Järbo Garn Mellanraggi (75 % superwash Wolle, 25 % Polyamid, 100 g = 260 m)

MENGE: GF = 100 g Green Mist (Nr. 28234), MF = 50 g Brown melange (Nr. 28223)

NADELSPIEL: 2,5 mm und 3 mm

MASCHENPROBE: 30 M × 30 R = 10 cm × 10 cm im Muster auf Nadelstärke 2,5 mm

KONSTRUKTION: Die Socken werden von der Spitze aus mit einer klassischen Ferse für Socken von der Spitze gestrickt, s. S. 192.

STRICKKURS: Judys magischer Anschlag, s. S. 194.

1 M LI NEIG ZUN = 1 M links neigend zunehmen, s. S. 196.

1 M RE NEIG ZUN = 1 M rechts neigend zunehmen, s. S. 196.

SPITZE

Auf Nadelspiel 3 mm mit MF 24 M auf 2 Nadeln (= 12 M pro Nadel) mit Judys magischem Anschlag anschlagen.

Rd 1: Eine Rd rechts str, dabei die Maschen auf 4 Nadeln verteilen.

Rd 2: 2 M re, 1 M li neig zun, bis zur letzten M auf Nadel 2 re, 1 M re neig zun, 1 M re. Nadel 3: 2 M re, 1 M li neig zun, bis zur letzten M auf Nadel 4 re, 1 M re neig zun, 1 M re.

Rd 1 und 2 wdh bis zu insg 60 M. 1.–30. M= Spann. 31.–60. M = Sohle.

Noch 2 Rd rechts str.

FUSS

Glatt rechts im Muster laut Strickschrift stricken (1.–10. M bis RdEnde wdh) Rd 1–24.

Mit GF: Weiterstr bis die Socke 12 (13) 15 cm misst.

ZWICKEL

Rd 1 (Spann): Rechts str, Sohle: 1 M re, 1 M li neig zun, bis zur letzten M re, 1 M re neig zun, 1 M re.

Rd 2: Rechts str.

Rd 1–2 bis zu 52 SohlenM wdh.

1 Rd re str, und dann die SpannM noch 1-mal str. Jetzt wird die Ferse gestrickt.

FERSE

Die Ferse wird mit verkürzten Reihen und Wickelmaschen gestrickt und zwar nur mit den Sohlenmaschen. Wie folgt 4 Maschenmarkierer platzieren: MM1 nach der 11. M, MM2 nach der 22. M, MM3 nach der 30. M, MM4 nach der 41. M.

Zwischen MM1 und MM4 liegen die mittleren 30 M, die zum Käppchen werden.

Zwischen MM2 und MM3 liegen die mittleren 8 M, die zur hinteren Käppchenmitte werden.

R 1 (HinR): Bis 1 M vor MM4 re, M umwickeln, wenden.

R 2 (RückR): Bis 1 M vor MM1 li, M umwickeln, wenden.

R 3 (HinR): Bis 1 M vor WendeM der vorigen Rd re, M umwickeln, wenden.

R 4 (RückR): Bis 1 M vor WendeM der vorigen Rd li, M umwickeln, wenden.

R 3 und 4 wdh bis alle M außerhalb von MM2 und MM3 WickelM sind. Die mittleren 8 M zwischen MM2 und MM3 nicht umwickeln.

Folgende R (HinR): 8 M re. Alle WickelM bis MM4 str wie auf S. 194 für re R beschrieben.

Wenden.

Nächste R (RückR): 1 M li abh, bis zu den WickelM li (nach MM2). Alle WickelM bis MM1 str wie auf S. 194 für li R beschrieben.

KÄPPCHEN

Mit dem Käppchen werden gleichzeitig ZwickelM mit den seitlichen FersenwandM zusammen gestrickt.

R 1 (HinR): Wenden und 1 M re abh, dabei den Faden anziehen, bis 1 M vor MM4 re, 2 M re ver zus.

R 2 (RückR): Wenden und 1 M li abh, dabei den Faden anziehen, bis 1 M vor MM1 li, 2 M li zus. Maschenmarkierer entfernen.

R 3 (HinR): Wenden und 1 M re abh (Faden anziehen), bis zur abgeh M re. Die abgeh M mit der nächsten ZwickelM zus str: 2 M re ver zus (= 1 M vor + 1 M nach der kleinen Lücke, die beim Wenden entsteht).

R 4 (RückR): Wenden und 1 M li abh (Faden anziehen), bis zur abgeh M li.

Die abgeh M mit der nächsten ZwickelM zus str: 2 M li zus (= 1 M vor + 1 M nach der Lücke).

Rd 3-4 wdh bis alle ZwickelM abgenommen sind (mit einer HinR enden).

Bis RdEnde str.

Nächste Rd: Spann: Rechts str, Sohle: 2 M re zus, 29 M re. Jetzt sind wieder so viele M wie zu Anfang auf den Nadeln und die Ferse ist fertig!

BEIN

Mit MF und 2,5 mm: 1 Rd re. dann 10 cm im Rippenmuster str (= 2 M re, 2 M li).

Im Muster abketten und Faden abschneiden. Fäden vernähen.

Die zweite Socke genauso stricken.

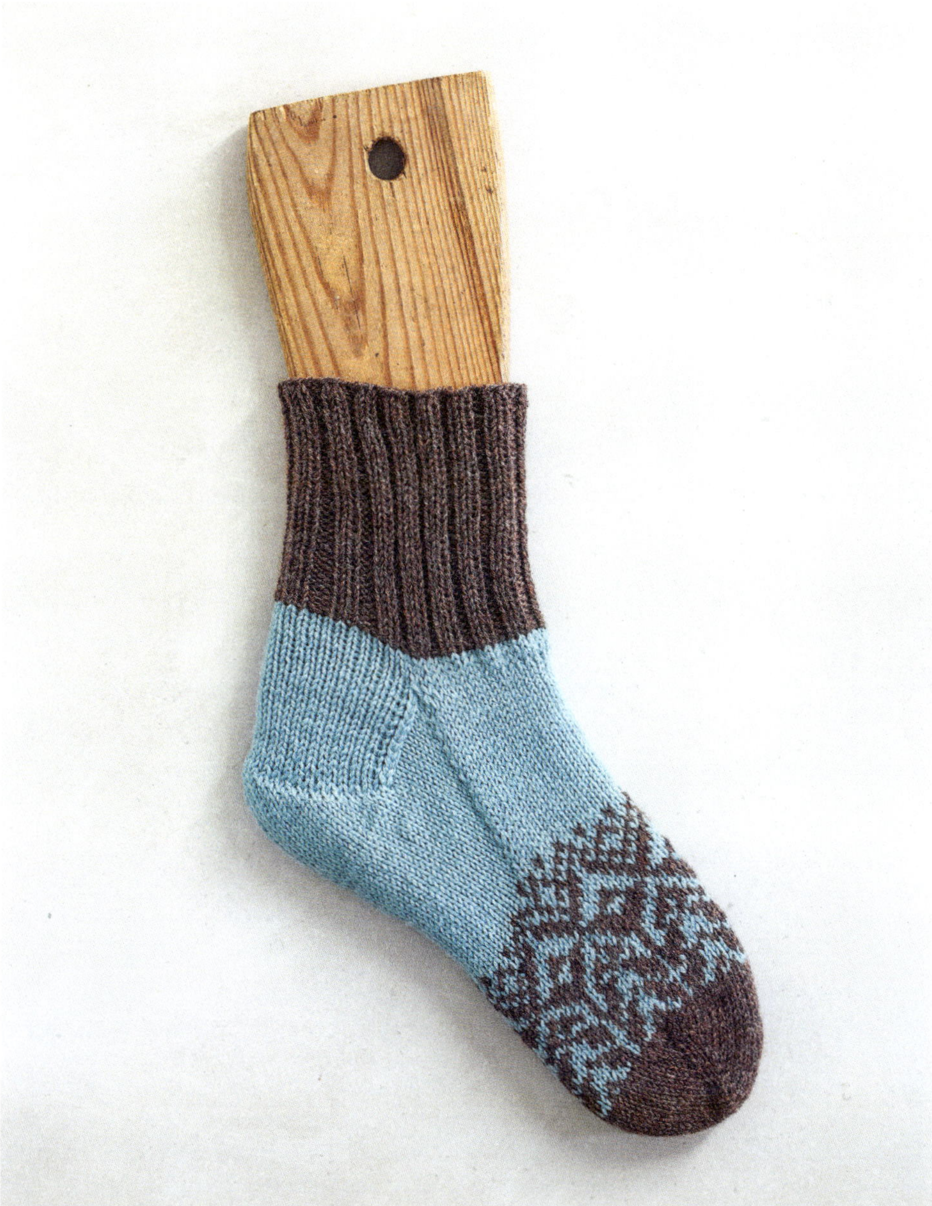

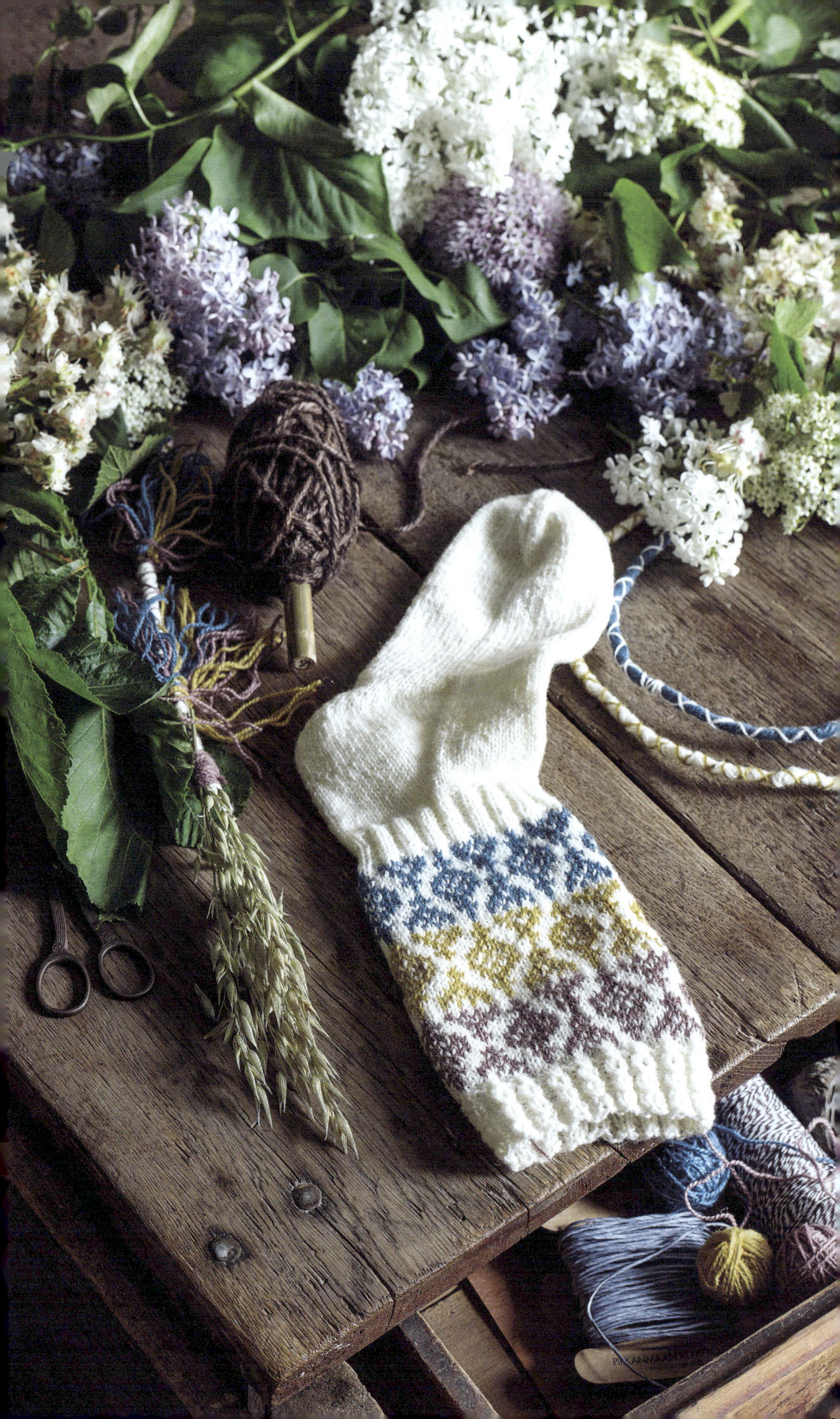

Maibaum

Traditionell wurde ein Maibaum mit Blumen und frischen, grünen Blättern geschmückt – eine Dekoration für sommerliche Feste. Die einzelnen Regionen schmückten unterschiedlich, es gab Laubmatten auf dem Boden und Blumenkränze zu Mittsommer. Nach dem Fest genügte es, die Deko einfach rauszukehren und wieder in die Erde eingehen zu lassen! Die schwedischen Sommertraditionen samt ihrem Schmuck waren die Inspiration für diese Strümpfe aus dünner Wolle. Vielleicht für den nächsten Mittsommer?

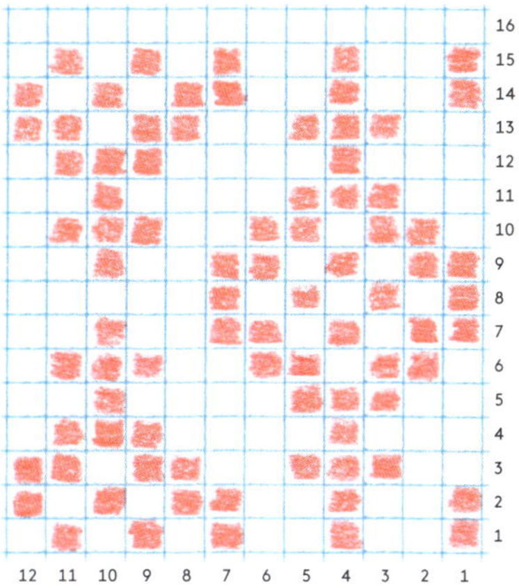

Grösse: 34/35 (36/37) 38/39 (40/41)

Länge: 22 (23) 24 (25) cm

Umfang: 16 (18) 19 (20) cm

Beinumfang: 24 cm

Beinlänge: 19 cm

Material: 2 tr. Rauma Garn Gammelserie (100 % norwegische Wolle, 50 g = 160 m) Menge: GF = 100 g Natur (Nr. 401), MF1 = 50 g Graulila (Nr. 487), MF2 = 50 g Senfgelb (Nr. 4805), MF3 = 50 g Bauernblau (Nr. 438)

Nadelspiel: 2,5 mm

Maschenprobe: 30 M × 42 R= 10 cm × 10 cm im Muster auf Nadelstärke 2,5 mm

Konstruktion: Die Strümpfe werden von oben gestrickt, mit Schummelzöpfen, Einstrickmuster und einer Fleegleferse (auch Keilferse genannt), s. S. 192.

Strickkurs: 1 M li neig zun = 1 M links neigend zunehmen, s. S. 196.

1 M re neig zun = 1 M rechts neigend zunehmen, s. S. 196.

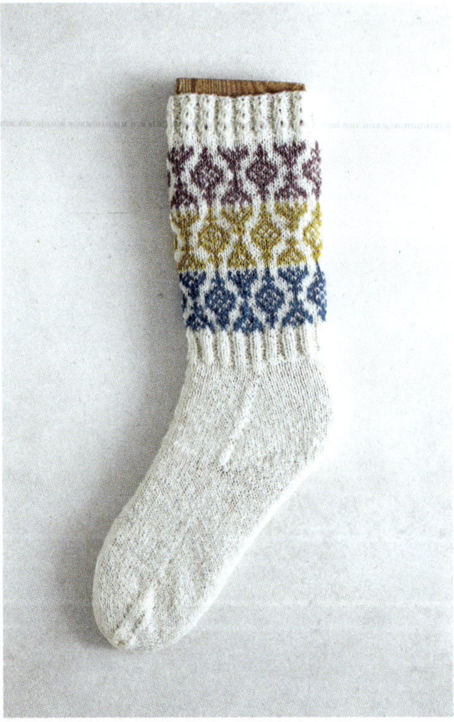

MF2, MF3 str, Rd 1–16 insg 3-mal (1.–12. M 6-mal pro Rd wdh).

Mit GF: 2 Rd re str.

2,5 cm im Rippenmuster str (2 M re, 2 M li). Ab jetzt glatt rechts str.

1 Rd str.

AbnahmeRd: 24 (20) 16 (12) M gleichmäßig verteilt abn = 48 (52) 56 (60) M.

ZWICKEL

1.–24. (1.–26.) 1.–28. (1.–30.) M = Spann.

25.–48. (27.–52.) 29.–56. (31.–60.) M = Sohle. Wie folgt an der Sohle beidseitig zunehmen:

Rd 1 (Spann): Rechts str, Sohle: 1 M re, 1 M li neig zun, bis zur letzten M rer, 1 M re neig zun, 1 M re.

Rd 2: Rechts str.

Rd 1 und 2 wdh bis zu 46 (50) 54 (58) SohlenM. Mit Rd 2 enden.

BEIN

Mit Nadelspiel 2,5 mm und GF 72 M anschlagen und gleichmäßig auf 4 Nadeln verteilen.

Rippen mit Schummelzöpfen:

Rd 1: *1 M li, 2 M re, 1 M li*. Von * bis * bis RdEnde wdh.

Rd 2: *1 M li, 1 M re, U, 1 M re, 1 M li*. Von * bis * bis RdEnde wdh.

Rd 3: *1 M li, 3 M re, 1 M li*. Von * bis * bis RdEnde wdh.

Rd 4: *1 M li, 1 M abh, 2 M re, die abgeh M über die 2 re M ziehen, 1 M li*. Von * bis * bis RdEnde wdh.

Rd 5: *1 M li, 2 M re, 1 M li*. Von * bis * bis RdEnde wdh.

[Rd 2–5] 2-mal wdh.

Weiter glatt rechts (= in Rd also alle M rechts) und 2 Rd str. Das Muster laut Strickschrift und im Farbverlauf MF1,

FERSE

SpannM glatt rechts str. Dann einen MM zwischen die beiden mittleren SohlenM setzen.

Nun wird nur die Sohle rechts in Reihen und mit folgenden seitlichen Zunahmen gestrickt:

R 1 (HinR): Bis MM str, 2 M re, 2 M re zus, 1 M re, wenden.

R 2 (RückR): 1 M li abh, Faden anziehen, und bis MM str. 2 M li, 2 M li ver zus (= die folgenden 2 M nacheinander wie zum rechts Stricken abheben, dann zurück auf die linke Nadel schieben (sie sind verdreht), dann li ver zus), 1 M li, wenden.

R 3 (HinR): 1 M re abh und Faden anziehen, bis 1 M vor der Wende-Lücke re. Die M vor und nach der Lücke zus str (= 2 M re zus), 1 M re, wenden

R 4 (RückR): 1 M li abh und Faden anziehen, bis 1 M vor der Lücke li, die M vor und nach der Lücke zus str (= 2 M li ver zus), 1 M li, wenden.

R 3 und 4 wdh bis nach einer RückR noch 2 ungestrickte M übrig sind. Wenden.

Nächste R (HinR): Wie R 3, aber ohne zu wenden die SpannM str.

Nächste Rd: Spann: Rechts str, Sohle: 1 M re, 2 M re ver zus, bis zu den letzten 3 M re, 2 M re zus, 1 M re.

Nächste Rd: Spann: Rechts, Sohle: 1 M re, 2 M re ver zus, bis RdEnde re. Jetzt sind es wieder 24 (26) 28 (30) SohlenM, insg 48 (52) 56 (60) M.

FUSS

Glatt rechts str bis der Fuß 16,5 (17,5) 18,5 (19,5) cm lang ist.

SPITZE

AbnahmeRd: 1 M re, 1 M abh, 1 M re, dann die abgehobene M über die gestrickte ziehen. Bis zu den letzten 3 M auf Nadel 2 re, 2 M re zus, 1 M re. Nadel 3: 1 M re, 1 M abh, 1 M re, dann die abgehobene M über die gestrickte ziehen.

Bis zu den letzten 3 M auf Nadel 4 re, 2 M re zus, 1 M re = 4 M abgenommen.

Die Abnahmen in jeder 2. Rd wdh bis noch 16 (20) 20 (24) M übrig sind.

MIT DREI NADELN ABKETTEN

Die Maschen auf 2 Nadeln verteilen – SpannM auf die eine und SohlenM auf die andere. Faden abschneiden, aber genug zum Abketten übrig lassen. Die Nadeln rechts auf rechts parallel halten.

Wie folgt abketten: *2 Maschen (je 1 SpannM und 1 SohlenM) rechts zusammenstricken (= 1 M von jeder Nadel). Die zuerst gestrickte Masche über die zweite ziehen*. Von * bis * wdh bis alle Maschen abgekettet sind. Faden abschneiden und alle Fäden vernähen. Die zweite Socke genauso stricken.

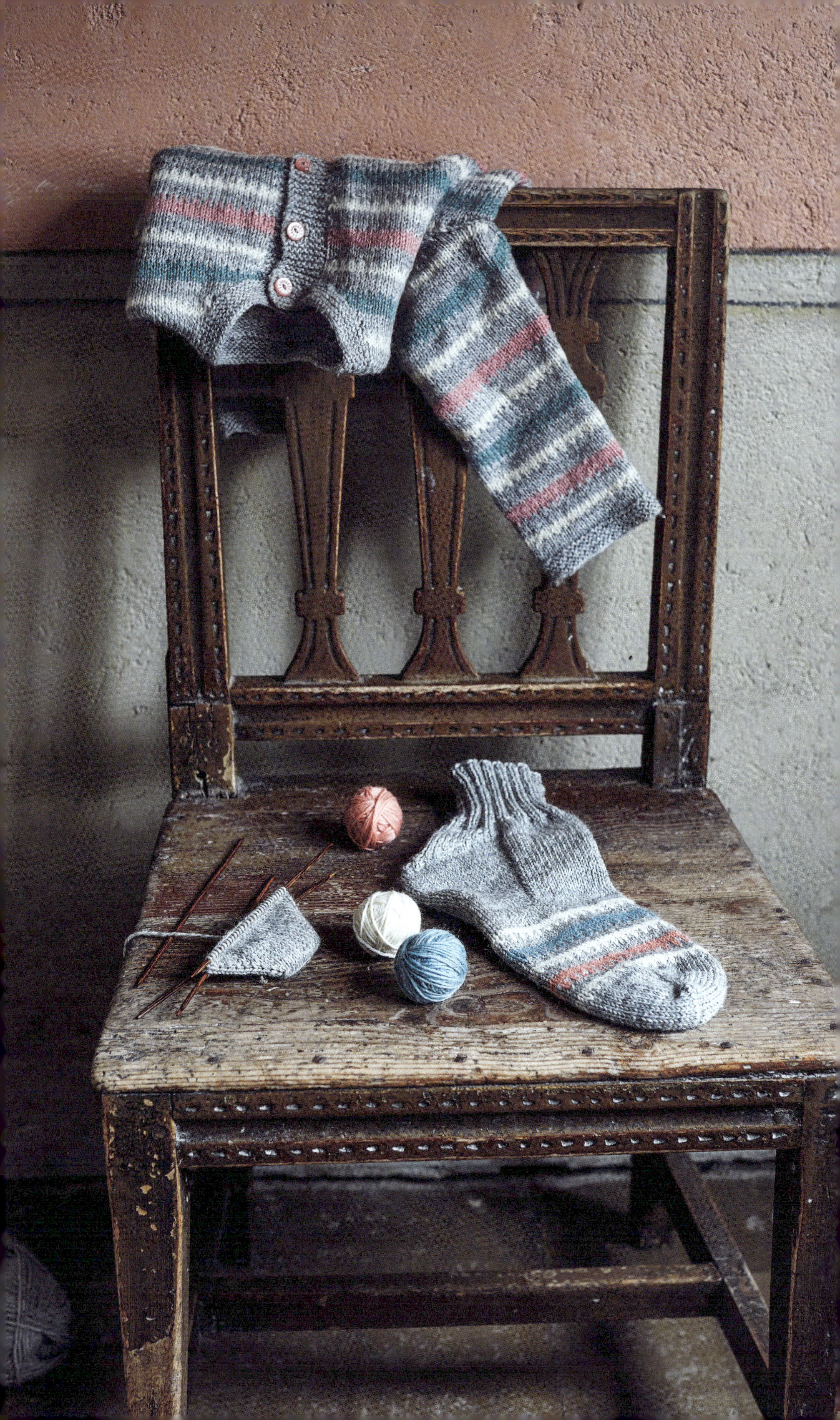

Erinnerung

Diese Socken sind für mich ein Ausflug in meine Kindheit, denn das Muster stammt von einer Strickjacke, die ich als kleines Mädchen trug – eines der ersten Kleidungsstücke, an die ich mich erinnere. Meine Oma hatte sie mir gestrickt, und ich trug sie, als ich zum ersten Mal meine neugeborene Schwester Lisa sah. Das Muster braucht nur wenig bunte Wolle, es ist also eine tolle Möglichkeit, Wollreste zu verarbeiten. Auch diese Wollreste sind auf ihre Art Erinnerungen … Die Jacke habe ich übrigens immer noch – sie ist auf dem Bild zu sehen.

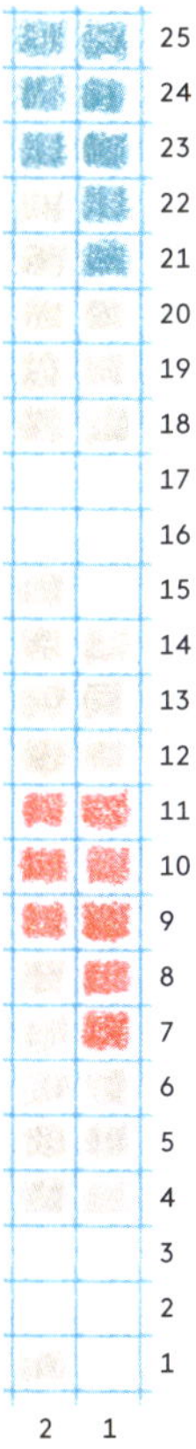

GRÖSSE: 36/37 (38/39) 40/41 (42/43)

LÄNGE: 23 (24) 25 (27) cm

UMFANG: 18,5 (18,5) 20 (20) cm

MATERIAL: Järbo Garn Mellanraggi (75 % superwash Wolle, 25 % Polyamid, 100 g = 260 m)

MENGE: GF = 100 g Light Grey (Nr. 28211), MF1 = Reste in Natur (Nr. 28201), MF2 = Reste in Softpink (Nr. 28227), MF3 = Reste in Green Mist (Nr. 28234).

NADELSPIEL: 2,5 mm und 3 mm

MASCHENPROBE: 30 M × 30 R = 10 cm × 10 cm glatt rechts im Muster auf Nadelstärke 3 mm

KONSTRUKTION: Die Socken werden von der Spitze mit Fleegleferse (auch Keilferse) gestrickt, s. S. 192.

STRICKKURS: Judys magischer Anschlag, s. S. 194.

1 M LI NEIG ZUN = 1 M links neigend zunehmen, s. S. 196.

1 M RE NEIG ZUN = 1 M rechts neigend zunehmen, s. S. 196.

SPITZE

Auf Nadelspiel 3 mm mit MF 24 M auf 2 Nadeln (= 12 M pro Nadel) mit Judys magischem Anschlag anschlagen.

Rd 1: Eine Rd rechts str, dabei die Maschen auf 4 Nadeln verteilen.

Rd 2: 2 M re, 1 M li neig zun, bis zur letzten M auf Nadel 2 re, 1 M re neig zun, 1 M re. Nadel 3: 2 M re, 1 M li neig zun, bis zur letzten M auf Nadel 4 re, 1 M re neig zun, 1 M re.

Rd 1 und 2 wdh bis zu insg 56 (56) 60 (60) M. 1.–28. (1.–28.) 1.–30. (1.–30.) M = Spann. 29.–56. (29.–56.) 31.–60. (31.–60.) M = Sohle.

1 Rd rechts str.

FUSS

Mit GF: 2 Rd re str.

Weiter glatt rechts laut Strickschrift str (1.–2. M werden bis RdEnde wdh), Rd 1–25, dann Rd 12–17 str.

Mit GF: Weiter str bis die Socke 15,5 (16,5) 17,5 (19,5) cm misst.

ZWICKEL

Wie folgt beidseitig an der Sohle zunehmen:

Rd 1: Spann: Rechts str, Sohle: 1 M re, 1 M li neig zun, bis zur letzten M re, 1 M re neig zun, 1 M re.

Rd 2: Rechts str.

Rd 1 und 2 wdh bis zu 54 (54) 58 (58) SohlenM.

Achtung: Mit einer Rd 2 enden.

FERSE

Zuerst die SpannM rechts str.

Dann zwischen die zwei mittleren SohlenM einen MM setzen. Jetzt wird die Sohle glatt rechts in Reihen gestrickt und dabei wie folgt abgenommen:

R 1 (HinR): Bis MM str, 2 M re, 2 M re zus, 1 M re, wenden.

R 2 (RückR): 1 M li abh, Faden anziehen und bis MM str. 2 M li, 2 M li ver zus (= die folgenden 2 M nacheinander wie zum re Stricken abheben, dann zurück auf die linke Nadel schieben (sie sind verdreht), dann li ver zus), 1 M li, wenden.

R 3 (HinR): 1 M re abh und Faden anziehen, bis 1 M vor der Lücke re. 1 M vor und 1 M nach der Lücke zus str (= 2 M re zus), 1 M re, wenden.

R 4 (RückR): 1 M li abh und Faden anziehen, bis 1 M vor der Lücke li. 1 M vor und 1 M nach der Lücke zus str (= 2 M li ver zus), 1 M li, wenden.

R 3 und 4 wdh bis nach einer RückR noch 1 ungestrickte M übrig ist. Wenden.

Nächste R (HinR): Wie R 3. aber nicht wenden, sondern die SpannM stricken.

Nächste Rd: Spann: Rechts str, Sohle: 1 M re, 2 M re ver zus, bis zu den letzten 3 M re, 2 M re zus, 1 M re.

Nächste Rd: Spann: Rechts str, Sohle: 1 M re, 2 M re ver zus, bis RdEnde re. Jetzt gibt es wieder 28 (28) 30 (30) SohlenM, insg 56 (56) 60 (60) M.

BEIN

Mit 2,5 mm und GF: 2 Rd re str. Nun 6,5 cm Rippen str (= 2 M re, 2 M li).

Im Muster abketten und Faden abschneiden. Fäden vernähen.

Die zweite Socke genauso stricken.

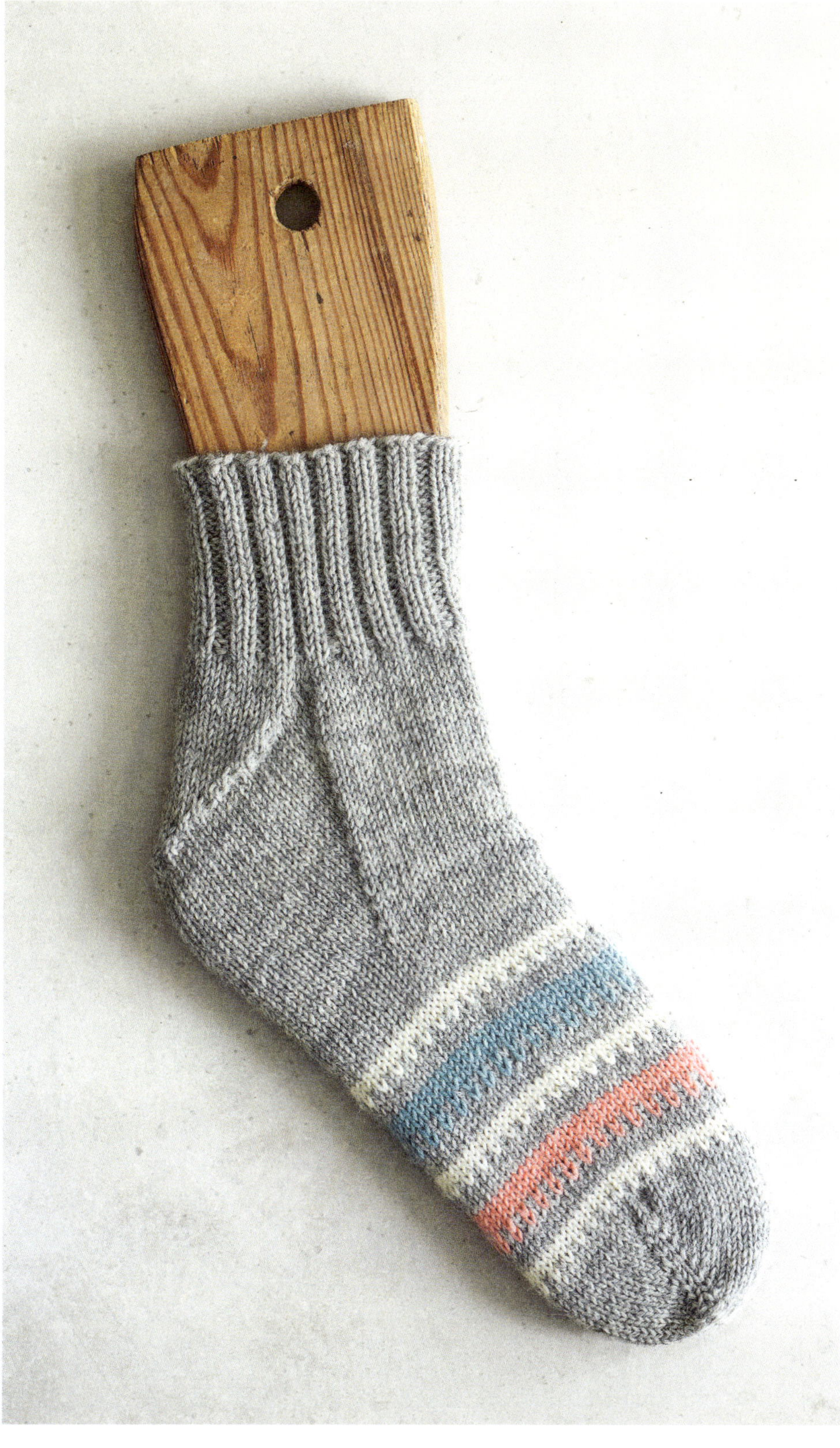

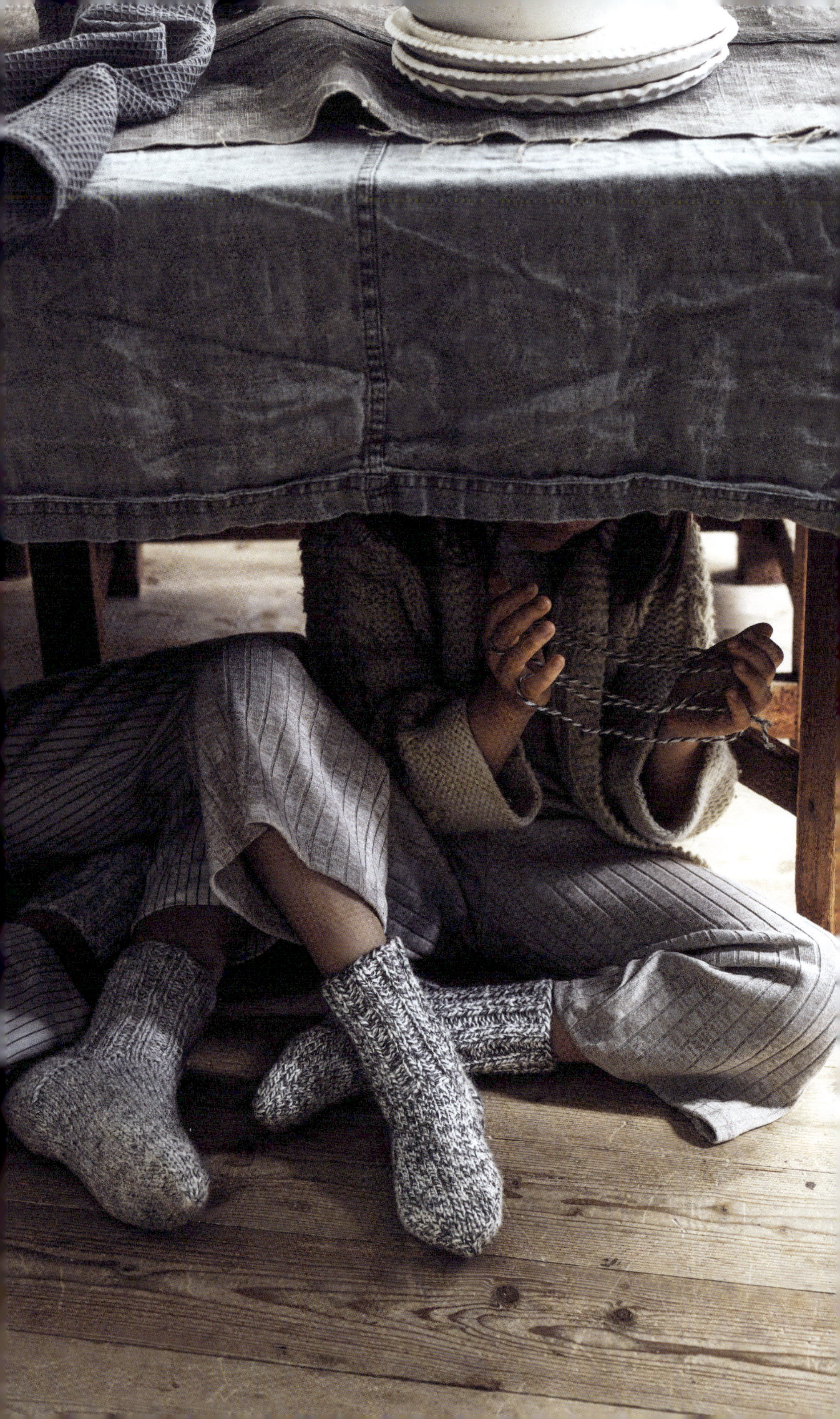

Omas Strümpfe

Diese Socken sind eine leicht veränderte Variante des allerersten Sockenmodells, das ich stricken konnte. Meine Oma Greta hat mir das Sockenstricken beigebracht und zum Glück hat sie mir auch das Strickmuster aufgeschrieben. Den Zettel habe ich sorgfältig aufgehoben. Meine Oma hat ihre Socken immer gleichzeitig gestrickt, mit zwei Nadelspielen. Zuerst das eine Bein, dann das das zweite und so weiter. Sehr clever – denn so entgeht man dem „second sock syndrome", wie man es nennt, wenn einem irgendwie der Elan für die zweite Socke verloren geht. Ein paar klassische Socken für Sie oder jemand Lieben gefällig? Dann würde ich mich freuen, wenn Sie diese hier ausprobieren. Ich finde nämlich, dass die Ferse ganz wunderbar ist – Sie hoffentlich auch!

GRÖSSE: 22/24 (25/27) 28/30 (31/33) 34/36 (37/39) 40/42 (43/45)

Länge: 16 (18) 20 (22) 24 (25) 26 (28) cm

UMFANG: 18 (18) 18 (20) 20 (20) 22 (24) cm

MATERIAL: Hosuband (80 % isländische Wolle, 20 % Polyamid, ca 100 g= 133 m)

MENGE: 100 (100) 100 (200) 200 (200) 200 (200) g Light Grey (Nr. 21603, linke Socken) oder Grey/White (Nr. 21607, rechte Socken)

MASCHENPROBE: 20 M × 28 R = 10 cm × 10 cm glatt rechts auf Nadelstärke 3,5 mm

NADELSPIEL: 3,5 mm

KONSTRUKTION: Die Socken werden von oben mit Omas Ferse gestrickt, s. S. 193.

STRICKKURS: 1 M re abh = 1 M wie zum rechts Stricken von der linken auf die rechte Nadel abheben (Faden hinter der Arbeit).

1 M LI ABH: = 1 M wie zum links Stricken von der linken auf die rechte Nadel abheben (Faden vor der Arbeit).

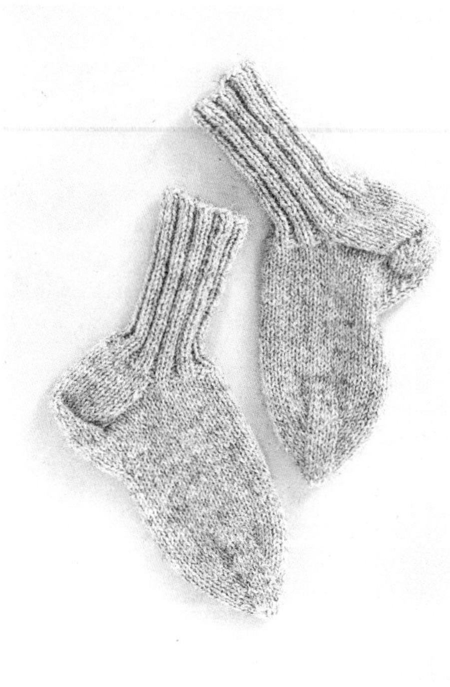

BEIN

Mit Nadelspiel 3,5 mm: 36 (36) 36 (40) 40 (40) 44 (48) M anschlagen und gleichmäßig auf 4 Nadeln verteilen.

Im Rippenmuster str (2 M li, 2 M re) bis 10 (12) 12 (12) 13 (15) 15 (16) cm oder die gewünschte Länge erreicht sind.

KÄPPCHEN

Die Fersenwand und das Käppchen werden in Reihen über Nadel 1 und 2 gestrickt = 18 (18) 18 (20) 20 (20) 22 (24) M.
Die erste M jeder R wie zum rechts Stricken abheben.

10 (12) 14 (14) 16 (18) 18 (20) R glatt rechts (in R abwechselnd 1 rechte und 1 linke R) str. Mit einer RückR enden.

FERSE

R 1: Rechts str.

R 2: 9 (9) 9 (10) 10 (10) 11 (12) M li, 2 M li, 2 M li zus, 1 M li, wenden.

R 3: 1 M re abh, 3 M re, 2 M re, 2 M re zus, 1 M re, wenden.

R 4: 1 M li abh, 3 M li, 3 M li, 2 M li zus (über die Lücke), 1 M li, wenden.

R 5: 1 M re abh, 4 M re, 3 M re, 2 M re zus (über die Lücke), 1 M re, wenden.

R 6: 1 M li abh, 4 M li, 4 M li, 2 M li zus, 1 M li, wenden.

R 7: 1 M re abh, 5 M re, 4 M re, 2 M re zus, 1 M re, wenden. (Größen 31/33, 34/36, 37/39, 40/42, und 43/45 restl M rechts, dann wenden.)

R 8: Links str.

Alle Größen: Weiter in Reihen str, dabei M aufnehmen.

AufnahmeR 1: Rechts str und dabei 6 (7) 8 (8) 9 (10) 10 (12) M aus der Seite aufnehmen = 12 (13) 14 (15) 16 (17) 18 (21) M auf der Nadel, wenden.

AufnahmeR 2: Links str und dabei 6 (7) 8 (8) 9 (10) 10 (12) M aus der Seite aufnehmen, indem man von rechts einsticht und den Faden von der linken Seite holt = 12 (13) 14 (15) 16 (17) 18 (21) M.

Wieder in Rd str. 1 Rd re = 42 (44) 46 (50) 52 (54) 58 (66) M.

Fersenabn: Rd 1: 9 (10) 11 (12) 13 (14) 15 (18) M re, 2 M re ver zus, 1 M re, 1 M re, 2 M re zus, 27 (28) 29 (32) 33 (34) 37 (42) M re.

Rd 2–3: Rechts str.

Rd 4: 8 (9) 10 (11) 12 (13) 14 (17) M re, 2 M re ver zus, 1 M re, 1 M re, 2 M re zus, 26 (27) 28 (31) 32 (33) 36 (41) M re.

Rd 5–6: Rechts str.

Rd 7: 7 (8) 9 (10) 11 (12) 13 (16) M re, 2 M re ver zus, 1 M re, 1 M re, 2 M re zus, 25 (26) 27 (30) 31 (32) 35 (40) M re.

Größe 25/27, 28/30, 31/33, 34/36, 37/39, 40/42 und 43/45: Rd 8: Rechts str.

Rd 9: - (7) 8 (9) 10 (11) 12 (15) M re, 2 M re ver zus, 1 M re, 1 M re, 2 M re zus, - (25) 26 (29) 30 (31) 34 (39) M re.

Größe 28/30, 31/33, 34/36, 37/39, 40/42 und 43/45: Rd 10: Rechts str.

Rd 11: - (-) 7 (8) 9 (10) 11 (14) M re, 2 M re ver zus, 1 M re, 1 M re, 2 M re zus, - (-) 25 (28) 29 (30) 33 (38) M re.

Größe 34/36, 37/39, 40/42 und 43/45:

Rd 12: Rechts str.

Rd 13: - (-) - (-) 8 (9) 10 (13) M re, 2 M re ver zus, 1 M re, 1 M re, 2 M re zus, - (-) - (-) 28 (29) 32 (37) M re.

Größe 37/39, 40/42 und 43/45:

Rd 14: Rechts str.

Rd 15: - (-) - (-) - (8) 9 (12) M re, 2 M re ver zus, 1 M re, 1 M re, 2 M re zus, - (-) - (-) - (28) 31 (36) M re.

Größe 43/45: Rd 16: Rechts str.

Rd 17: - (-) - (-) - (-) - (11) M re, 2 M re ver zus, 1 M re, 1 M re, 2 M re zus, - (-) - (-) - (-) - (35) M re.

Rd 18: Rechts str.

Rd 19: - (-) - (-) - (-) - (10) M re, 2 M re ver zus, 1 M re, 1 M re, 2 M re zus, - (-) - (-) - (-) - (34) M re.

Jetzt befindet sich wieder die ursprüngliche M-Zahl auf den Nadeln = 36 (36) 36 (40) 40 (40) 44 (48) M.

FUSS

Weiterstr bis der Fuß 10,5 (12,5) 14,5 (16) 18 (19) 20 (21) cm misst.

SPITZE

Jetzt beginnen die Spitzenabnahmen.

Rd 1: 33 (33) 33 (37) 37 (37) 41 (45) M re, 2 M re zus, 1 M re.

Rd 2: 1 M re, 1 M abh, 1 M re, dann die abgehobene M über die gestrickte ziehen. Bis zu den letzten 3 M auf Nadel 2 re str, 2 M re zus, 1 M re. Nadel 3: 1 M re, 1 M abh, 1 M re, dann die abgehobene M über die gestrickte ziehen.

Bis RdEnde re str = 32 (32) 32 (36) 36 (36) 40 (44) M.

Rd 3: 29 (29) 29 (33) 33 (33) 37 (41) M re, 2 M re zus, 1 M re.

Rd 4: 1 M re, 1 M abh, 1 M re, dann die abgehobene M über die gestrickte ziehen. Bis zu den letzten 3 M auf Nadel 2 re str, 2 M re zus, 1 M re. Nadel 3: 1 M re, 1 M abh, 1 M re, dann die abgehobene M über die gestrickte ziehen. Bis RdEnde re = 28 (28) 28 (32) 32 (32) 36 (40) M.

Rd 5: 25 (25) 25 (29) 29 (29) 33 (37) M re, 2 M re zus, 1 M re.

Rd 6: 1 M re, 1 M abh, 1 M re, dann die abgehobene M über die gestrickte ziehen. Bis zu den letzten 3 M auf Nadel 2 re str, 2 M re zus, 1 M re. Nadel 3: 1 M re, 1 M abh, 1 M re, dann die abgehobene M über die gestrickte ziehen.

Bis RdEnde re str = 24 (24) 24 (28) 28 (28) 32 (36) M.

Rd 7: 21 (21) 21 (25) 25 (25) 29 (33) M re, 2 M re zus, 1 M re.

Rd 8: 1 M re, 1 M abh, 1 M re, dann die abgehobene M über die gestrickte ziehen. Bis zu den letzten 3 M auf Nadel 2 re str, 2 M re zus, 1 M re. Nadel 3: 1 M re, 1 M abh, 1 M re, dann die abgehobene M über die gestrickte ziehen. Bis RdEnde re str = 20 (20) 20 (24) 24 (24) 28 (32) M.

Weiter so abnehmen, bis noch 8 M übrig sind. Den Faden durch diese letzten M ziehen und abschneiden. Fäden vernähen. Eine zweite Socke stricken.

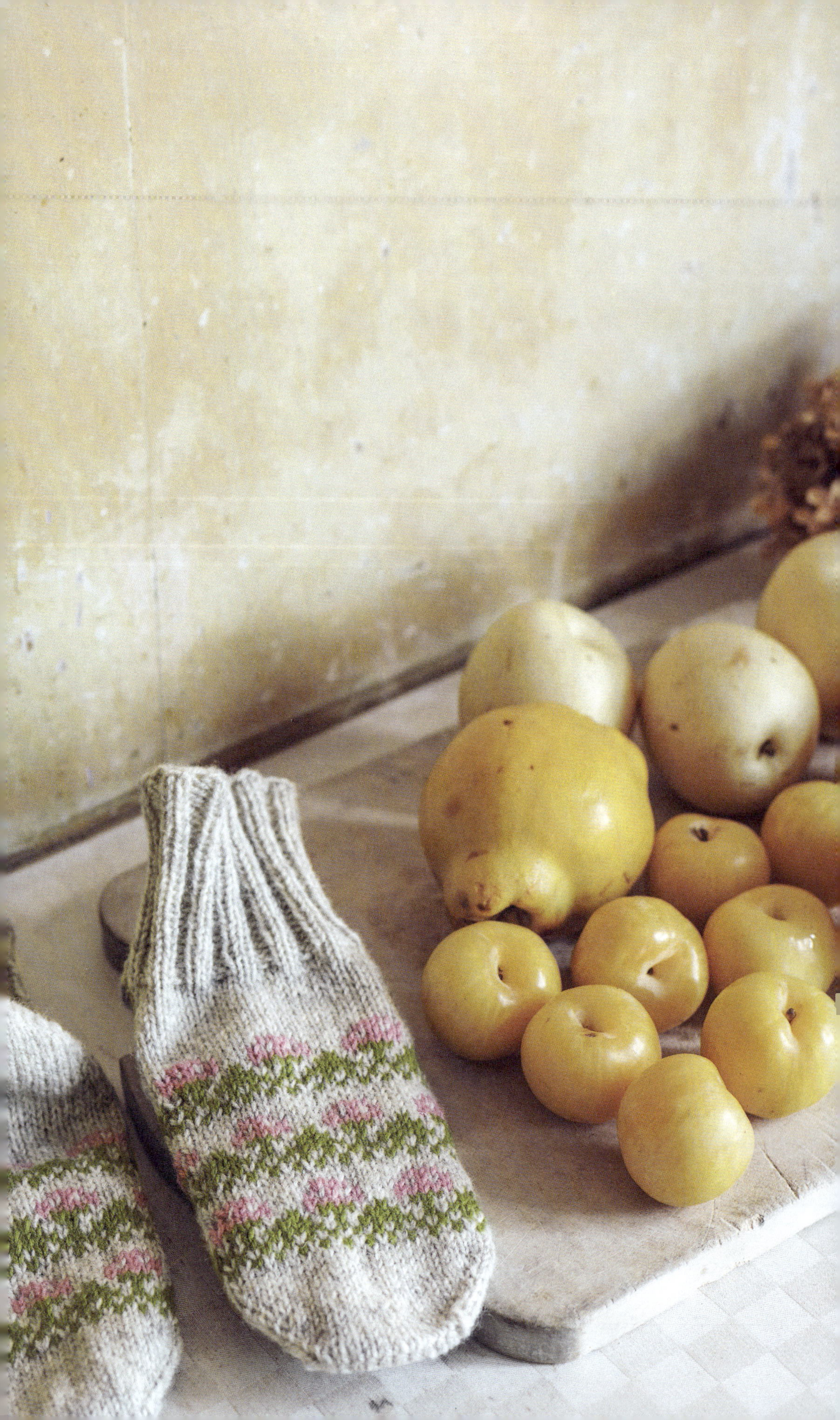

Mårbacka

Wenn die Geranien in meinem Fenster blühen, ist es richtig Sommer. Wie auf Mårbacka, dem Zuhause von Selma Lagerlöf. Woher die Mårbackageranien stammen, ist nicht bekannt. Vielleicht hat Selma einen Ableger bekommen, als sie Carl und Karin Larsson in Sundborn besuchte, denn sie hatten diese Geranien. Egal woher sie nun kommt, diese Pflanze ist eine Augenweide. Und jetzt kann man sich auch ein Paar Socken mit Mårbackageranien stricken.

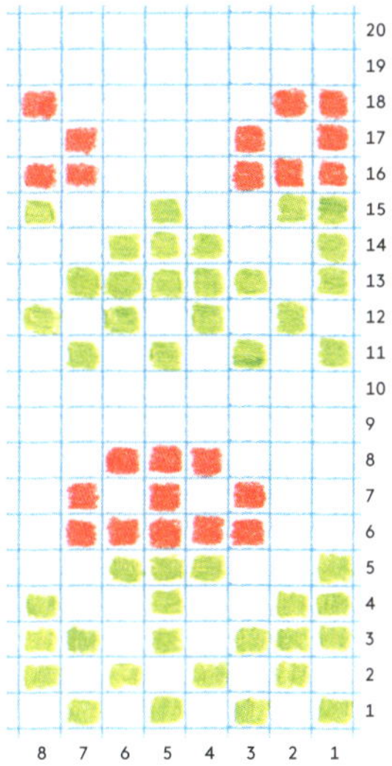

GRÖSSE: 36/37 (38/39) 40/41 (42/43)

LÄNGE: 23 (24) 25 (27) cm

UMFANG: 19 (19) 22 (22) cm

MATERIAL: 3 tr. Rauma Garn Strikkegarn (100 % norwegische Wolle, 50 g = 108 m)

MENGE: GF = 100 g Hellgrau meliert (Nr. 103), MF1 = 50 Apfelgrün (Nr. 198), MF2 = 50 g Altrosa (Nr. 571)

NADELSPIEL: 3 mm

MASCHENPROBE: 26 M × 28 R = 10 cm × 10 cm im Muster auf Nadelstärke 3 mm

KONSTRUKTION: Die Socken werden von der Spitze mit gemustertem Fuß und Rippen am Bein sowie Bumerangferse (s. S. 193) gestrickt.

STRICKKURS: Judys magischer Anschlag, s. S. 194.

1 M LI NEIG ZUN = 1 M links neigend zunehmen, s. S. 196.

1 M RE NEIG ZUN = 1 M rechts neigend zunehmen, s. S. 196.

VERKÜRZTE R und WICKELMASCHEN, s. S. 194.

SPITZE

Auf Nadelspiel 3 mm mit MF 24 M auf 2 Nadeln (= 12 M pro Nadel) mit Judys magischem Anschlag anschlagen.

Rd 1: Eine Rd rechts str, dabei die Maschen auf 4 Nadeln verteilen.

Rd 2: 2 M re, 1 M li neig zun, bis zur letzten M auf Nadel 2 re, 1 M re neig zun, 1 M re. Nadel 3: 2 M re, 1 M li neig zun, bis zur letzten M auf Nadel 4 re, 1 M re neig zun, 1 M re.

Rd 1 und 2 wdh bis zu insg 48 (48) 56 (56) M. 1.–24. (1.–24.) 1.–28. (1.–28.) M = Spann. 25.–48. (25.–48.) 29.–56. (29.–56.) M = Sohle. 2 Rd rechts str.

FUSS

Glatt rechts im Muster der Strickschrift str.

Größe 36/37 und 38/39: [1.–8. M] 6-mal pro Rd wdh.

Größe 40/41 und 42/43: [7.–8. M] 1-mal [1.–8. M] 6-mal, [1.–6.] 1-mal pro Rd wdh.

Alle Größen: Rd 1–20 und dann Rd 1–8 str.

Mit GF: Weiterstr bis der Fuß 18 (19) 19,5 (21,5) cm misst.

FERSE

Die Ferse wird glatt rechts in Reihen über die 24 (24) 28 (28) SohlenM gestrickt.

Zuerst die 24 (24) 28 (28) SpannM str, dann mit der Ferse weitermachen:

R 1 (HinR): Bis zur letzten M re, M umwickeln, wenden.

R 2 (RückR): Bis zur letzten M li, M umwickeln, wenden.

R 3: Bis 1 M vor der WendeM der vorigen R re, M umwickeln, wenden.

R 4: Bis zur letzten M vor der WendeM der vorigen R li, M umwickeln, wenden.

R 3 und 4 wdh bis alle M außer 8 (8) 10 (10) umwickelt sind.

Nun ist die Hälfte der Ferse gestrickt. Bis jetzt wurden die R immer kürzer. In der zweiten Hälfte werden die R wieder länger.

R 1: Bis zur ersten WickelM re, die WickelM re, die nächste M umwickeln, wenden.

R 2: Bis zur ersten WickelM li, die WickelM li, die nächste M umwickeln, wenden.

R 3: Bis zur nächsten WickelM re, beide Wickel anheben und mit der M re zus str, die nächste M umwickeln, wenden.

R 4: Bis zur nächsten WickelM li, beide Wickel anheben und mit der M zus li str, die nächste M umwickeln, wenden.

R 3–4 wdh, bis alle M gestrickt sind (mit einer HinR enden).

Nächste R: Spann: Rechts str, Sohle: Die letzte Doppel-WickelM mit den Wickeln str, 23 (23) 27 (27) M re. Jetzt befinden sich wieder 24 (24) 28 (28) FersenM auf den Nadeln.

2 Rd rechts str.

BEIN

8 cm Rippen str (= 2 M re, 2 M li).

Im Muster abketten und Faden abschneiden. Fäden vernähen.

Die zweite Socke genauso stricken.

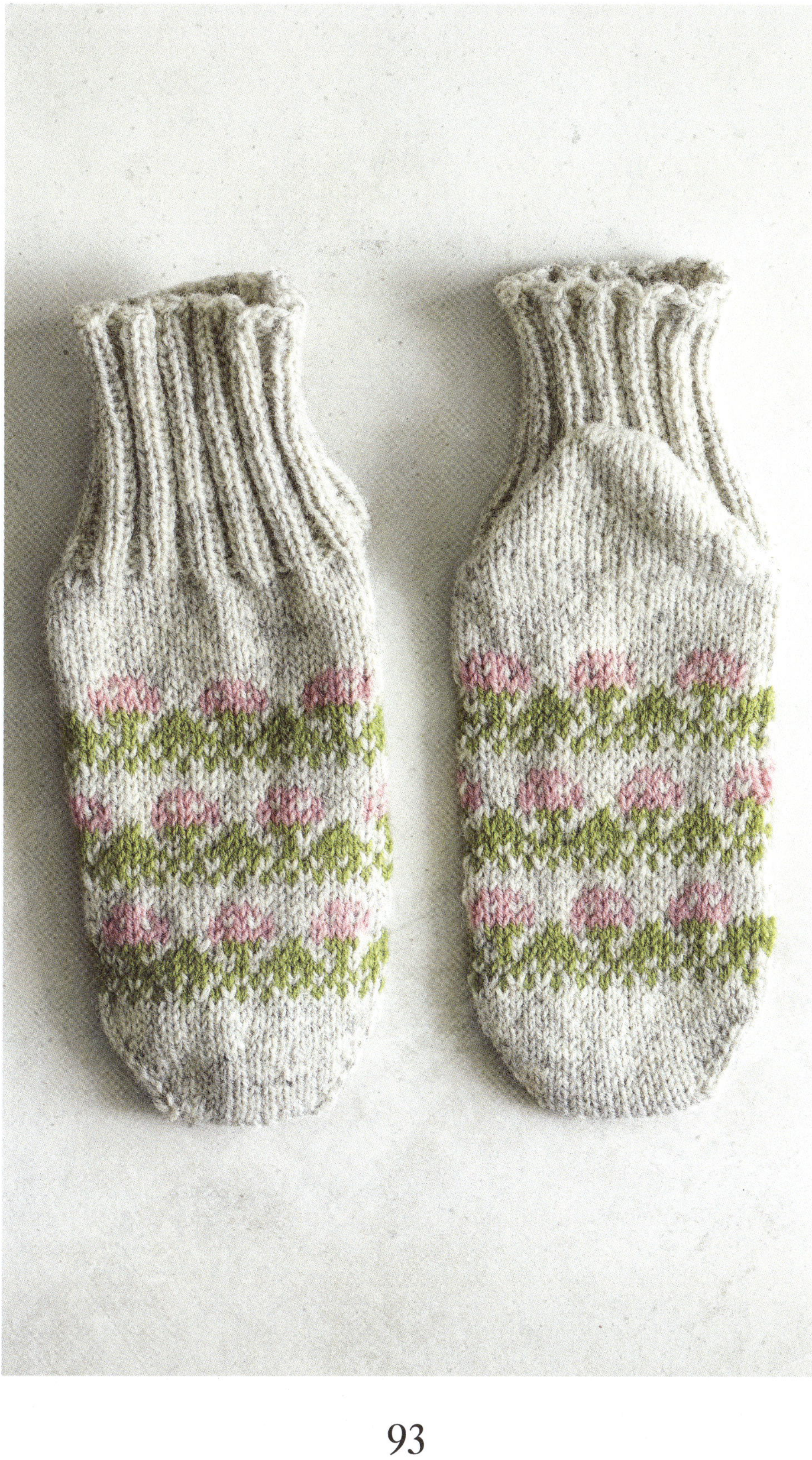

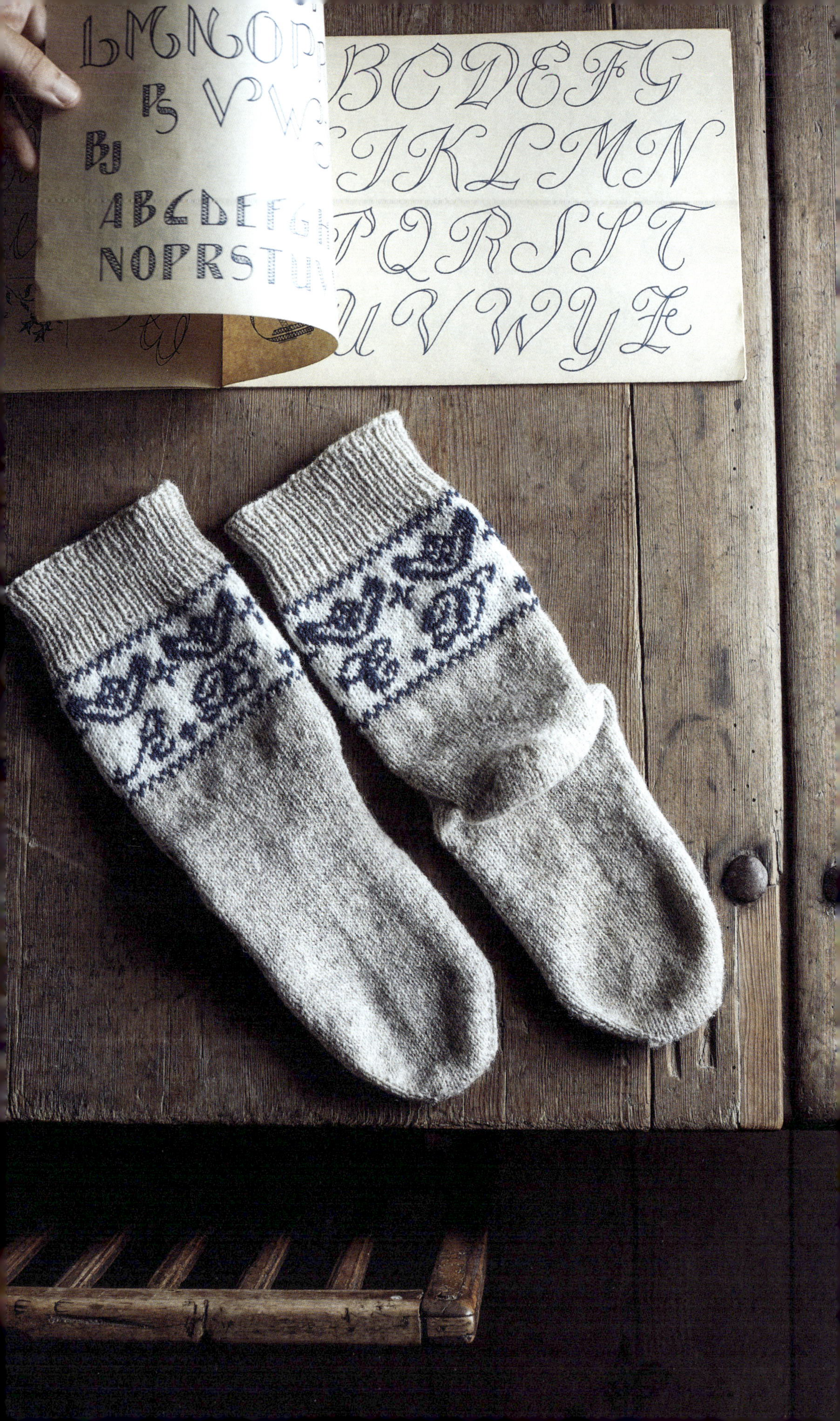

Stickmustertuch

Im Museum Lindesberg gibt es ein Stickmustertuch aus Siggebohyttan. Ich habe mich von den prachtvollen Versalien und der Krone, die ganz oben gestickt wurde, inspirieren lassen. Ein Strumpf kann durchaus auch ein Mustertuch sein, auf dem Motive für zukünftige Generationen bewahrt werden.

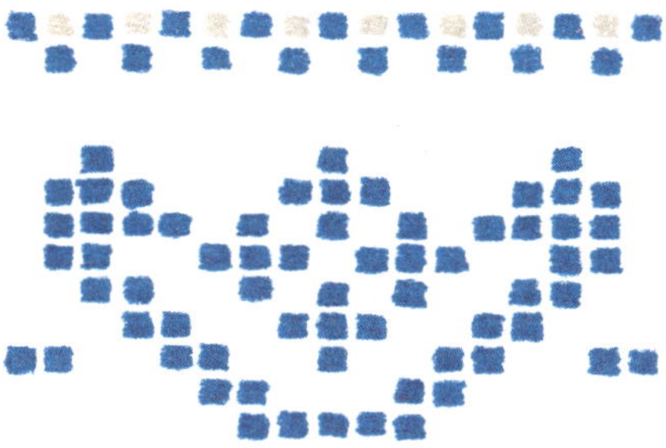

GRÖSSE: 34/35 (36/37) 38/39 (40/41)

LÄNGE: 22 (23) 24 (25) cm

UMFANG: 16 (18) (19) 20 cm

BEINUMFANG: 25 cm

MATERIAL: 2 tr. Rauma Garn Gammelserie (100 % norwegische Wolle, 50 g = 160 m)

MENGE: GF = 100 g Hellgrau meliert (Nr. 403), MF1 = 50 g Natur (Nr. 401), MF2 = 50 g Blau (Nr. 447)

NADELSPIEL: 2 mm und 2,5 mm

ZUBEHÖR: 4 Maschenmarkierer

MASCHENPROBE: 30 M × 42 R = 10 cm × 10 cm glatt rechts im Muster auf NS 2,5 mm

KONSTRUKTION: Es wird von der Spitze aus gestrickt mit klassischer Ferse für Socken von der Spitze, s. S. 192.

STRICKKURS: Judys magischer Anschlag, s. S. 194.

1 M LI NEIG ZUN = 1 M links neigend zunehmen, s. S. 196.

1 M RE NEIG ZUN = 1 M rechts neigend zunehmen, s. S. 196.

1 M TIEF ZUN = 1 M tiefer gestochen zunehmen, s. S. 197.

VERKÜRZTE R und WICKELMASCHEN, s. S. 194.

1 M RE ABH= 1 M wie zum rechts Stricken von der linken auf die rechte Nadel abheben (Faden hinter der Arbeit).

1 M LI ABH: = 1 M wie zum links Stricken von der linken auf die rechte Nadel abheben (Faden vor der Arbeit).

SPITZE

Auf Nadelspiel 2,5 mm mit GF 16 (20) 20 (24) M auf 2 Nadeln (= 8 [10] 10 [12] M pro Nadel) mit Judys magischem Anschlag anschlagen.

Rd 1: Eine Rd rechts str, dabei die Maschen auf 4 Nadeln verteilen.

Rd 2: 2 M re, 1 M li neig zun, bis zur letzten M auf Nadel 2 re, 1 M re neig zun, 1 M re. Nadel 3: 2 M re, 1 M li neig zun, bis zur letzten M auf Nadel 4 re, 1 M re neig zun, 1 M re.

Rd 1 und 2 wdh bis zu insg 48 (52) 56 (60) M. 1.–24. (1.–26.) 1.–28. (1.–30.) M = Spann. 25.–48. (27.–52.) 29.–56. (31.–60.) M = Sohle.

FUSS

Glatt rechts str bis die Socke 12 (13) 14 (15) cm misst.

ZWICKEL

Rd 1: Spann: Rechts str, Sohle: 1 M re, 1 M li neig zun, bis zur letzten M re, 1 M re neig zun, 1 M re

Rd 2: Rechts str.

Rd 1–2 wdh bis zu 46 (48) 50 (52) M.

1 Rd re str, und dann nur die SpannM 1-mal str. Jetzt wird die Ferse gestrickt.

FERSE

Die Ferse wird mit verkürzten Reihen und Wickelmaschen gestrickt und zwar nur mit den Sohlenmaschen. Wie folgt 4 Maschenmarkierer platzieren: MM1 nach der 11. (11.) 11. (11.) M.

MM2 nach der 20. (20.) 21. (22.) M.

MM3 nach der 26. (28.) 29. (30.) M.

MM4 nach der 35. (37.) 39. (41.) M.

Zwischen MM1 und MM4 liegen die mittleren 24 (26) 28 (30) M, die zum Käppchen werden.

Zwischen MM2 und MM3 liegen die mittleren 6 (8) 8 (8)M, die zur hinteren Käppchenmitte werden.

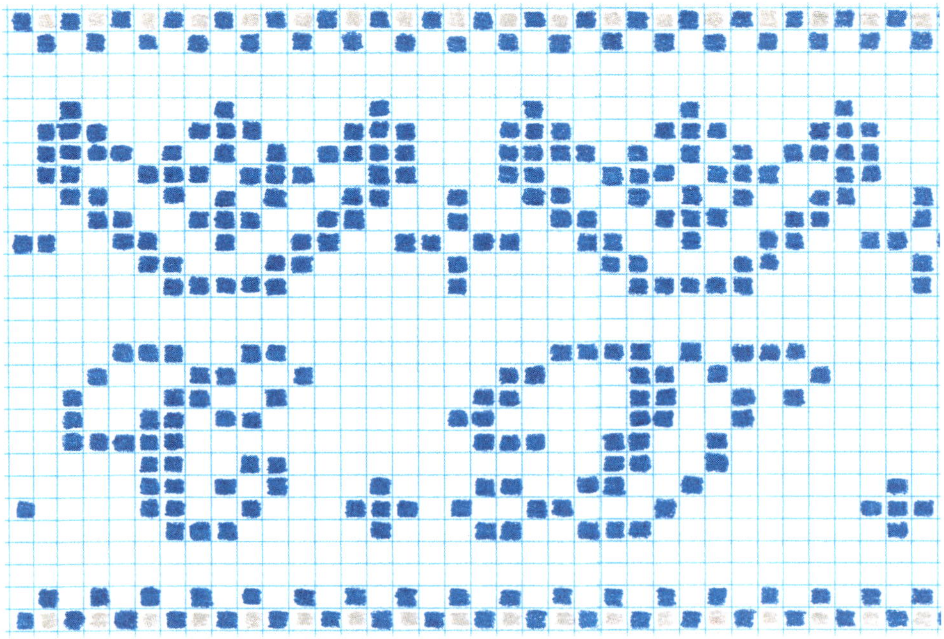

R 1 (HinR): Bis 1 M vor MM4 re, M umwickeln, wenden.

R 2 (RückR): Bis 1 M vor MM1 li, M umwickeln, wenden.

R 3 (HinR): Bis 1 M vor WendeM der vorigen R re, M umwickeln, wenden.

R 4 (RückR): Bis 1 M vor WendeM der vorigen R li, M umwickeln, wenden.

R 3 und 4 wdh bis alle M außerhalb von MM2 und MM3 WickelM sind. Die mittleren 6 (8) 8 (8) M zwischen MM2 und MM3 nicht umwickeln.

Folgende R (HinR): 6 (8) 8 (8) M re. Alle WickelM bis MM4 str wie auf S. 194 für re R beschrieben. Wenden.

Nächste R (RückR): 1 M li abh, bis zu den WickelM li (nach MM2). Alle WickelM bis MM1 str wie auf S. 194 für li R beschrieben.

KÄPPCHEN

Mit dem Käppchen werden gleichzeitig ZwickelM mit den seitlichen FersenwandM zusammen gestrickt.

R 1 (HinR): Wenden und 1 M re abh, dabei den Faden anziehen, bis 1 M vor MM4 re, 2 M re ver zus.

R 2 (RückR): Wenden und 1 M li abh, dabei den Faden anziehen, bis 1 M vor MM1 li, 2 M li zus. Maschenmarkierer entfernen.

R 3 (HinR): Wenden und 1 M re abh (Faden anziehen), bis zur abgeh M re. Die abgeh M mit der nächsten ZwickelM zus str: 2 M re ver zus (= 1 M vor + 1 M nach der kleinen Lücke, die beim Wenden entsteht).

R 4 (RückR): Wenden und 1 M li abh (Faden anziehen), bis zur abgeh M li. Die abgeh M mit der nächsten ZwickelM zus str: 2 M li zus (= 1 M vor + 1 M nach der Lücke).

R 3–4 wdh bis alle ZwickelM gestrickt wurden (mit einer HinR enden).

Bis R-Ende re str.

Nächste Rd: Spann: Rechts str, Sohle: 2 M re zus, 23 (25) 27 (29) M re.

Jetzt sind wieder so viele M auf den Nadeln wie zu Beginn, die Ferse ist fertig!

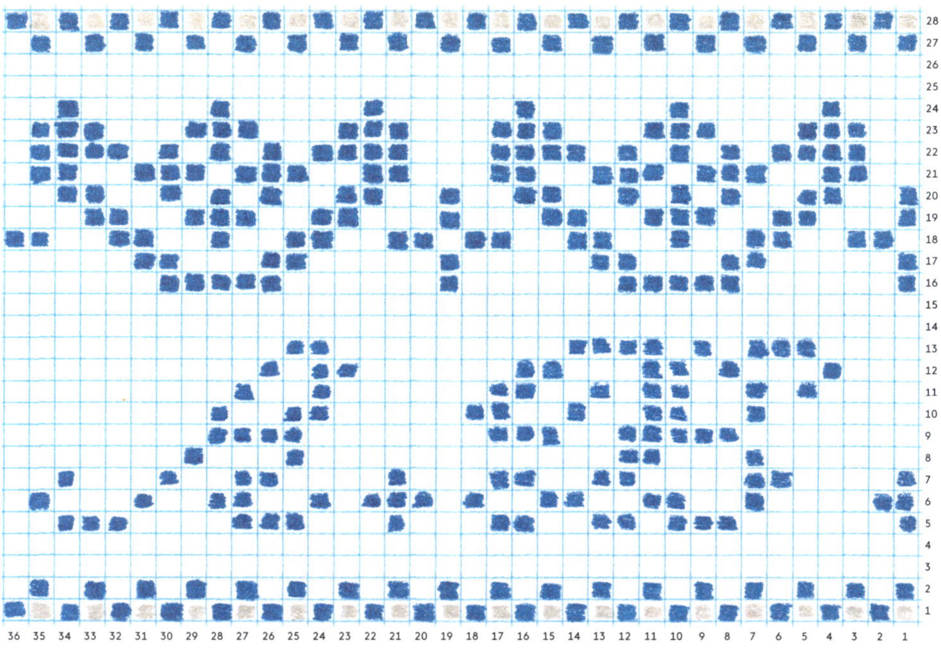

BEIN

1 Rd rechts str. Dann 24 (20) 16 (12) M wie folgt in der nächsten Rd gleichmäßig verteilt zun:

Größe 34/35: *1 M tief zun, 1 M re*. Von * bis * bis RdEnde wdh = 72 M.

Größe 36/37: 1 M re, *1 M tief zun, 2 M re*. Von * bis * 6-mal wdh. *1 M tief zun, 1 M re*. Von * bis * 7-mal wdh. *1 M tief zun, 2 M re*. Von * bis * 6-mal wdh, 1 M tief zun = 72 M.

Größe 38/39: 2 M re, *1 M tief zun, 2 M re*. Von * bis * 4-mal wdh. *1 M tief zun, 3 M re*. Von * bis * 7-mal wdh. *1 M tief zun, 2 M re*. Von * bis * 4-mal wdh, 1 M tief zun, 1 M re = 72 M.

Größe 40/41: *1 M tief zun, 4 M re* , von * bis * bis RdEnde wdh = 72 M.

Alle Größen: 10 Rd re, und dann im Muster laut Strickschrift str. 1.–72.M wdh, Rd 1–28.

2 Rd re mit GF str.

Auf Nadelspiel 2 mm wechseln und 5 cm im Rippenmuster str (1 M re, 1 M li).

Locker im Rippenmuster abketten, Faden abschneiden. Fäden vernähen.

Die zweite Socke genauso stricken.

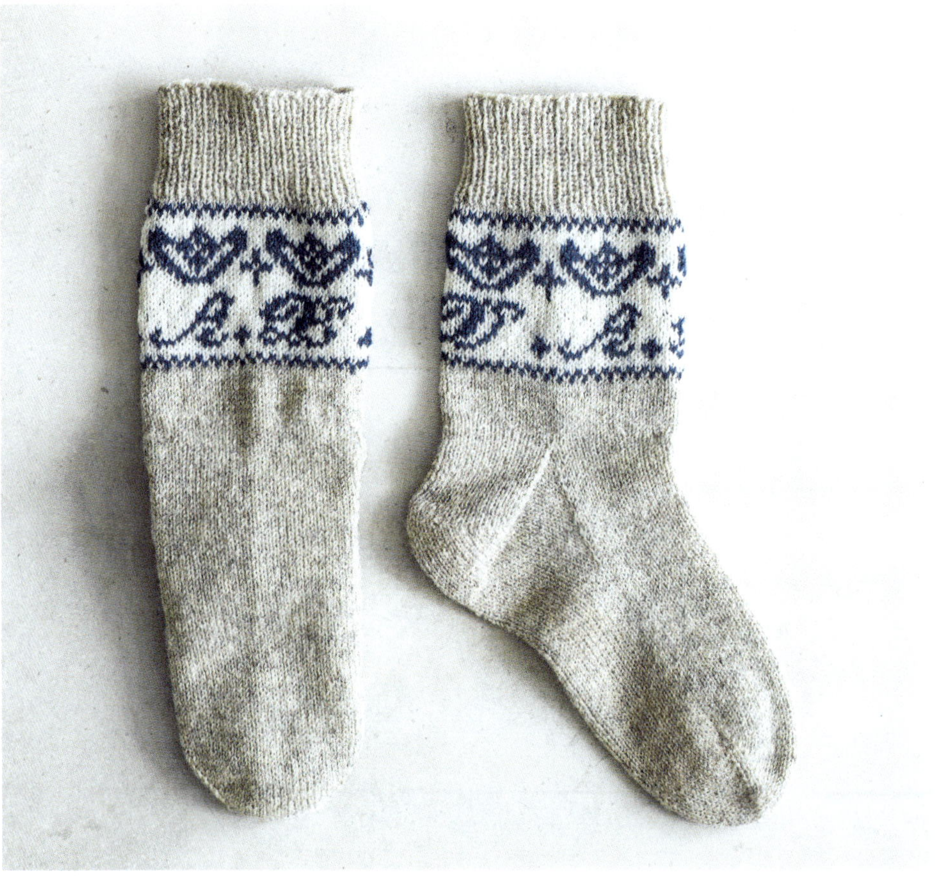

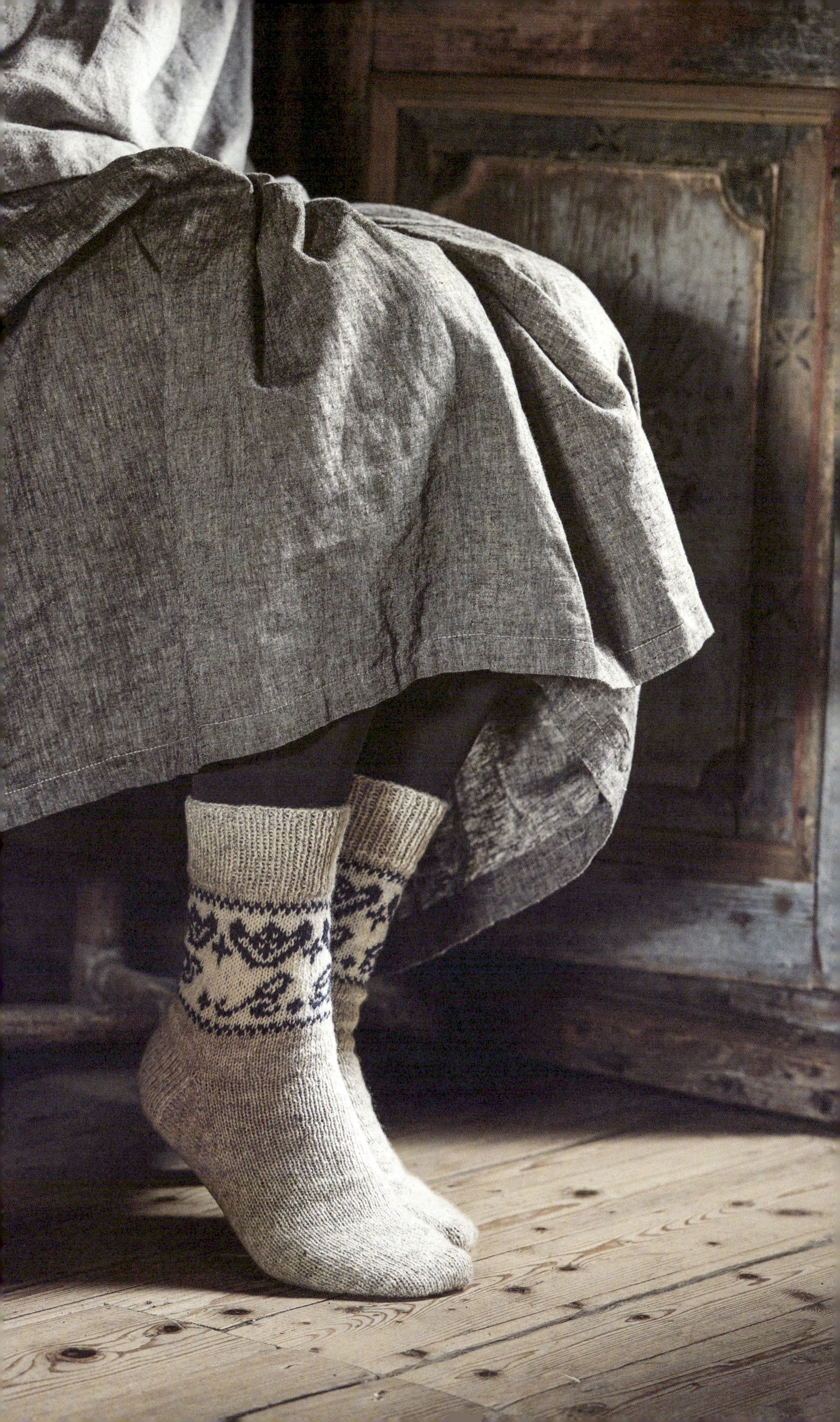

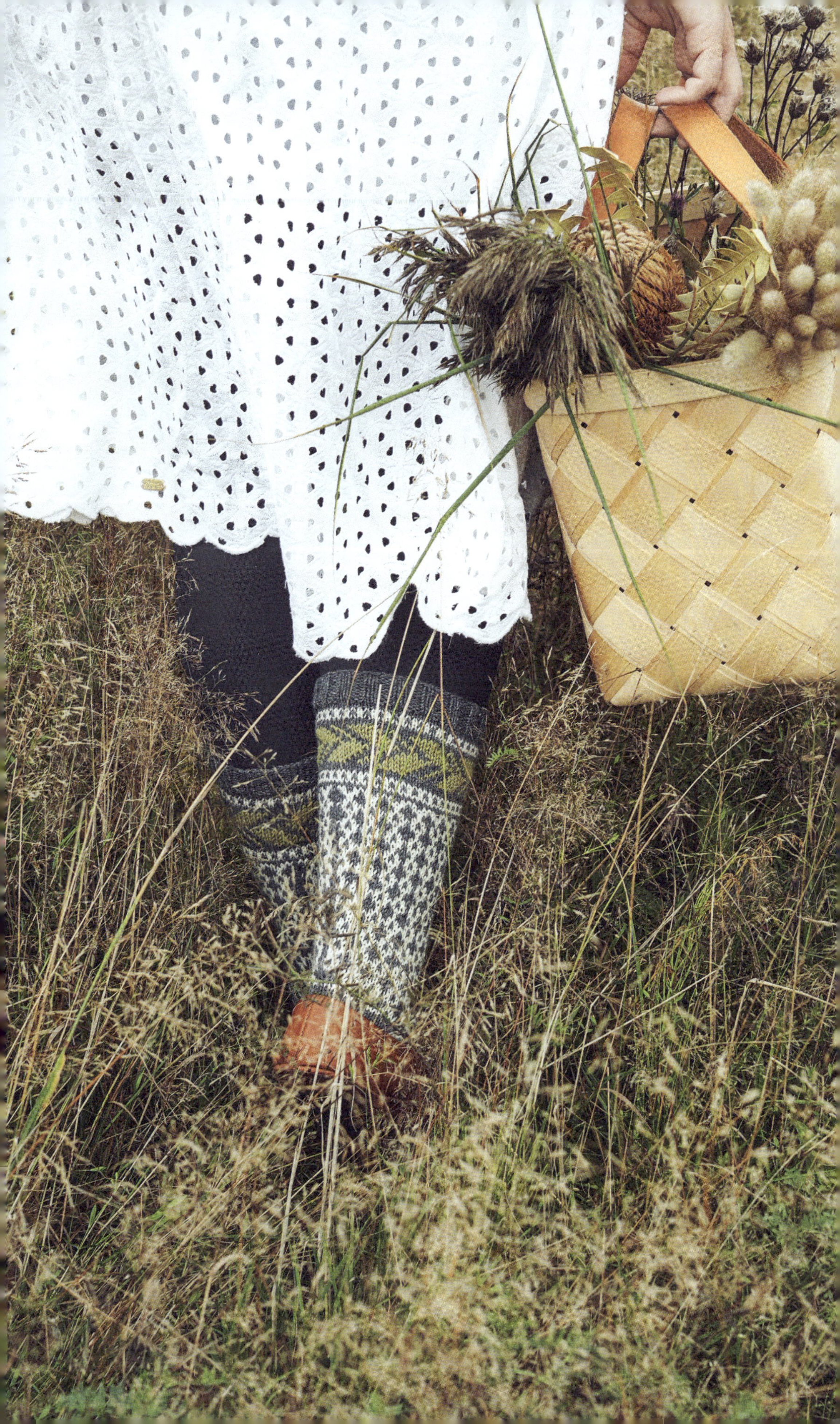

Norra Fjäll

Norra Fjäll ist ein kleines Dorf bei Arvika. Die Häuschen stehen an der Hauptstraße aufgereiht und wenn man dem kurvigen Kiesweg folgt, gelangt man in einige Nachbardörfer am See Billingen. Morgens gehe ich um den Hof, bleibe am Waldrand stehen und schaue auf die Hütte Gärdstuga – meinen liebsten Platz auf der Welt. Hinter dem Sonnentor scheint die Zeit langsamer zu werden. Man blickt auf die kleinen Dinge des Lebens: Ein Schneeglöckchen, das hervorspitzt, einen Vogel, der ein Nest baut! An all das dachte ich, als ich diese Socken entworfen habe, meine Liebeserklärung an ein kleines Dorf in Värmland.

A

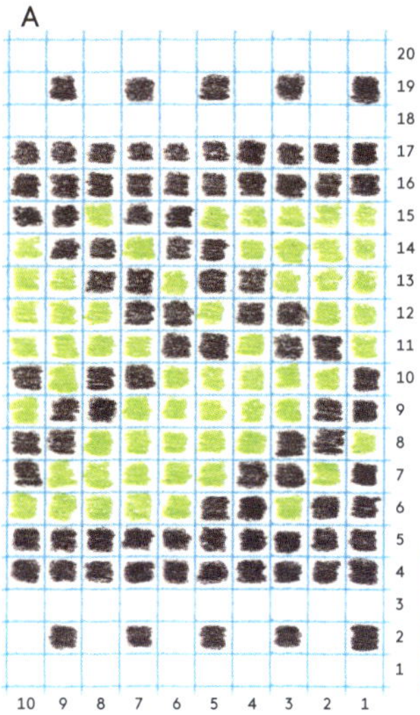

B

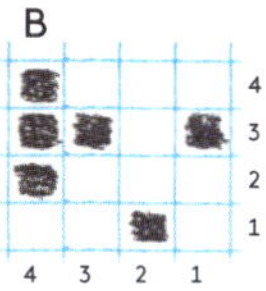

GRÖSSE: 34–35 (36–37) 38–39 (40–41) 42

LÄNGE: 21 (22) 23,5 (24,5) 26 cm

UMFANG: 20 (20) 20 (21) 21 cm

BEINUMFANG: 26 (26) 26 (29) 29 cm

MATERIAL: Järbo Garn Mellanraggi (75 % superwash Wolle, 25 % Polyamid, 100 g = 260 m)

MENGE: GF = 200 g Natural white (Nr. 28201), MF1 = 100 g Dark Grey (Nr. 28212), MF2 = 50 g Light olive (Nr. 28235)

NADELSPIEL: 2,5 mm & 3 mm

MASCHENPROBE: 27 M × 30 R = 10 cm × 10 cm im Muster auf Nadelstärke 3 mm

ZUBEHÖR: 2 Maschenmarkierer

KONSTRUKTION: Die Socken werden von oben zur Spitze mit einer klassischen Ferse, s. S. 192, gestrickt.

STRICKKURS: Mit 3 Nadeln abketten, s. S. 198.

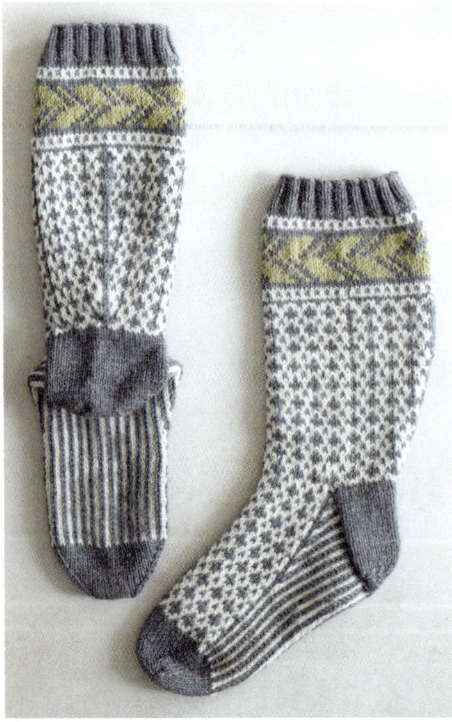

BEIN

Mit Nadelspiel 2,5 mm und MF1 68 (68) 68 (76) 76 M anschlagen und gleichmäßig auf 4 Nadeln verteilen.

10 Rd Rippen str (2 M re, 2 M li). Auf Nadelspiel 3 mm wechseln:

1 Rd re str und dabei 2 (2) 2 (4) 4 M gleichmäßig verteilt zun = 70 (70) 70 (80) 80 M.

1 Rd re str.

Glatt rechts im Muster der Strickschrift A str (1.–10. M, 7 [7] 7 [8] 8-mal pro Rd), Rd 1–20.

Mit MF1: 1 Rd re str und dabei 0 (0) 0 2 (2) M gleichmäßig verteilt abn = 70 (70) 70 (78) 78 M.

Die mittlere, hintere Masche markieren = 53. (53.) 53. (59.) 59. M.

Laut Strickschrift B str, dabei die 1.–4. (1.–4.) 1.–4. (1.–4.) 1.–4. M bis zum MM wdh, die MittelM immer mit MF1 str, dann die 3.–4. (3.–4.) 3.–4. (2.–4.) 2.–4. M der Strickschrift str, dann die 1.–4. (1.–4.) 1.–4. (1.–4.) 1.–4. M bis RdEnde wdh.

So weiter im Muster str, Rd 1–4 insg 3-mal.

AbnahmeRd: Bis 1 M vor MM im Muster str. Wie folgt mit MF1 2 M abnehmen: 2 M wie zum rechts Stricken abheben, die nächste M re, dann die 2 abgehobenen M darüber ziehen. Die restlichen M im Muster str = 2 M abgenommen.

Weiter im Muster str und in jeder 5. (5.) 5. (2.) 2. Rd wie oben noch 5 (5) 5 (8) 8-mal abnehmen = 58 (58) 58 (60) 60 M.

In den folgenden 2 Rd genauso abnehmen = 54 (54) 54 (56) 56 M.

MASCHEN AUFTEILEN

Größe 34/35 (36/37) 38/39: 27 SpannM und 27 SohlenM.

Größe (40/41) 42: 28 SpannM und 28 SohlenM.

Neuer Rundenbeginn ist jetzt die erste Spannmasche.

FERSE

Die Ferse wird in Reihen über die SohlenM gestrickt (= 28.–54. [28.–54.] 28.–54. [29.–56.] 29.–56. M).

Mit MF1: 24 (24) 24 (24) 24 R glatt rechts über die FersenM.

Nächste R (HinR): 16 (16) 16 (16) 16 M re, 2 M re ver zus, 1 M re, wenden. 1 M abh, 6 (6) 6 (5) 5 M li, 2 M li zus, 1 M li, wenden. 1 M abh, 7 (7) 7 (6) 6 M re, 2 M re ver zus, 1 M re, wenden. 1 M abh, 8 (8) 8 (7) 7 M li, 2 M li zus, 1 M li, wenden. So in Reihen weiterstricken mit 1 M mehr pro Wendung, bis alle SeitenM aufgebraucht sind.

Wieder glatt rechts in Rd str. Die SpannM im Muster ab dem neuen Rd-Beginn str = Nadeln 1 und 2, aus der rechten Seite der Fersenwand 15 (15) 15 (15) 15 M aufn (mit 1 M in MF1 beg, dann 1 M in GF und weiter in diesem Streifenmuster str, auch über die restl FersenM = Nadel 3). Restl FersenM in Streifen str, und 15 (15) 15 (15) 15 M in Streifen aus der linken Seite der Fersenwand aufn = Nadel 4 (mit 1 M in MF1 enden).

1 Rd re, die SpannM im Muster und die SohlenM in Streifen str.

AbnahmeRd, Nadeln 1 und 2: Rechts im Muster. Nadel 3: 1 M re mit MF1, 2 M re zus (in der Farbe der 2. M), bis Nadelende im Streifenmuster str. Nadel 4: Bis zu den letzten 3 M im Muster str, 1 M abh, 1 M re (in derselben Farbe wie die abgeh M) und die abgeh M über die re M ziehen, 1 M re mit MF1 = 2 M abgenommen.

Die AbnahmeRd jede 2. Rd wdh, bis noch 54 (54) 54 (58) 58 M übrig sind.

FUSS

Weiter ohne Abnahmen str, die SpannM im Muster und die SohlenM in Streifen bis der Fuß 10,5 (11,5) 13 (14) 15,5 cm misst. Mit einer 1. Rd der Strickschrift B enden.

1 Rd mit MF1 re str.

SPITZE

AbnahmeRd: 1 M re, 1 M abh, 1 M re, dann die abgehobene M über die gestrickte ziehen.

Bis zu den letzten 3 M auf Nadel 2 re, 2 M re zus, 1 M re. Nadel 3: 1 M re, 1 M abh, 1 M re, dann die abgehobene M über die gestrickte ziehen. Bis zu den letzten 3 M auf Nadel 4 re, 2 M re zus, 1 M re = 4 M abgenommen.

Die Abnahmen in jeder 2. Rd wdh bis noch 18 (18) 18 (22) 22 M übrig sind.

MIT DREI NADELN ABKETTEN

Die Maschen auf 2 Nadeln verteilen – SpannM auf die eine und SohlenM auf die andere. Faden abschneiden, aber genug zum Abketten stehen lassen. Die Nadeln rechts auf rechts parallel halten.

Wie folgt abketten: *2 Maschen (je 1 SpannM und 1 SohlenM) rechts zusammenstricken (= 1 M von jeder Nadel). Die zuerst gestrickte Masche über die zweite ziehen*. Von * bis * wdh bis alle Maschen abgekettet sind. Faden abschneiden und alle Fäden vernähen.

Bei der zweiten Socke wird die Strickschrift von links nach rechts gestrickt. Die 18. (18.) 18. (20.) 20. M beidseitig markieren. Wie bei der 1. Socke seitlich abnehmen. Die Ferse wird über Nadel 1 und 2 gestrickt (1.–27. (1.–27.) 1.–27. (1.–28.) 1.–28. M).

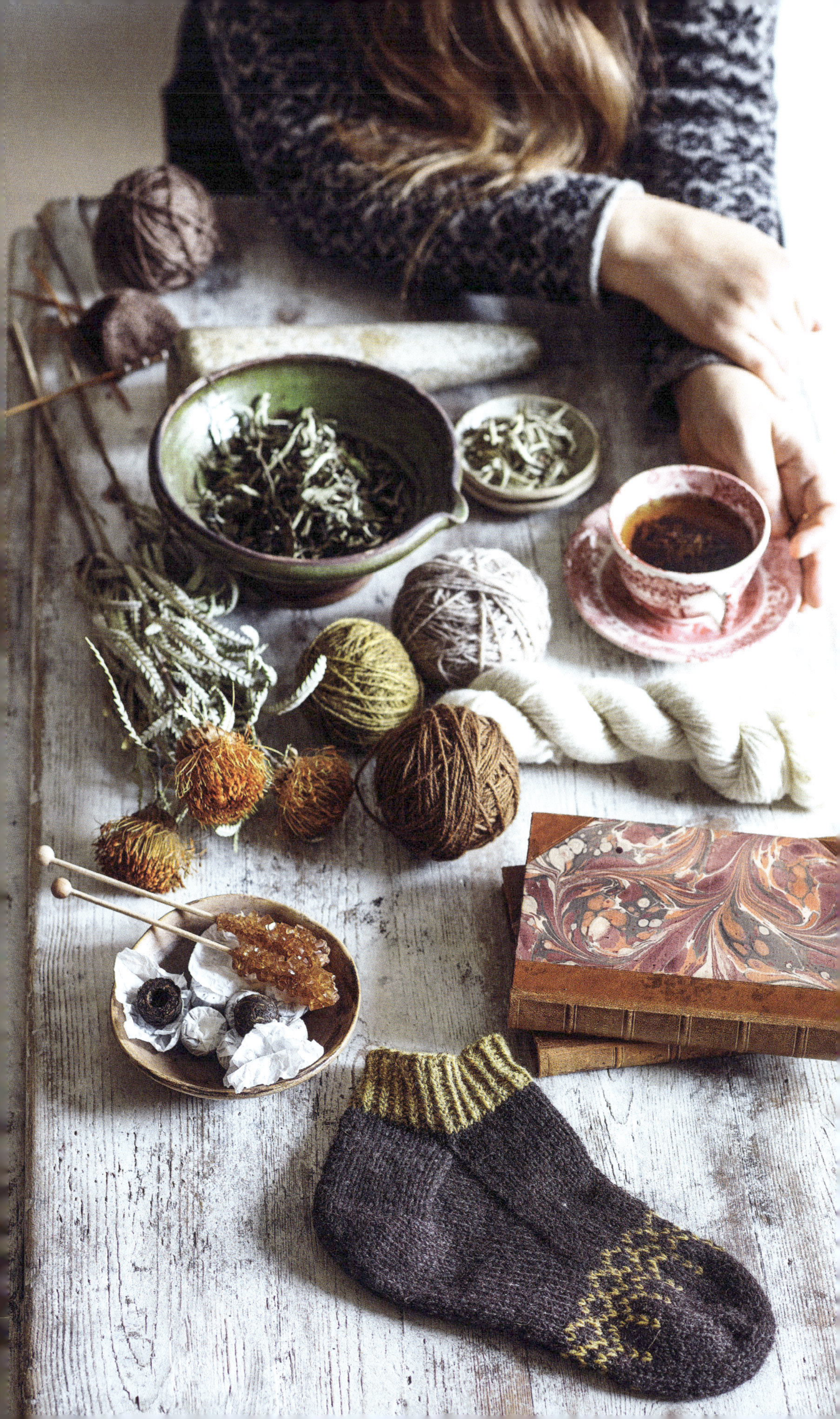

Oolong

Alle Teesorten stammen vom selben Busch, Camellia sinensis, auch wenn das Endprodukt, das Teeblatt, viele verschiedene Farben und Nuancen haben kann. Oolong ist, vereinfacht gesagt, etwas zwischen schwarzem und grünem Tee. Ich finde, dass Stricken und Tee auf ganz besondere Art zusammengehören – deswegen wollte ich eine Teesocke entwerfen. Oolong ist kurz, aber warm, ideal, um sich mit einer Tasse Tee auf dem Sofa zu entspannen. Und vielleicht inspiriert Ihr Lieblingstee Sie zu neuen Farbkombinationen?

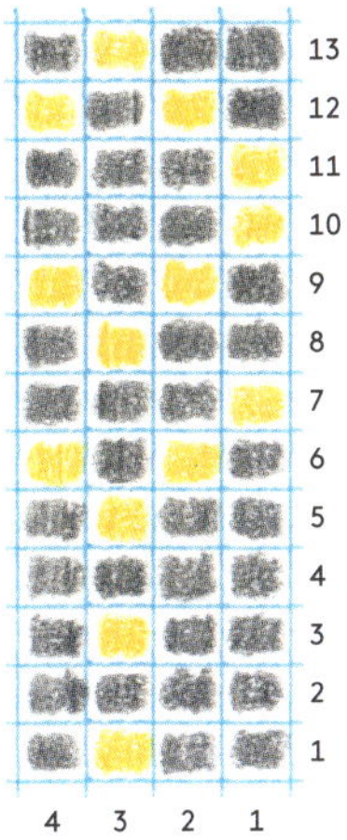

GRÖSSE: 34/35 (36/37) 38/39 (40/41)

LÄNGE: 22 (23) 24 (25,5) cm

UMFANG: 18 (18) 18 (20) cm

MATERIAL: Tukuwool Sock (80 % finnische Wolle, 20 % Polyamid, 50 g = 160 m)

MENGE: GF = 50 g Anga (Nr. 05), MF = 50 g Selja (Nr. 23)

NADELSPIEL: 3 mm

ZUBEHÖR: 4 Maschenmarkierer

MASCHENPROBE: 27 M × 30 R = 10 cm × 10 cm im Muster auf Nadelstärke 3 mm

KONSTRUKTION: Die Socken werden von der Spitze aus mit einer klassischen Ferse für Socken von der Spitze (s. S. 192) und einem kurzen Bein in verschränkten Rippen gestrickt.

STRICKKURS: Judys magischer Anschlag, s. S. 194.

1 M LI NEIG ZUN = 1 M links neigend zunehmen, s. S. 196.

1 M RE NEIG ZUN = 1 M rechts neigend zunehmen, s. S. 196.

VERKÜRZTE R und WICKELMASCHEN, s. S. 194.

SPITZE

Auf Nadelspiel 3 mm mit GF 12 (12) 12 (12) M auf 2 Nadeln (= 6 M pro Nadel) mit Judys magischem Anschlag anschlagen.

Rd 1: Eine Rd rechts str, dabei die Maschen auf 4 Nadeln verteilen.

Rd 2: 2 M re, 1 M li neig zun, bis zur letzten M auf Nadel 2 re, 1 M re neig zun, 1 M re. Nadel 3: 2 M re, 1 M li neig zun, bis zur letzten M auf Nadel 4 re, 1 M re neig zun, 1 M re.

Rd 1 und 2 wdh bis zu insg 48 (48) 48 (52) M. 1.–24. (1.–24.) 1.–24. (1.–26.) M = Spann. 25.–48. (25.–48.) 25.–48. (27.–52.) M = Sohle

FUSS

3 Rd glatt rechts str. Dann weiter glatt rechts laut Strickschrift im Muster str, Rd 1–13, 1.–4. M. Weiter mit GF str bis die Socke ca. 10 (11) 12 (13) cm misst.

ZWICKEL

Rd 1: Spann: Rechts, Sohle: 1 M re, 1 M li neig zun, bis zur letzten M re, 1 M re neig zun, 1 M re.

Rd 2: Rechts str.

Rd 1–2 wdh bis zu 46 (46) 46 (48) SohlenM.

1 Rd re str, und dann die SpannM 1-mal. Jetzt wird die Ferse gestrickt.

FERSE

Die Ferse wird mit verkürzten Reihen und Wickelmaschen gestrickt und zwar nur mit den Sohlenmaschen. Wie folgt 4 Maschenmarkierer platzieren: MM1 nach der 11. (11.) 11. (11.) M.

MM2 nach der 19. (19.) 19. (20.) M.

MM3 nach der 27. (27.) 27. (28.) M.

MM4 nach der 35. (35.) 35. (37.) M.

Zwischen MM1 und MM4 liegen die mittleren 24 (24) 24 (26), die zum Käppchen werden.

Zwischen MM2 und MM3 liegen die mittleren 8 M, die zur hinteren Käppchenmitte werden.

R 1 (HinR): Bis 1 M vor MM4 re, M umwickeln, wenden.

R 2 (RückR): Bis 1 M vor MM1 li, M umwickeln, wenden.

R 3 (HinR): Bis 1 M vor WendeM der vorigen Rd re, M umwickeln, wenden.

R 4 (RückR): Bis 1 M vor WendeM der vorigen Rd li, M umwickeln, wenden.

R 3 und 4 wdh bis alle M außerhalb von MM2 und MM3 WickelM sind. Die mittleren 8 M zwischen MM2 und MM3 nicht umwickeln.

Folgende R (HinR): 8 M re. Alle WickelM bis MM4 str wie auf S. 194 für re R beschrieben. Wenden.

Nächste R (RückR): 1 M li abh, bis zu den WickelM li (nach MM2). Alle WickelM bis MM1 str wie auf S. 194 für li R beschrieben.

KÄPPCHEN

Mit dem Käppchen werden gleichzeitig ZwickelM mit den seitlichen FersenwandM zusammen gestrickt.

R 1 (HinR): Wenden und 1 M re abh, dabei den Faden anziehen, bis 1 M vor MM4 re, 2 M re ver zus.

R 2 (RückR): Wenden und 1 M li abh (Faden anziehen), bis 1 M vor MM1 li, 2 M li zus.

Maschenmarkierer entfernen.

R 3 (HinR): Wenden und 1 M re abh (Faden anziehen), bis zur abgeh M re. Die abgeh M mit der nächsten ZwickelM zus str: 2 M re ver zus (= 1 M vor + 1 M nach der kleinen Lücke, die beim Wenden entsteht).

R 4 (RückR): Wenden und 1 M li abh (Faden anziehen), bis zur abgeh M li. Die abgeh M mit der nächsten ZwickelM zus str: 2 M li zus (= 1 M vor + 1 M nach der Lücke).

R 3-4 wdh bis alle ZwickelM abgenommen sind (mit einer HinR enden). Jetzt wie folgt in Runden stricken:

Nächste Rd: Spann: Rechts str, Sohle: 2 M re zus, 23 (23) 23 (25) M re.

Jetzt sind wieder so viele M auf den Nadeln wie zu Beginn, die Ferse ist fertig!

BEIN

2 Rd re str. Zu MF wechseln und 2 Rd re str.

Dann 10 Rd verschränkte Rippen str (1 M re ver, 1 M li).

Locker im Rippenmuster abketten und Faden abschneiden. Fäden vernähen.

Die zweite Socke genauso stricken.

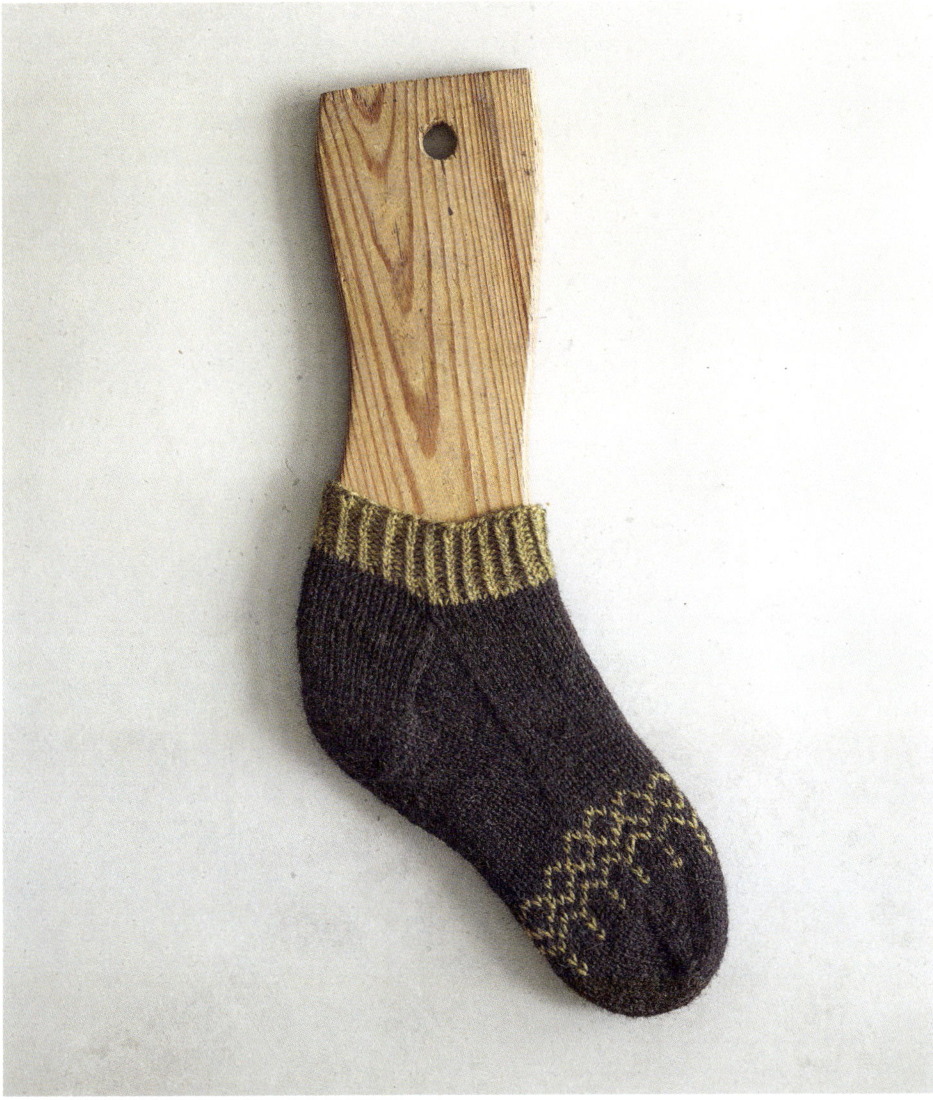

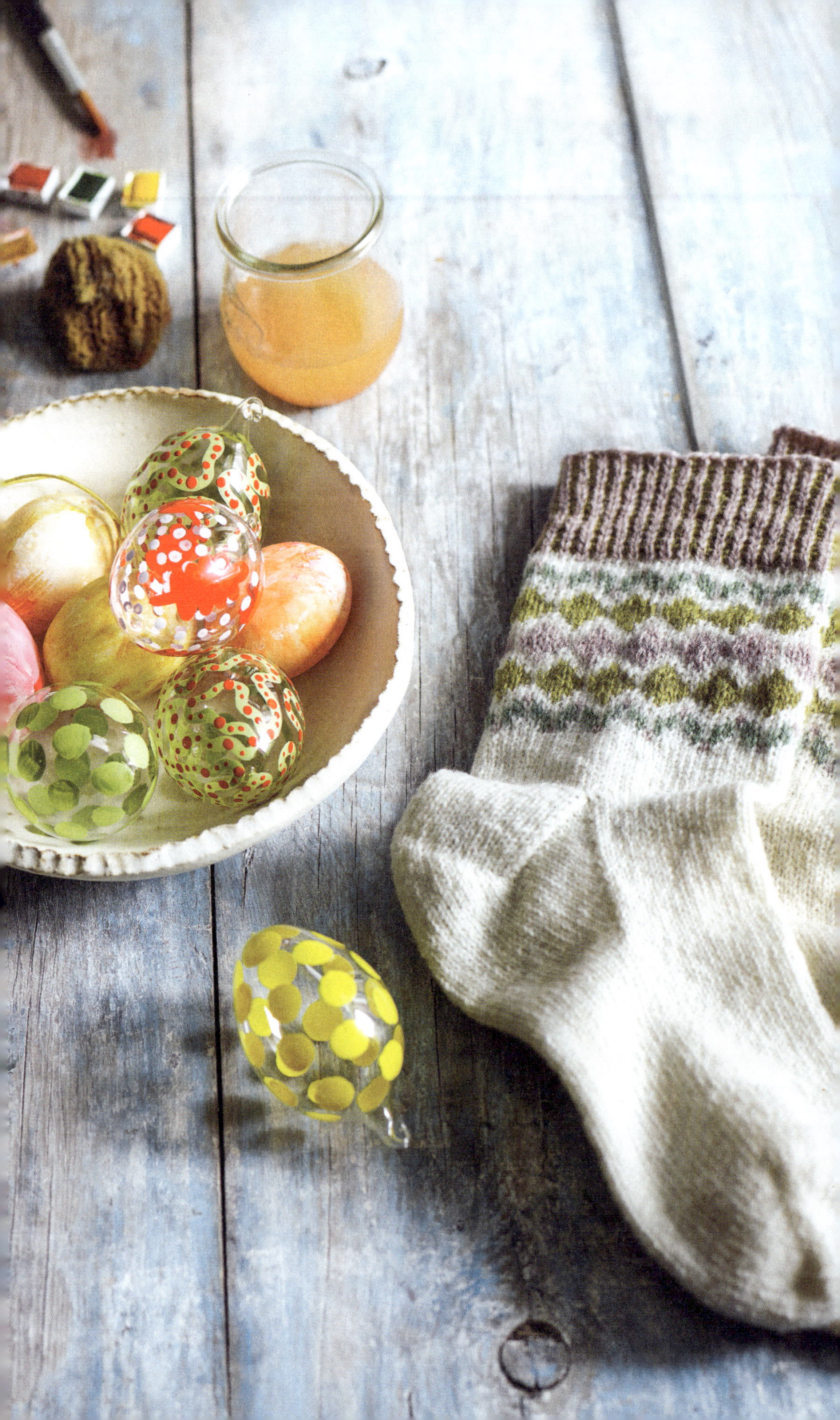

Osterei

Ostern ist eines meiner Lieblingsfeste. So hell und entspannt – einladend und verspielt. Man kann machen, was man möchte. In Västmanland, wo ich aufgewachsen bin, geht das Osterweib von Tür zu Tür und bringt Osterbriefe, in der Hoffnung, im Gegenzug etwas in ihren Korb zu bekommen. (Als ich klein war, galt alles außer Süßigkeiten als eine Niete...) In Värmland zeichnen stattdessen die Kinder Osterbriefe, die sie mit Süßkram füllen, um sich dann zu verkleiden und die Briefe zu ihren Freunden an die Tür zu bringen und das, ohne gesehen zu werden. Beide Traditionen sind toll! Siri, die dieses Buch illustriert hat, malt wunderschöne Glasostereier. Sie waren die Inspiration für diese Osterstrümpfe. Sie können sie so bunt stricken, wie Sie wollen – ganz so, als ob sie ein Osterei bemalten.

Größe: 34–35 (36–37) 38–39 (40–41)

Länge: 22 (23) 24 cm

Fussumfang: 16 (18) (19) 20 cm

Beinumfang: 25 cm

Material: 2 tr. Rauma Garn Gammelserie (100 % norwegische Wolle, 50 g = 160 m), Rauma Garn Finullgarn (100 % Schurwolle, 50 g = 175 m)

Menge: GF = 100 g 2 tr. Gammelserie Natur (Nr. 401), MF1 = 50 g Finullgarn Hellrosa (Nr. 4133), MF2 = 50 g Finullgarn Jadegrün (Nr. 4215), MF3 = 50 g Finullgarn Gelb meliert (Nr. 4137)

Nadelspiel: 2 mm und 2,5 mm

Zubehör: 4 Maschenmarkierer

Maschenprobe: 30 M × 42 R = 10 cm × 10 cm im Muster auf Nadelstärke 2,5 mm

Konstruktion: Die Socken werden von der Spitze aus mit einer klassischen Ferse für Socken von der Spitze gestrickt, s. S. 192.

Strickkurs: Judys magischer Anschlag, s. S. 194.

1 M li neig zun = 1 M links neigend zunehmen s. S. 196.

1 M re neig zun = 1 M rechts neigend zunehmen, s. S. 196.

1 M tief zun = 1 M tiefer gestochen zunehmen, s. S. 197.

Verkürzte R und Wickelmaschen, s. S. 194

1 M re abh = 1 M wie zum rechts Stricken von der linken auf die rechte Nadel abheben (Faden hinter der Arbeit).

1 M li abh = 1 M wie zum links Stricken von der linken auf die rechte Nadel abheben (Faden vor der Arbeit).

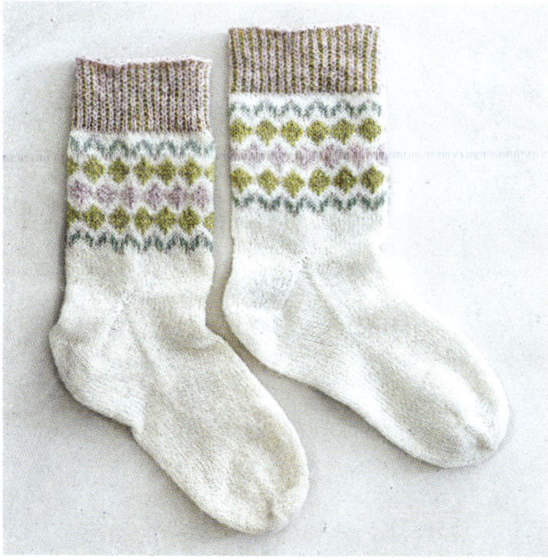

SPITZE

Auf Nadelspiel 2,5 mm mit GF 16 (20) 20 (24) M auf 2 Nadeln (= 8 [10] 10 [12] M pro Nadel) mit Judys magischem Anschlag anschlagen.

Rd 1: Eine Rd rechts str, dabei die Maschen auf 4 Nadeln verteilen.

Rd 2: 2 M re, 1 M li neig zun, bis zur letzten M auf Nadel 2 re, 1 M re neig zun, 1 M re. Nadel 3: 2 M re, 1 M li neig zun, bis zur letzten M auf Nadel 4 re, 1 M re neig zun, 1 M re.

Rd 1 und 2 wdh bis zu insg 48 (52) 56 (60) M.

1.–24. (1.–26.) 1.–28. (1.–30.) M = Spann.

25.–48. (27.–52.) 29.–56. (31.–60.) M = Sohle.

FUSS

Glatt rechts bis die Socke 12 (13) 14 (15) cm misst.

ZWICKEL

Rd 1: Spann: Rechts, Sohle: 1 M re, 1 M li neig zun, bis zur letzten M re, 1 M re neig zun, 1 M re.

Rd 2: re str.

Rd 1–2 bis zu 46 (48) 50 (52) SohlenM wdh.

1 Rd re, dann die SpannM 1-mal str.

FERSE

Die Ferse wird mit verkürzten Reihen und Wickelmaschen gestrickt und zwar nur mit den Sohlenmaschen. Wie folgt 4 Maschenmarkierer platzieren:

MM1 nach der 11. (11.) 11. (11.) M.

MM2 nach der 20. (20.) 21. (22.) M.

MM3 nach der 26. (28.) 29. (30.) M.

MM4 nach der 35. (37.) 39. (41.) M.

Zwischen MM1 und MM4 liegen die mittleren 24 (26) 28 (30) M, die zum Käppchen werden.

Zwischen MM2 und MM3 liegen die mittleren 6 (8) 8 (8) M, die zur hinteren Käppchenmitte werden.

R 1 (HinR): Bis 1 M vor MM4 re, M umwickeln, wenden.

R 2 (RückR): Bis 1 M vor MM1 li, M umwickeln, wenden.

R 3 (HinR): Bis 1 M vor WendeM der vorigen R re, M umwickeln, wenden.

R 4 (RückR): Bis 1 M vor WendeM der vorigen R li, M umwickeln, wenden.

R 3 und 4 wdh bis alle M außerhalb von MM2 und MM3 WickelM sind. Die mittleren 6 (8) 8 (8) M zwischen M2 und M3 werden nicht umwickelt.

Folgende R (HinR): 6 (8) 8 (8) M re. Alle WickelM bis MM4 str wie auf S. 194 für re R beschrieben. Wenden.

Nächste R (RückR): 1 M li abh, bis zu den WickelM li (nach MM2). Alle WickelM bis MM1 str wie auf S. 194 für li R beschrieben.

KÄPPCHEN

Mit dem Käppchen werden gleichzeitig ZwickelM mit den seitlichen FersenwandM zusammen gestrickt.

R 1 (HinR): Wenden und 1 M re abh, dabei den Faden anziehen, bis 1 M vor MM4 re, 2 M re ver zus.

R 2 (RückR): Wenden und 1 M li abh, dabei

den Faden anziehen, bis 1 M vor MM1 li, 2 M li zus. Maschenmarkierer entfernen.

R 3 (HinR): Wenden und 1 M re abh (Faden anziehen), bis zur abgeh M re. Die abgeh M mit der nächsten ZwickelM zus str: 2 M re ver zus (= 1 M vor + 1 M nach der kleinen Lücke, die beim Wenden entsteht).

R 4 (RückR): Wenden und 1 M li abh (Faden anziehen), bis zur abgeh M li. Die abgeh M mit der nächsten ZwickelM zus str: 2 M li zus (= 1 M vor + 1 M nach der Lücke).

R 3-4 wdh bis alle ZwickelM abgenommen sind (mit einer HinR enden). Bis REnde str.

Nächste Rd: Spann: re str, Sohle: 2 M re zus, 23 (25) 27 (29) M re.

BEIN

1 Rd re str. Dann wie folgt in der nächsten Rd 24 (20) 16 (12) M gleichmäßig verteilt zun:

Größe 34/35: *1 M tief zun, 1 M re*. Von * bis * bis RdEnde wdh = 72 M.

Größe 36/37: 1 M re, *1 M tief zun, 2 M re*. Von * bis * 6-mal wdh. *1 M tief zun, 1 M re*. Von * bis * 7-mal wdh. *1 M tief zun, 2 M re*. Von * bis * 6-mal wdh, 1 M tief zun = 72 M.

Größe 38/39: 2 M re, *1 M tief zun, 2 M re*. Von * bis * 4-mal wdh. *1 M tief zun, 3 M re*. Von * bis * 7-mal wdh. *1 M tief zun, 2 M re*. Von * bis * 4-mal wdh, 1 M tief zun, 1 M re = 72 M.

Größe 40/41: *1 M tief zun, 4 M re*. Von * bis * bis RdEnde wdh = 72 M.

10 Rd re, dann das Muster laut Strickschrift str 1.–36. M wdh (2-mal pro Rd), Rd 1–28.

2 Rd re mit GF str.

Auf 2 mm wechseln und gestreifte Rippen str: *1 M re mit MF1 und 1 M re mit MF3*. Von * bis * bis RdEnde wdh.

1 M re mit MF1 und 1 M li mit MF3. Von * bis * wdh bis die Rippen 5 cm messen.

Mit MF1 locker im Muster abketten, Faden abschneiden und Fäden vernähen.

Eine zweite Socke genauso stricken.

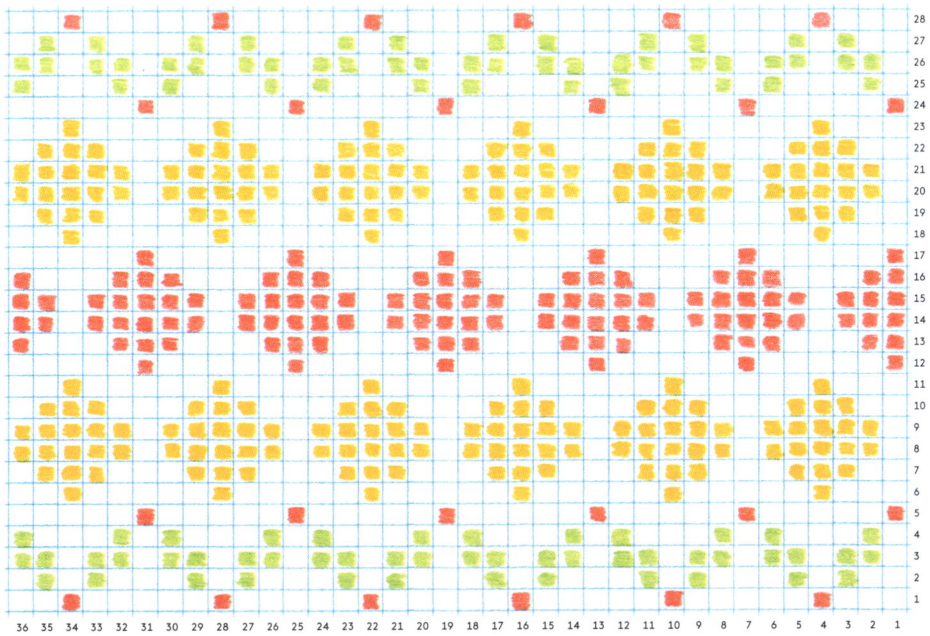

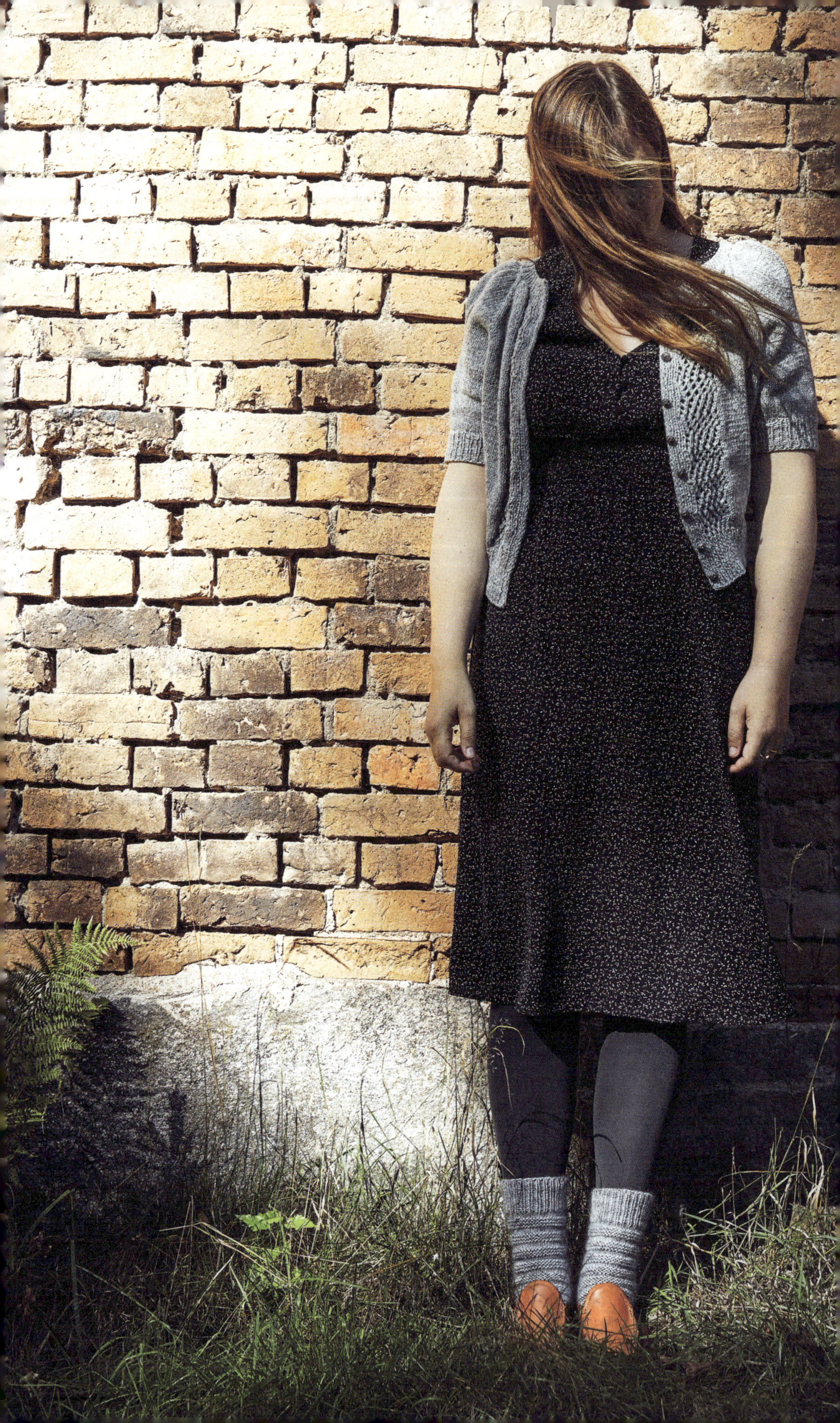

Gitter

Beim krausrechten Stricken entstehen Querrippen. Mich erinnern die Rippen an diesen Strümpfen an Weideroste - diese großen Bodengitter, die verhindern, dass Schafe und Kühe die Weide verlassen, weil sie nicht gern über die Gitter laufen. Die Strümpfe sind gleichzeitig robust und weich, weil sie mit Sockenwolle und Mohairgarn gestrickt werden. Die perfekten Haussocken!

GRÖSSE: 36/37 (38/39) 40/41 (42/43)

LÄNGE: 24 (25) 26 (27) cm

UMFANG: 22 (22) 22 (24) cm

MATERIAL: Järbo Garn Junior Raggi (75 % superwash Wolle", 25 % Polyamid 50 g = 200 m), Cabrito (80 % Kidmohair, 20 % Polyamid, 25 g = 210 m)

MENGE: Fdn 1 = 100 g Junior Raggi, Light Grey(Nr. 68403), Fdn 2 = 50 g Cabrito, Steampunk (Nr. 14910)

NADELSPIEL: 3 mm

ZUBEHÖR: 4 Maschenmarkierer

MASCHENPROBE: 23 M × 36 R = 10 cm × 10 cm im Muster auf Nadelstärke 3 mm

KONSTRUKTION: Die Socken werden von der Spitze aus mit einer klassischen Ferse für Socken von der Spitze gestrickt, s. S. 192.

STRICKKURS: Judys magischer Anschlag, s. S. 194.

1 M LI NEIG ZUN = 1 M links neigend zunehmen, s. S. 196.

1 M RE NEIG ZUN = 1 M rechts neigend zunehmen, s. S. 196.

VERKÜRZTE R und WICKELMASCHEN, s. S. 194.

SPITZE

Auf Nadelspiel 3 mm und mit je einem Faden von jeder Wolle 20 M auf 2 Nadeln (= 10 M pro Nadel) mit Judys magischem Anschlag anschlagen.

Rd 1: Eine Rd rechts str, dabei die Maschen auf 4 Nadeln verteilen.

Rd 2: 2 M re, 1 M li neig zun, bis zur letzten M auf Nadel 2 re, 1 M re neig zun, 1 M re. Nadel 3: 2 M re, 1 M li neig zun, bis zur letzten M auf Nadel 4 re, 1 M re neig zun, 1 M re.

Rd 1 und 2 wdh bis zu insg 52 (52) 52 (56) M. 1.–26. (1.–26.) 1.–26. (1.–28.) M = Spann. 27.–52. (27.–52.) 27.–52. (29.–56.) M = Sohle. 2 Rd re str.

FUSS

Wie folgt über die SpannM Querrippen str:

Rd 1, 3, 5: Rechts str.

Rd 2, 4, 6: 2 M re, 22 (22) 22 (24) M li, bis RdEnde re.

3 Rd glatt rechts (= in Rd alle M rechts), eine weitere Querrippe entsteht. Abwechselnd Querrippen und 3 Rd glatt rechts str bis die Socke 12 (13) 14 (15) cm misst.

Weiter Querrippen über die SpannM str (auch wenn der Zwickel und die Ferse gestrickt werden).

ZWICKEL

Rd 1: Spann: Weiter Querrippen str, Sohle: 2 M re, 1 M li neig zun, bis zu den letzten 2 M re, 1 M re neig zun, 2 M re.

Rd 2: Spann: Weiter Querrippen, Sohle: Rechts str.

Rd 1–2 wdh bis zu 48 (48) 48 (50) SohlenM.

1 Rd re und dann nur die SpannM 1-mal str. Jetzt wird die Ferse gestrickt.

FERSE

Die Ferse wird mit verkürzten Reihen und Wickelmaschen gestrickt und zwar nur mit den Sohlenmaschen. Wie folgt 4 Maschenmarkierer platzieren:
MM1 nach der 11. (11.) 11. (11.) M.
MM2 nach der 20. (20.) 20. (21.) M.
MM3 nach der 28. (28.) 28. (29.) M.
MM4 nach der 37. (37.) 37. (39.) M.

Zwischen MM1 und MM4 liegen die mittleren 26 (25) 26 (28) 30 M, die zum Käppchen werden.

Zwischen MM2 und MM3 liegen die mittleren 8 M, die zur hinteren Käppchenmitte werden.

R 1 (HinR): Bis 1 M vor MM4 re, M umwickeln, wenden.

R 2 (RückR): Bis 1 M vor MM1 li, M umwickeln, wenden.

R 3 (HinR): Bis 1 M vor der WendeM der vorigen R re, M umwickeln, wenden.

R 4 (RückR): Bis 1 M vor der WendeM der vorigen R li, M umwickeln, wenden.

R 3 und 4 wdh bis alle M außerhalb von MM2 und MM3 WickelM sind. Die mittleren 8 M zwischen MM2 und MM3 nicht umwickeln.

Folgende R (HinR): 8 M re. Alle WickelM bis MM4 str wie auf S. 194 für re R beschrieben. Wenden.

Nächste R (RückR): 1 M li abh, bis zu den WickelM li (nach MM2). Alle WickelM bis MM1 str wie auf S. 194 für li R beschrieben.

KÄPPCHEN

Mit dem Käppchen werden gleichzeitig ZwickelM mit den seitlichen FersenwandM zusammen gestrickt.

R 1 (HinR): Wenden und 1 M re abh, dabei den Faden anziehen, bis 1 M vor MM4 re, 2 M re ver zus.

R 2 (RückR): Wenden und 1 M li abh, dabei den Faden anziehen, bis 1 M vor MM1 li, 2 M li zus.

Maschenmarkierer entfernen.

R 3 (HinR): Wenden und 1 M re abh (Faden anziehen), bis zur abgeh M re. Die abgeh M mit der nächsten ZwickelM zus str: 2 M re ver zus (= 1 M vor + 1 M nach der kleinen Lücke, die beim Wenden entsteht).

R 4 (RückR): Wenden und 1 M li abh (Faden anziehen), bis zur abgeh M li. Die abgeh M mit der nächsten ZwickelM zus str: 2 M li zus (= 1 M vor + 1 M nach der Lücke).

R 3–4 wdh bis alle ZwickelM aufgebraucht sind (mit einer HinR enden). Bis RdEnde re str.

Nächste Rd: Spann: Rechts str, Sohle: 2 M re zus, 25 (25) 25 (27) M re. Jetzt sind wieder so viele M auf den Nadeln wie zu Beginn, die Ferse ist fertig!

BEIN

Jetzt um das gesamte Bein weiter abwechselnd Querrippen und glatt rechts str. Nach der 3. Querrippe, 4 Rd rechts str.

Nun 5 cm Rippen str (1 M re, 1 M li).

Im Muster abketten und Faden abschneiden. Fäden vernähen.

Die zweite Socke genauso stricken.

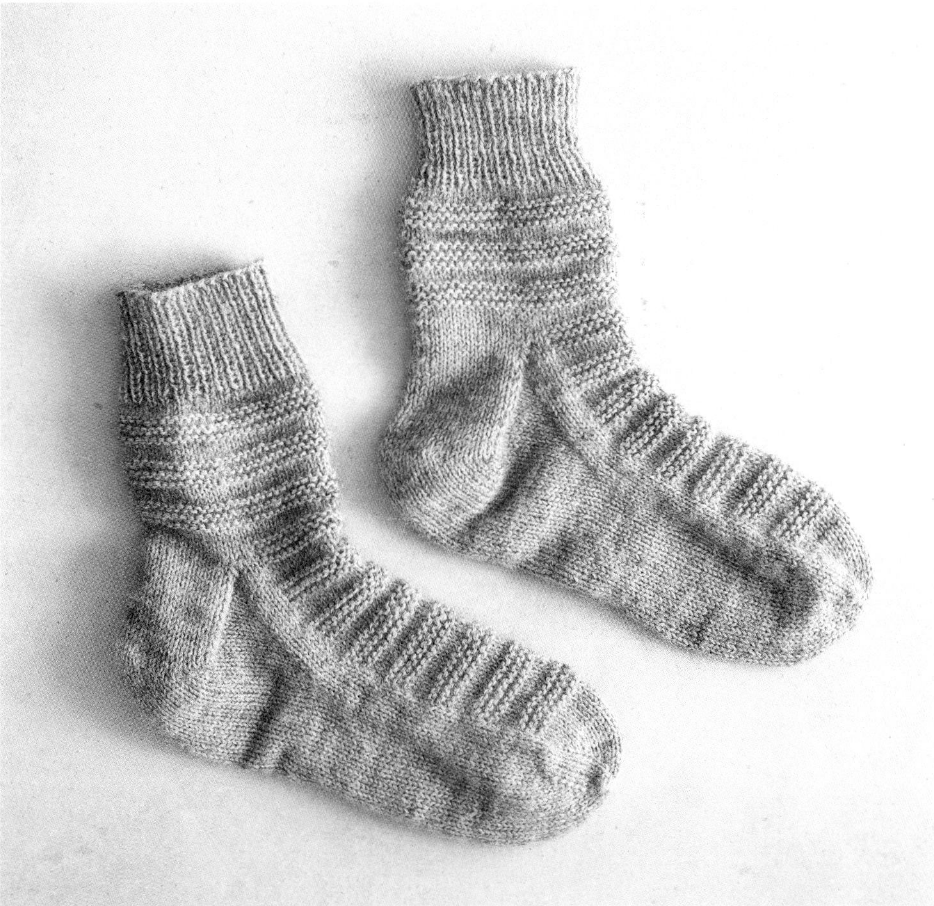

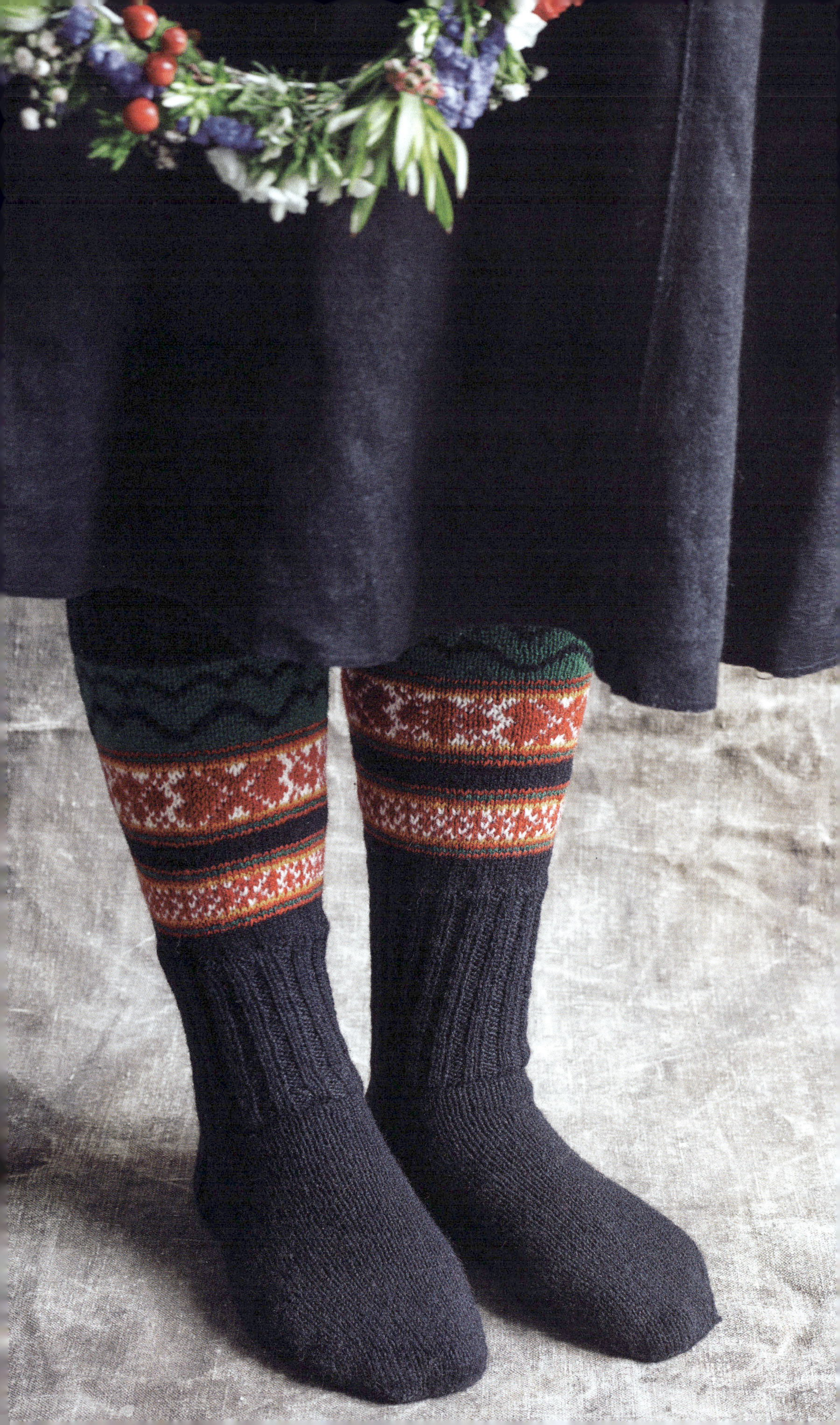

Rjukan

Mein Opa Allan ist im norwegischen Rjukan aufgewachsen, und mein Papa besuchte als Kind oft die Familie in Norwegen. Ich habe mich immer dorthin gesehnt – an den Ort, den ich nur von ausgeblichenen Fotos kannte. Berge und Täler. Strickjacken und Kaffee in der Frühlingssonne. Papas Tante Agnes schält Kartoffeln auf der Veranda. Wie kann ich einen Ort vermissen, an dem ich nie gewesen bin? Das kann ich nicht erklären, aber ich nähere mich Rjukan über das Stricken dieser Strümpfe an, die von der Bunad (der Tracht) aus Tinn in Vestfold und Telemark inspiriert sind. Die geschwungenen, dunklen Linien stehen für die Berge. Durch die Rippen an der Fessel sitzen die Strümpfe gut, wie es sich für Trachtenstrümpfe gehört.

GRÖSSE: 34/35 (36/37) 38/39 (40/41)

LÄNGE: 22 (23) 24 (25) cm

UMFANG: 16 (18) 20 cm

UMFANG AM MUSTER: 25 cm

MATERIAL: 2 tr. Rauma Garn Gammelserie (100 % norwegische Wolle, 50 g = 160 m) und Rauma Finull (100 % norwegische Wolle, 50 g = 175 m)

MENGE: Gammelserie: GF = 100 g Schwarz (Nr. 436), MF1 = 50 g Rot (Nr. 424), MF2 = 50 g Ocker (Nr. 4905), MF3 = 50 g Weiß (Nr. 400). Rauma Finull: MF4 = 50 g Dunkelgrün (Nr. 494)

NADELSPIEL: 2 mm und 2,5 mm

ZUBEHÖR: 4 Maschenmarkierer

MASCHENPROBE: 30 M × 42 R = 10 cm × 10 cm glatt rechts im Muster auf NS2,5 mm

KONSTRUKTION: Die Socken werden von der Spitze aus mit einer klassischen Ferse für Socken von der Spitze gestrickt, s. S. 192. Am Bein werden Rippen gestrickt, damit die Strümpfe gut an den Waden sitzen.

STRICKKURS: Judys magischer Anschlag, s. S. 194.

1 M LI NEIG ZUN = 1 M links neigend zunehmen, s. S. 196.

1 M RE NEIG ZUN = 1 M rechts neigend zunehmen, s. S. 196.

1 M TIEF ZUN = 1 M tiefer gestochen zunehmen, s. S. 197.

VERKÜRZTE R und WICKELMASCHEN, s. S. 194.

1 M RE ABH = 1 M wie zum rechts Stricken von der linken auf die rechte Nadel abheben (Faden hinter der Arbeit).

1 M LI ABH = 1 M wie zum links Stricken von der linken auf die rechte Nadel abheben (Faden vor der Arbeit).

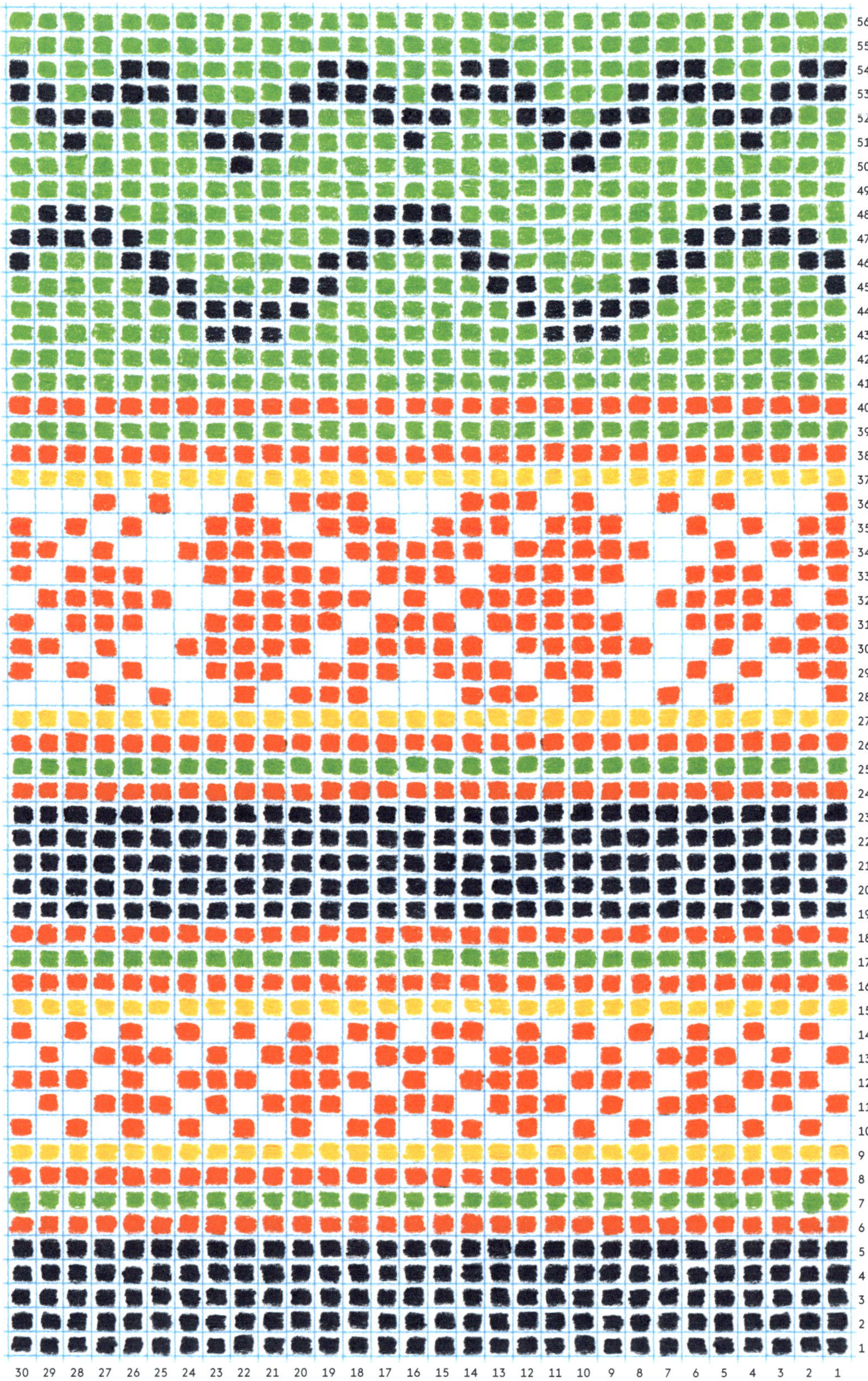
56 55 54 53 52 51 50 49 48 47 46 45 44 43 42 41 40 39 38 37 36 35 34 33 32 31 30 29 28 27 26 25 24 23 22 21 20 19 18 17 16 15 14 13 12 11 10 9 8 7 6 5 4 3 2 1
30 29 28 27 26 25 24 23 22 21 20 19 18 17 16 15 14 13 12 11 10 9 8 7 6 5 4 3 2 1

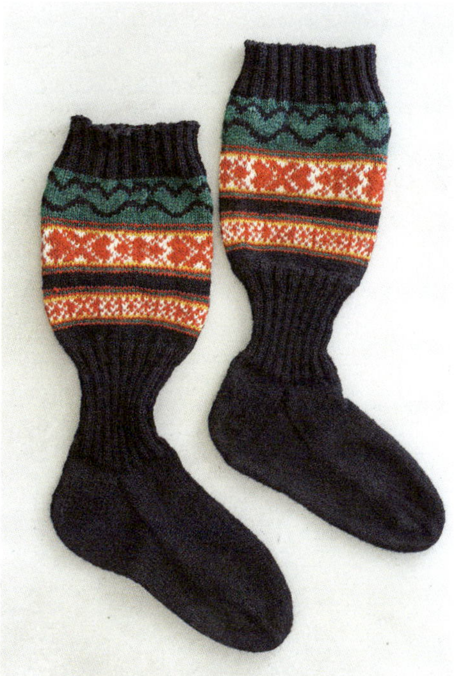

SPITZE

Auf Nadelspiel 2,5 mm mit GF 16 (20) 20 (24) M auf 2 Nadeln (= 8 [10] 10 [12] M pro Nadel) mit Judys magischem Anschlag anschlagen.

Rd 1: Eine Rd rechts str, dabei die Maschen auf 4 Nadeln verteilen.

Rd 2: 2 M re, 1 M li neig zun, bis zur letzten M auf Nadel 2 re, 1 M re neig zun, 1 M re. Nadel 3: 2 M re, 1 M li neig zun, bis zur letzten M auf Nadel 4 re, 1 M re neig zun, 1 M re.

Rd 1 und 2 wdh bis zu insg 48 (52) 56 (60) M. 1.–24. (1.–26.) 1.–28. (1.–30.) M = Spann. 25.–48. (27.–52.) 29.–56. (31.–60.) = Sohle.

FUSS

Glatt rechts str bis die Socke 12 (13) 14 (15) cm misst.

ZWICKEL

Rd 1: Spann: Rechts str, Sohle: 1 M re, 1 M li neig zun, bis zur letzten M re, 1 M re neig zun, 1 M re.

Rd 2: Rechts str.

Rd 1–2 bis zu 46 (48) 50 (52) SohlenM wdh.

1 Rd re, dann nur die SpannM 1-mal str. Jetzt wird die Ferse gestrickt.

FERSE

Die Ferse wird mit verkürzten Reihen und Wickelmaschen gestrickt und zwar nur mit den Sohlenmaschen. Wie folgt 4 Maschenmarkierer platzieren: MM1 nach der 11. (11.) 11. (11.) M.

MM2 nach der 20. (20.) 21. (22.) M.

MM3 nach der 26. (28.) 29. (30.) M.

MM4 nach der 35. (37.) 39. (41.) M.

Zwischen MM1 und MM4 liegen die mittleren 24 (26) 28 (30) M, die zum Käppchen werden.

Zwischen MM2 und MM3 liegen die mittleren 6 (8) 8 (8) M, die zur hinteren Käppchenmitte werden.

R 1 (HinR): Bis 1 M vor MM4 re, M umwickeln, wenden.

R 2 (RückR): Bis 1 M vor MM1 li, M umwickeln, wenden.

R 3 (HinR): Bis 1 M vor der WendeM der vorigen R re, M umwickeln, wenden.

R 4 (RückR): Bis 1 M vor der WendeM der vorigen R li, M umwickeln, wenden.

R 3 und 4 wdh bis alle M außerhalb von MM2 und MM3 WickelM sind. Die mittleren 6 (8) 8 (8) M zwischen MM2 und MM3 nicht umwickeln.

Folgende R (HinR): 6 (8) 8 (8) M re. Alle WickelM bis MM4 str wie auf S. 194 für re R beschrieben. Wenden.

Nächste R (RückR): 1 M li abh, bis zur WickelM li (nach MM2) Alle WickelM bis MM1 str wie auf S. 194 für li R beschrieben.

KÄPPCHEN

Mit dem Käppchen werden gleichzeitig ZwickelM mit den seitlichen FersenwandM zusammen gestrickt.

R 1 (HinR): Wenden und 1 M re abh, dabei den Faden anziehen, bis 1 M vor MM4 re, 2 M re ver zus.

R 2 (RückR): Wenden und 1 M li abh, dabei den Faden anziehen, bis 1 M vor MM1 li, 2 M li zus. Maschenmarkierer entfernen.

R 3 (HinR): Wenden und 1 M re abh (Faden anziehen), bis zur abgeh M re. Die abgeh M mit der nächsten ZwickelM zus str: 2 M re ver zus (= 1 M vor + 1 M nach der kleinen Lücke, die beim Wenden entsteht).

R 4 (RückR): Wenden und 1 M li abh (Faden anziehen), bis zur abgeh M li. Die abgeh M mit der nächsten ZwickelM zus str: 2 M li zus (= 1 M vor + 1 M nach der Lücke).

R 3-4 wdh bis alle ZwickelM abgenommen sind mit einer HinR enden. Bis REnde re str.

Nächste Rd: Spann: Rechts str, Sohle: 2 M re zus, 23 (25) 27 (29) M re.

Jetzt sind wieder so viele M auf den Nadeln wie zu Beginn, die Ferse ist fertig!

BEIN

1 Rd re str. 24 (20) 16 (12) M in der nächsten Rd wie folgt gleichmäßig verteilt zun:

Größe 34/35: *1 M tief zun, 1 M re*. Von * bis * RdEnde wdh = 72 M.

Größe 36/37: 1 M re, *1 M tief zun, 2 M re*. Von * bis * 6-mal wdh. *1 M tief zun, 1 M re*, von * bis * 7-mal wdh. *1 M tief zun, 2 M re*, von * bis * 6-mal wdh, 1 M tief zun = 72 M.

Größe 38/39: 2 M re, *1 M tief zun, 2 M re*. Von * bis * 4-mal wdh. *1 M tief zun, 3 M re*, von * bis * 7-mal wdh. *1 M tief zun, 2 M re*, von * bis * 4-mal wdh, 1 M tief zun, 1 M re = 72 M.

Größe 40/41: *1 M tief zun, 4 M re*. Von * bis * bis RdEnde wdh = 72 M.

10 cm im Rippenmuster str (2 M re, 2 M li), dann 1 Rd re.

ZunRd: 2 M re, *1 M tief zun, 3 M re*. Von * bis * 17-mal wdh, 1 M tief zun, 1 M re = 90 M.

Laut Strickschrift str. 23.–30. M 1-mal wdh, 1.–30. M 2-mal, 1.–22. M 1-mal, Rd 1–56.

Mit GF: 1 Rd re und 2 M gleichmäßig verteilt abn = 88 M.

Auf 2 mm wechseln und 5cm im Rippenmuster str (2 M re, 2 M li).

Locker im Muster abketten und Faden abschneiden. Fäden vernähen.

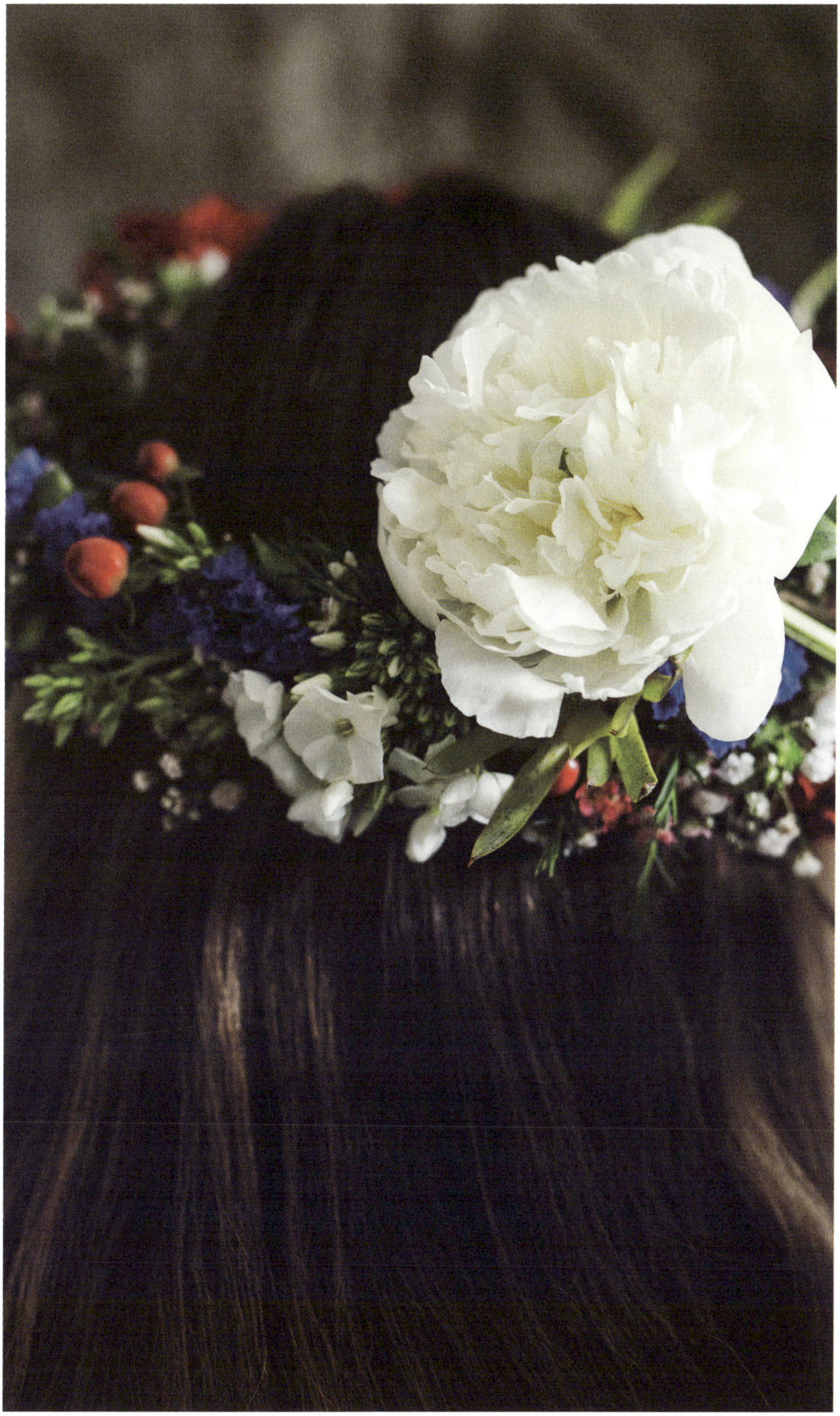

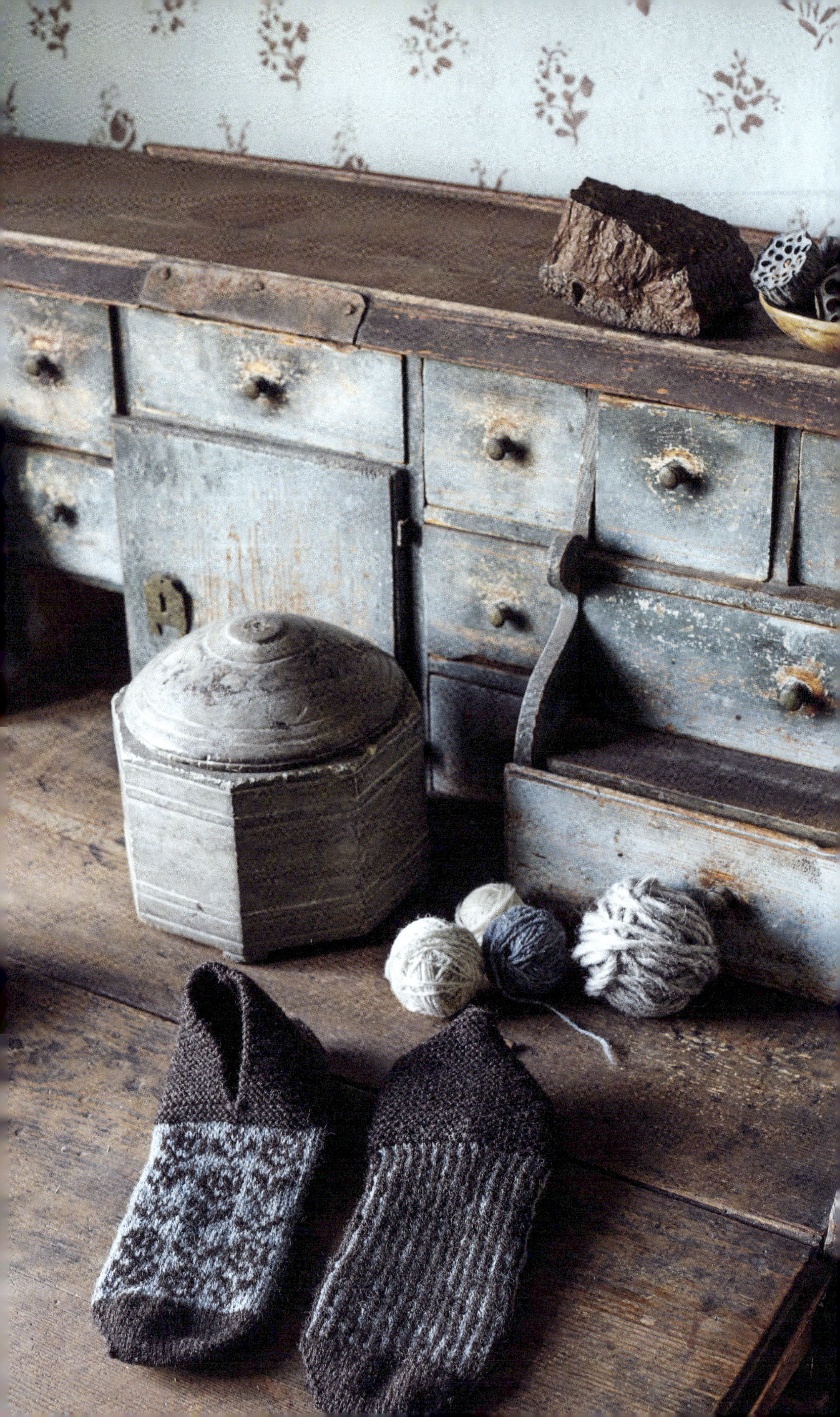

Rosentapete

Blasse Rosen erinnern an die Dekorationskunst früherer Zeiten. Im 19. Jahrhundert wurden oft ganze Wände mit Schablonen bemalt, als Ersatz für die teuren und ganz neuen Papiertapeten. In der rosengeschmückten, kleinen Kammer im Bergmannshof in Siggebohyttan ist die Zeit stehen geblieben. Ich habe mich von den zarten, alten Blüten zu diesen Rosenpantoffeln inspirieren lassen. Durch die krausrechte, elastische Ferse sitzen sie besonders gut.

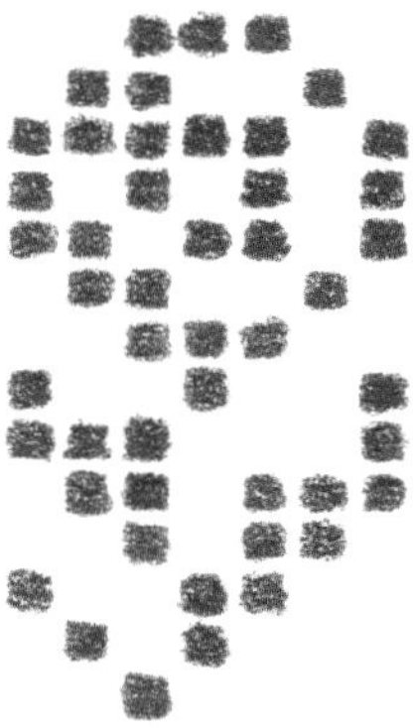

Grösse: 35/37 (38/39) 40/42
Pantoffellänge: 23 (25) 27 cm
Pantoffelumfang: 20 cm
Material: Tukuwool Sock (80 % finnische Wolle, 20 % Polyamid, 50 g = 160 m)
Menge: GF = 50 g aava (Nr. H31), MF = 50 g anga (Nr. 05)
Nadelspiel: 3 mm
Zubehör: 1 Maschenmarkierer
Maschenprobe: 27 M × 30 R = 10 cm × 10 cm im Muster auf Nadelstärke 3 mm
Konstruktion: Die Pantoffeln werden von der Spitze aus gestrickt. Die Ferse besteht aus einer krausrechten Kappe, die beim Abketten zusammen gestrickt wird.
Strickkurs: Judys magischer Anschlag, s. S. 194.
1 M li neig zun = 1 M links neigend zunehmen, s. S. 196.
1 M re neig zun = 1 M rechts neigend zunehmen, s. S. 196.

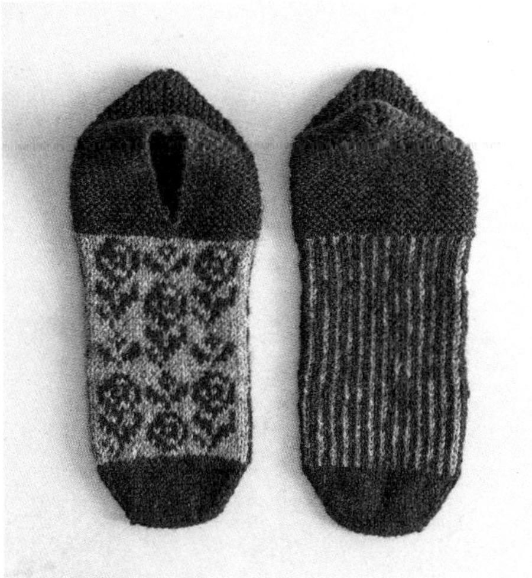

SPITZE

Auf Nadelspiel 3 mm mit MF 26 M auf 2 Nadeln (= 13 M pro Nadel) mit Judys magischem Anschlag anschlagen.

Rd 1: Eine Rd rechts str, dabei die Maschen auf 4 Nadeln verteilen.

Rd 2: 2 M re, 1 M li neig zun, bis zur letzten M auf Nadel 2 re, 1 M re neig zun, 1 M re. Nadel 3: 2 M re, 1 M li neig zun, bis zur letzten M auf Nadel 4 re, 1 M re neig zun, 1 M re.

Rd 1 und 2 wdh bis zu insg 54 M. Noch 1 Rd rechts str.

FUSS

Glatt rechts im Muster der Strickschrift M str, Rd 1–38, 1.–54. M.

Die folgenden 6 Rd mit MF str.

Rd 1: Rechts str.

Rd 2: Links str.

Rd 3: *13 M re, 2 M re zus, 12 M re*. Von * bis * wdh, auch über die Sohle = 52 M.

Rd 4: Links str.

Rd 5: Rechts str.

Rd 6: Links str.

Faden abschneiden.

FERSENKAPPE

Die Mitte der SpannM markieren, d.h. die 13. M. Die Reihe beginnt jetzt hier!

Ab jetzt in Reihen stricken (ab dem neuen Reihenbeginn) bis die Arbeit 23 (25) 27 cm misst.

MIT DREI NADELN ABKETTEN

Die Maschen auf 2 Nadeln verteilen – SpannM auf die eine und SohlenM auf die andere. Faden abschneiden, aber genug zum Abketten stehen lassen. Die Nadeln rechts auf rechts parallel halten.

Wie folgt abketten: *2 Maschen (je 1 SpannM und 1 SohlenM) rechts zusammenstricken (= 1 M von jeder Nadel). Die zuerst gestrickte Masche über die zweite ziehen. * Von * bis * wdh bis alle Maschen abgekettet sind. Faden abschneiden und alle Fäden vernähen. Den zweiten Pantoffel genauso stricken.

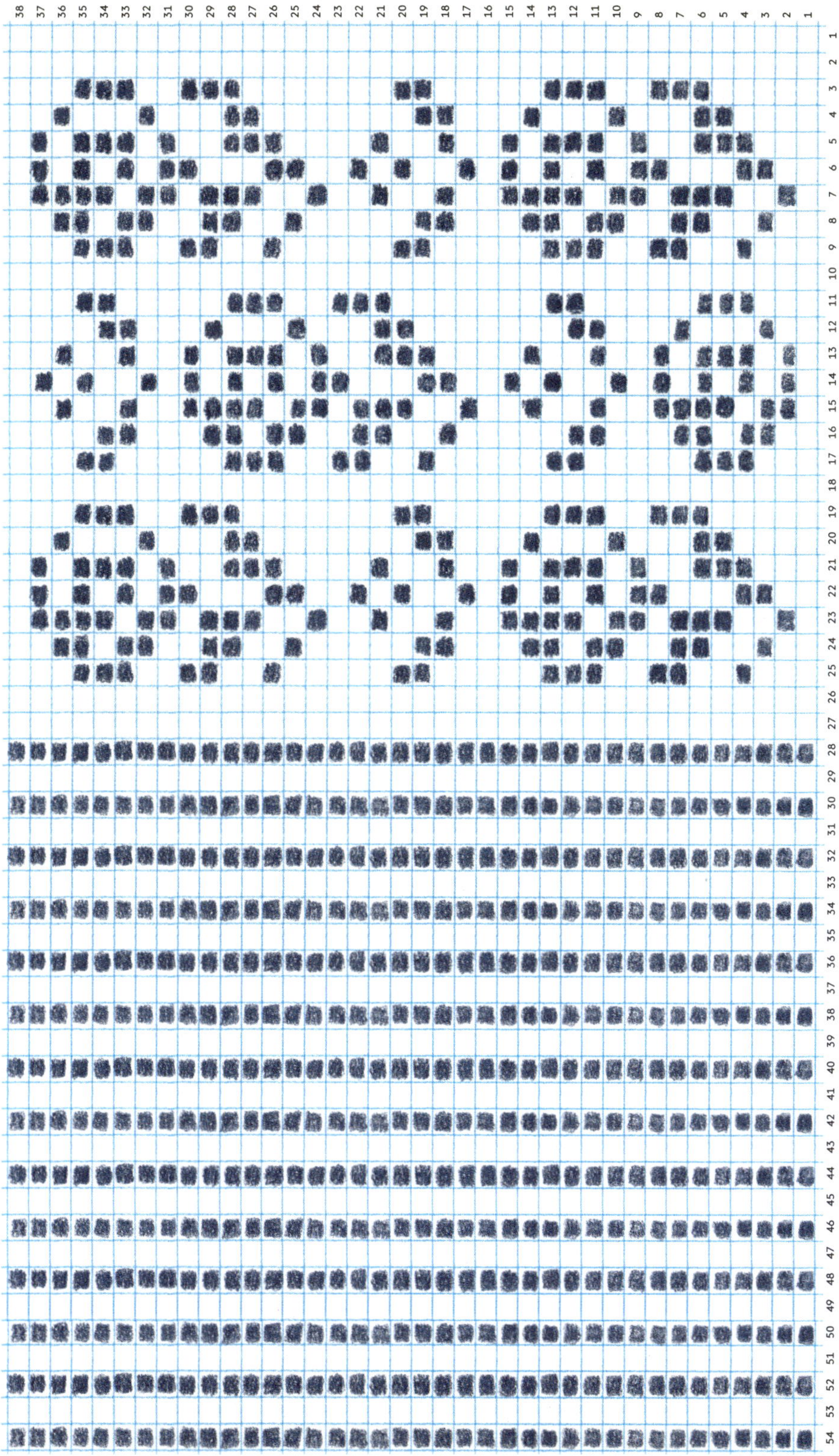
38 37 36 35 34 33 32 31 30 29 28 27 26 25 24 23 22 21 20 19 18 17 16 15 14 13 12 11 10 9 8 7 6 5 4 3 2 1
1 2 3 4 5 6 7 8 9 10 11 12 13 14 15 16 17 18 19 20 21 22 23 24 25 26 27 28 29 30 31 32 33 34 35 36 37 38 39 40 41 42 43 44 45 46 47 48 49 50 51 52 53 54

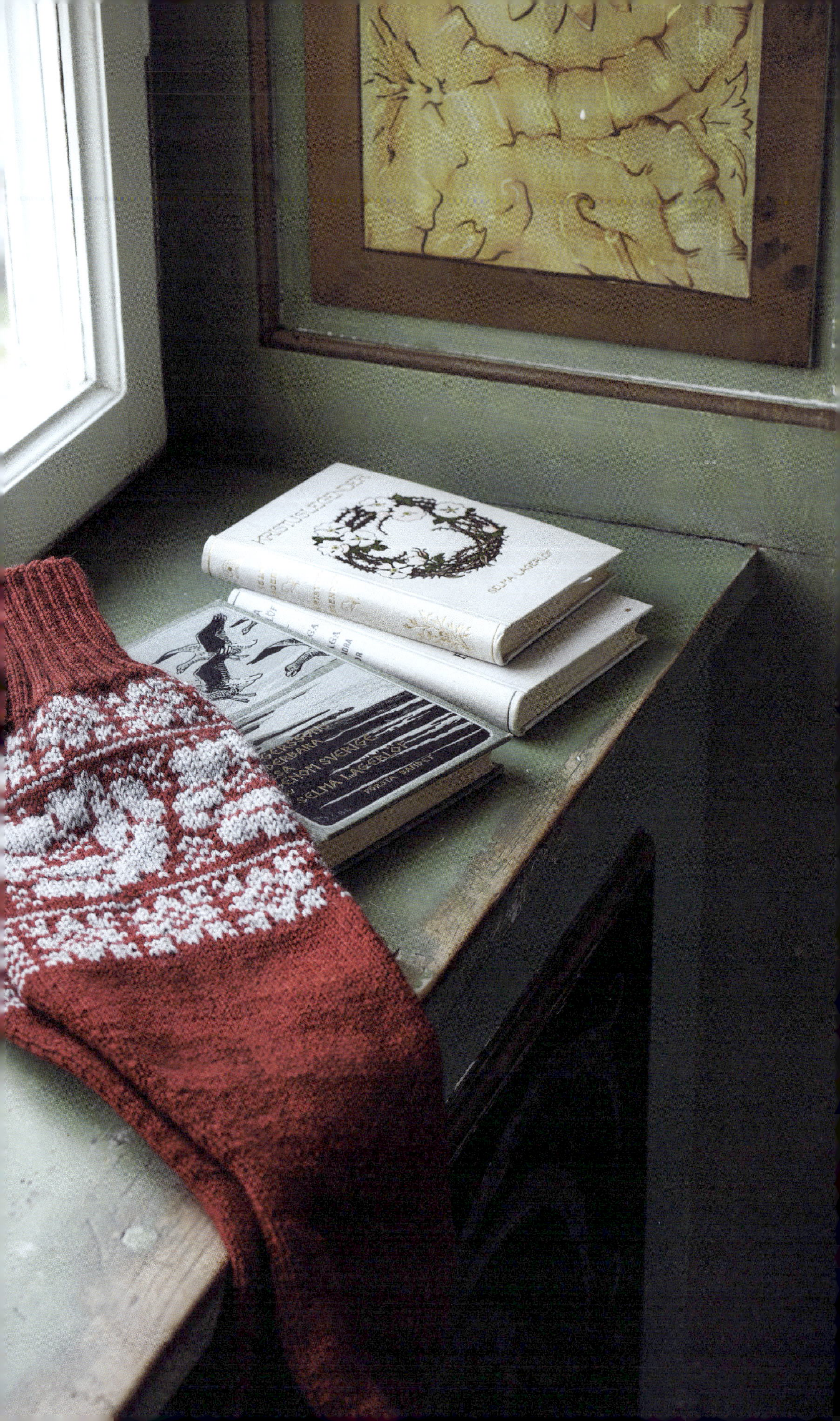
KRISTUSLEGENDER
SELMA LAGERLÖF
GENOM SVERIGE
SELMA LAGERLÖF
FÖRSTA BANDET

Die Märchen-erzählerin

Värmland ist eine Märchenlandschaft. Ein Ort für Trolle und Menschen. Ich glaube an Märchen und die Kraft der Worte, daher folge ich den unsichtbaren Verbindungen hinein in Selmas Universum. Auf gewundenen Treppen treffe ich alte Frauen, Spielmänner, Gutsherren und Wechselbälger. Das ist völlig in Ordnung, denn im Märchen kann alles geschehen. Auf jeden Fall entscheidet immer die Märchenerzählerin! Diese Kniestrümpfe sind selbst ein kleines Märchen. Ich dachte an die Christrosen im Wald in Göinge, die eines Nachts vor langer Zeit austrieben.

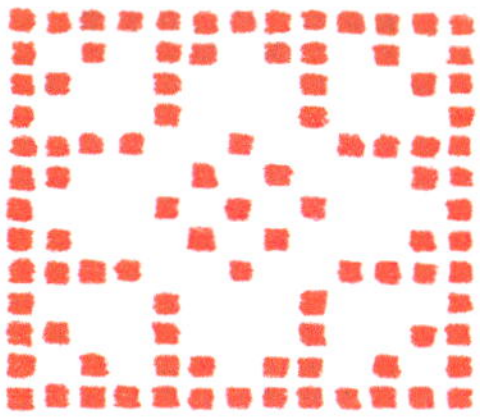

GRÖSSE: 34–35 (36–37) 38–39 (40–41)
LÄNGE: 22 (23) 24 (25) cm
UMFANG: 20 (20) 21,5 (21,5) cm
BEINUMFANG: 31 cm (für Wadenumfang 34–37 cm)
BEINLÄNGE: 48 cm
MATERIAL: Järbo Garn Mellanraggi (75 % superwash Wolle, 25 % Polyamid, 100 g = 260 m)

MENGE: GF = 200 g bordeaux redt (Nr. 28225), MF = 100 g light grey (Nr. 28211)
NADELSPIEL: 2,5 mm und 3 mm
MASCHENPROBE: 27 M × 30 R = 10 cm × 10 cm glatt rechts im Muster auf Nadelstärke 3 mm
ZUBEHÖR: 2 Maschenmarkierer

KONSTRUKTION: Die Kniestrümpfe werden von oben mit einer Bumerangferse gestrickt, s. S. 193.
STRICKKURS: 1 M tief zun = 1 M tiefer gestochen zunehmen, s. S. 197.
VERKÜRZTE R und WICKELMASCHEN, s. S. 194.

BEIN

Mit Nadelspiel 2,5 mm und GF: 76 M anschlagen und gleichmäßig auf 4 Nadeln verteilen. Rippen str (2 M re, 2 M li) bis die Arbeit 10 cm misst.

Auf Nadelspiel 3 mm wechseln und 1 Rd re str, dabei gleichmäßig verteilt auf 82 M zun.

Im Muster der Strickschrift A str, 1.–82. M, Rd 1–13.

Mit MF: 1 Rd re str.

Mit GF: Bis zu den letzten 2 M re, 2 M re zus = 81 M.

1 Rd re str.

Im Muster der Strickschrift B str, 1.–81. M, Rd 1–22.

Mit GF: 1 Rd re str.

Bis zur letzten M re, 1 M tief zun = 82 M.

Mit MF: 1 Rd re str.

Nun laut Strickschrift A str 1.-82. M, Rd 1–13.

Beidseitig der MittelM der Sohle einen Maschenmarkierer setzen (= 62. M).

AbnahmeRd: Bis 2 M vor MM re, 2 M re zus, 1 M re, 1 M abh, 1 M re, dann die abgehobene M über die gestrickte ziehen.

1 Rd re str.

Weiter glatt rechts str und die AbnahmeRd in jeder 4. Rd wdh bis 54 (54) 58 (58) M übrig sind. Weiterstricken bis die Arbeit 49 cm misst.

FERSE

Die Ferse wird in Reihe über die 27 (27) 29 (29) SohlenM gestrickt. Die Maschen so aufteilen, dass diese M sich auf Nadel 3 und 4 befinden. Erst die SpannM re str, dann mit der Ferse beginnen:

R 1 (HinR): Bis zur letzten M re, M umwickeln, wenden.

R 2 (RückR): Bis zur letzten M li, M umwickeln, wenden.

R 3: Bis 1 M vor der WendeM der vorigen R re, M umwickeln, wenden.

R 4: Bis 1 M vor der WendeM der vorigen R li, M umwickeln, wenden.

R 3 und 4 wdh bis alle M bis auf 7 M umwickelt sind.

Jetzt ist die Hälfte der Ferse gestrickt, bis jetzt wurden die R immer kürzer. In der zweiten Hälfte werden die R wieder länger.

R 1: Bis zur ersten WickelM re, die WickelM re, die nächste M umwickeln, wenden.

R 2: Bis zur ersten WickelM li, die WickelM li, die nächste M umwickeln, wenden.

R 3: Bis zur nächsten WickelM re, beide Wickel mit der M zus re str, die nächste M umwickeln, wenden.

R 4: Bis zur nächsten WickelM li, beide Wickel mit der M zus li, die nächste M umwickeln, wenden.

R 3–4 wdh bis alle M gestrickt wurden (mit einer HinR enden).

Nächste Rd: Spann: Rechts str, Sohle: Die letzte doppelte WickelM mit den Wickeln str, 26 (26) 28 (28) M re = 27 (27) 29 (29) FersenM. Nun glatt rechts über alle 54 (54) 58 (58) M bis der Fuß (18) 19 21 cm (inklusive Ferse) misst.

SPITZE

AbnahmeRd: 1 M re, 1 M abh, 1 M re, dann die abgehobene M über die gestrickte ziehen.

Bis zu den letzten 3 M der Nadel 2 re, 2 M re zus, 1 M re. Nadel 3: 1 M re, 1 M abh, 1 M re und die abgehob M darüber ziehen.

Bis zu den letzten 3 M der Nadel 4 re, 2 M re zus, 1 M re = 4 M abgenommen.

Die Abnahmen in jeder 2. Rd wdh bis noch 18 (18) 22 (22) M übrig sind.

MIT DREI NADELN ABKETTEN

Die Maschen auf 2 Nadeln verteilen – SpannM auf die eine und SohlenM auf die andere. Faden abschneiden, aber genug zum Abketten stehen lassen. Die Nadeln rechts auf rechts parallel halten.

Wie folgt abketten:
2 Maschen (je 1 SpannM und 1 SohlenM) rechts zusammenstricken (= 1 M von jeder Nadel). Die zuerst gestrickte Masche über die zweite ziehen. Von * bis * wdh bis alle Maschen abgekettet sind. Faden abschneiden und alle Fäden vernähen. Bei der zweiten Socke wird die Strickschrift von links nach rechts gestrickt. Die Maschenmarkierer werden um die 21. M gesetzt und daneben genauso abgenommen wie bei der ersten Socke. Die Ferse wird über Nadel 1 und 2 (1.–29. M) gestrickt, anstatt über 3 und 4.

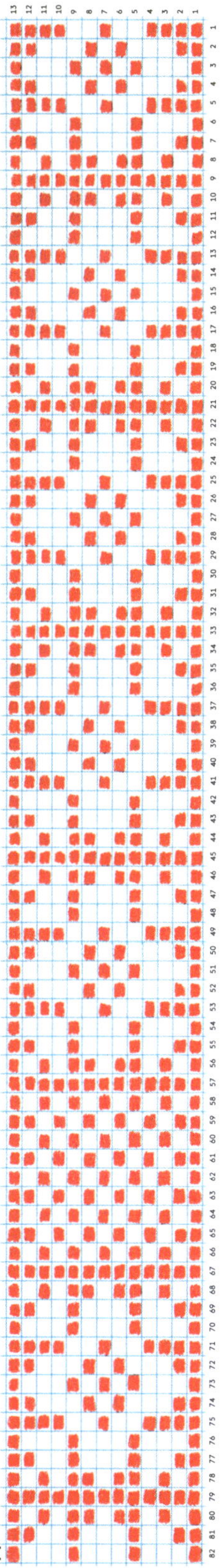

A

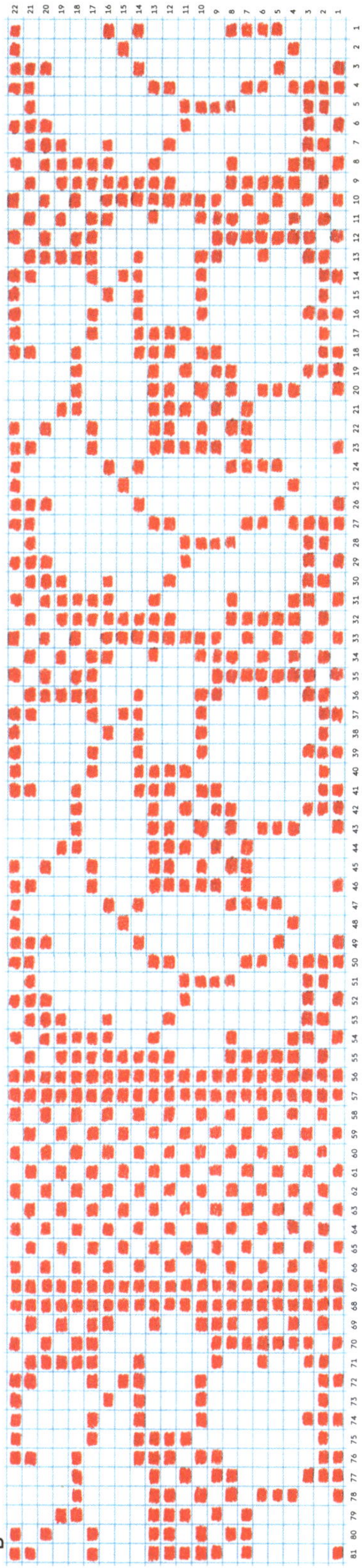

B

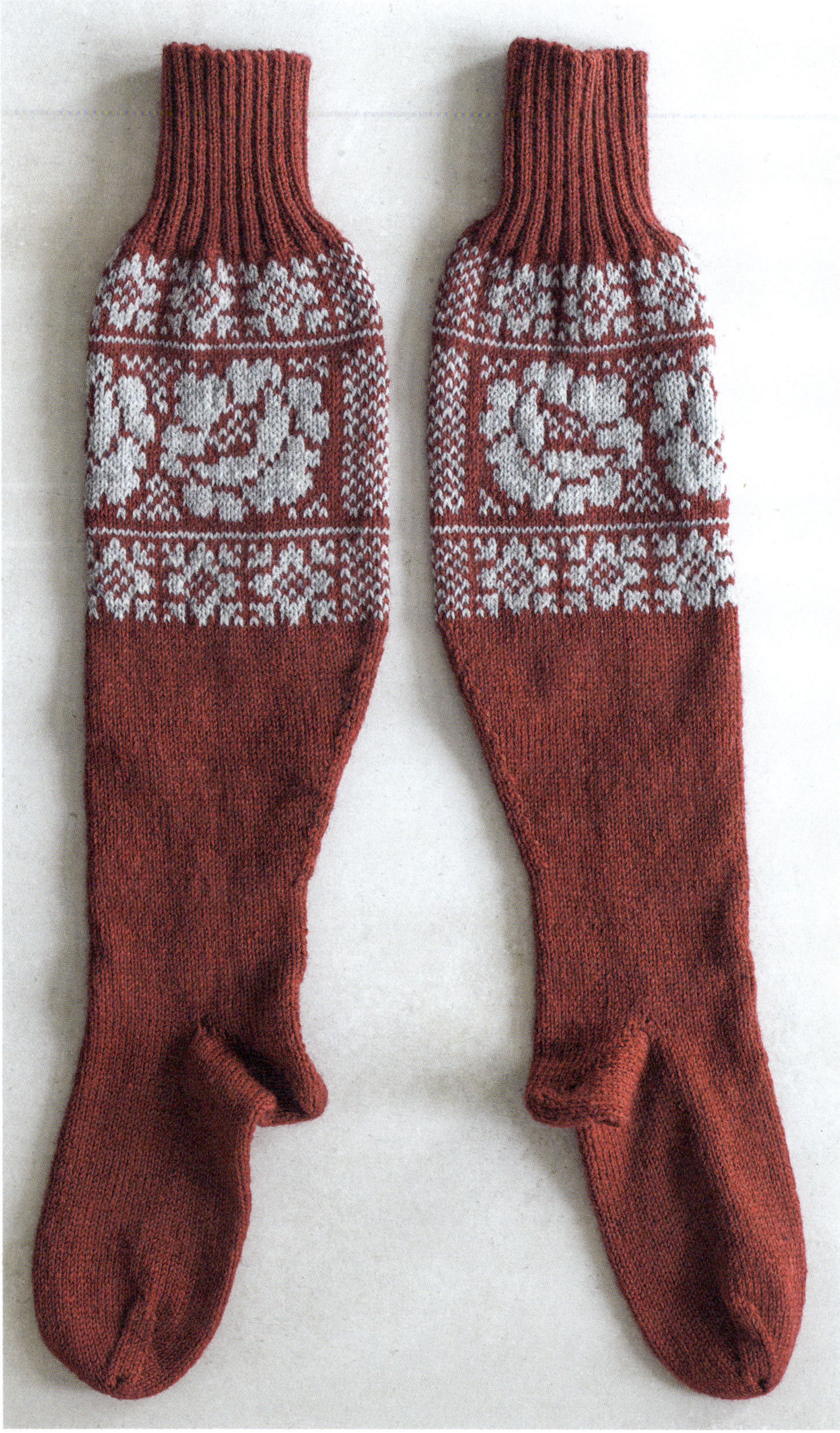

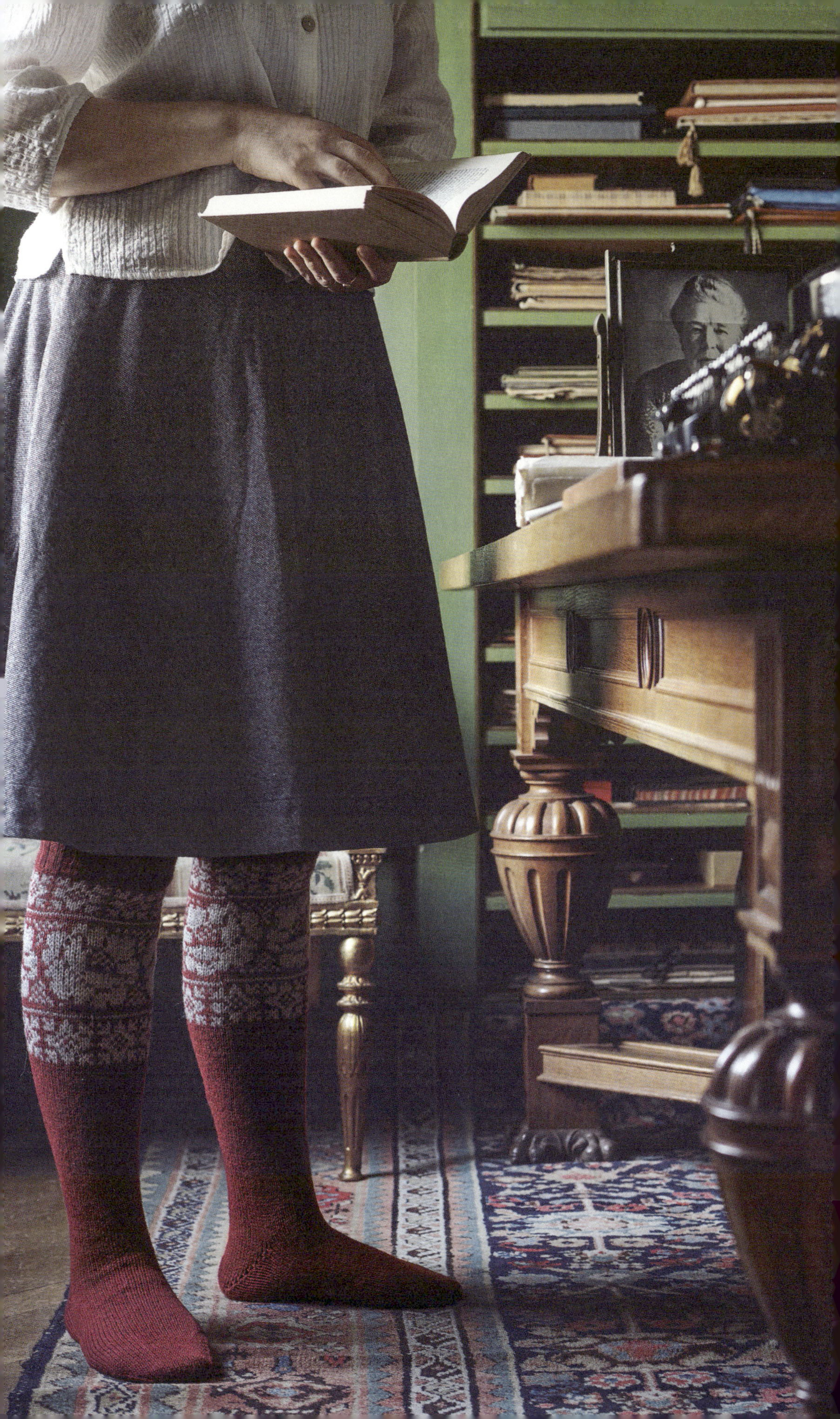

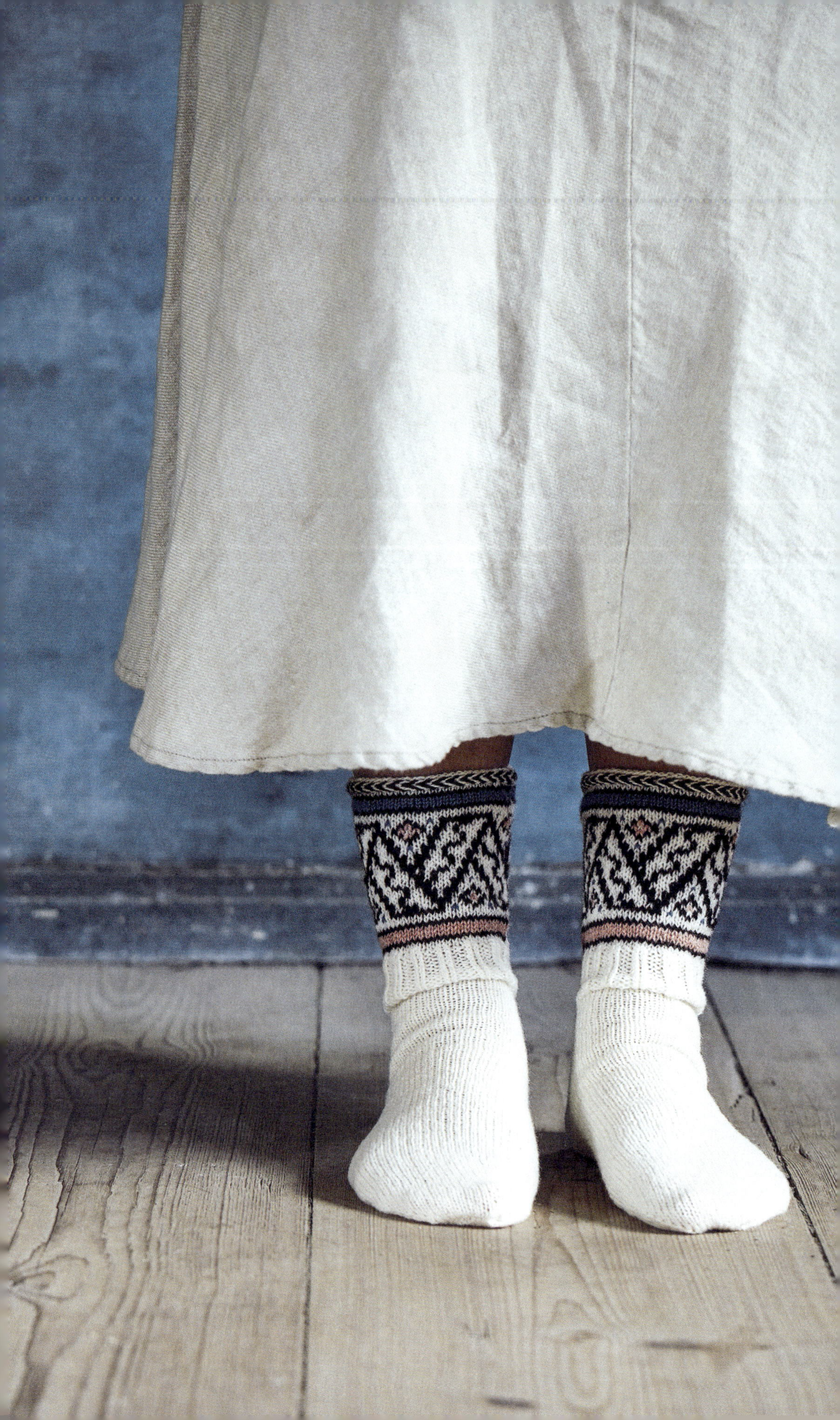

Siggebohyttan

Im großen Saal vom Bergmannshof in Siggebohyttan finden sich die schönsten Tapetenmalereien, die 1838 von Kers Erik Jönsson gemalt wurden. Es sind vor allem Motive aus biblischen Erzählungen. Die Borte rund um die Bilder fiel mir besonders auf und inspirierte mich zu diesen Socken. Möchten Sie die Malereien einmal selbst sehen? Besuchen Sie den Bergmannshof in Siggebohyttan in Västmanland. Er ist jeden Sommer geöffnet.

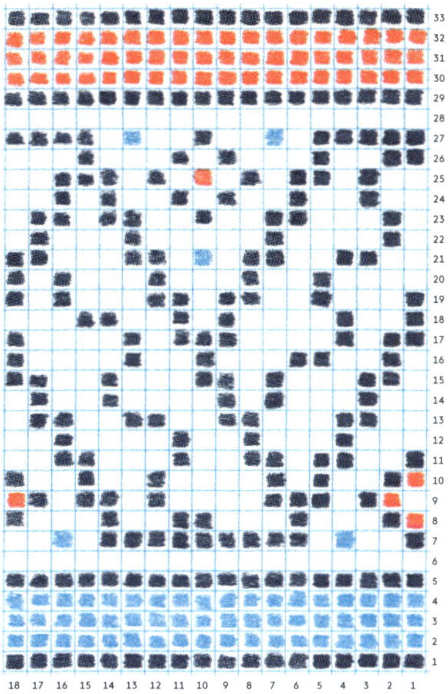

GRÖSSE: 34/35 (36/37) 38/39 (40/41)

LÄNGE: 22 (23) 24 (25) cm

UMFANG: 16 (18) (19) 20 cm

BEINUMFANG: 24 cm

BEINLÄNGE: 13 cm

MATERIAL: 2 tr. Rauma Garn Gammelserie (100 % norwegische Wolle, 50 g = 160 m)

MENGE: GF = 100 g Natur (Nr. 401), MF1 = 50 g Schwarz (Nr. 436), MF2 = 50 g Bauernblau (Nr. 438), MF3 = 50 g Puderrosa (Nr. 4087)

NADELSPIEL: 2,5 mm

MASCHENPROBE: 30 M × 42 R = 10 cm × 10 cm im Muster auf Nadelstärke 2,5 mm

KONSTRUKTION: Die Socken werden von oben mit einem lettischen Flechtzopf (s. S. 197) und einer Fleegleferse (auch Keilferse genannt), s. S. 192 gestrickt. Das Bein mit Einstrickmuster wird mit verschränkten Rippen beendet.

STRICKKURS: 1 M li neig zun = 1 M links neigend zunehmen, s. S. 196.

1 M RE NEIG ZUN = 1 M rechts neigend zunehmen, s. S. 196

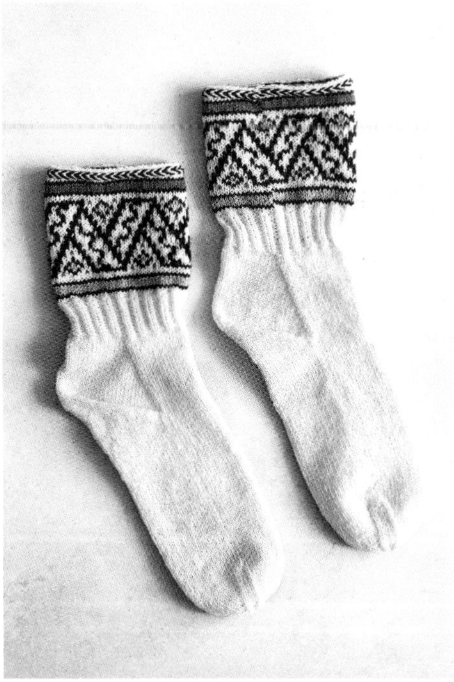

BEIN

Mit Nadelspiel 2,5 mm und GF: 72 M anschl und gleichmäßig auf 4 Nadeln verteilen.

Einen lettischen Flechtzopf str, s. S. 197.

Rd 1: *1 M re mit GF, 1 M re mit MF1*. Von * bis * bis RdEnde wdh.

Rd 2: *1 M li mit GF, 1 M li mit MF1*. Von * bis * bis RdEnde wdh. Beim Stricken beide Fäden vor der Arbeit halten. Beim Farbwechsel muss die neue Farbe unter der gerade gestrickten geführt werden.

Rd 3: *1 M li mit GF, 1 M li mit MF1*. Von * bis * bis RdEnde wdh. Beim Stricken beide Fäden vor der Arbeit halten. Beim Farbwechsel muss die neue Farbe über der gerade gestrickten geführt werden.

Mit GF: Ab jetzt glatt rechts (= in der Rd alle M rechts) und 2 Rd str.

Laut Strickschrift im Muster str, Rd 1–33 (1.–18. M wird 4-mal pro Rd wdh.)

Mit GF: 2 Rd re str.

3 cm verschränkte Rippen (2 M re ver, 2 M li) str. Dann glatt rechts str.

1 Rd str, dann 1 AbnahmeRd: 24 (20) 16 (12) M gleichmäßig verteilt abn = 48 (52) 56 (60) M.

ZWICKEL

1.–24. (1.–26.) 1.–28. (1.–30.) M = Spann.

25.–48. (27.–52.) 29.–56. (31.–60.) M = Sohle.

Wie folgt beidseitig an der Sohle zunehmen:

Rd 1: Spann: Rechts str, Sohle: 1 M re, 1 M li neig zun, bis zur letzten M re, 1 M re neig zun, 1 M re.

Rd 2: Rechts str.

Rd 1 und 2 wdh bis zu 46 (50) 54 (58) SohlenM. Mit Rd 2 enden.

FERSE

SpannM glatt rechts str. Dann einen Maschenmarkierer zwischen die beiden mittleren SohlenM setzen.

Jetzt die Sohle in Reihen glatt rechts str und dabei wie folgt seitlich abnehmen:

R 1 (HinR): Bis MM str, dann 2 M re, 2 M re zus, 1 M re, wenden.

R 2 (RückR): 1 M li abh, Faden anziehen und bis MM str. 2 M li, 2 M li ver zus (= die folgenden 2 M nacheinander wie zum re Stricken abheben, dann zurück auf die linke Nadel schieben (sie sind verdreht), und sie links ver zusammenstricken), 1 M li, wenden.

R 3 (HinR): 1 M re abh und Faden anziehen, bis 1 M vor der Lücke, die beim Wenden entsteht, re, die M vor und nach der Lücke zus str (= 2 M re zus), 1 M re, wenden.

R 4 (RückR): 1 M li abh und Faden anziehen, bis 1 M vor der Lücke li. Die M vor und nach der Lücke zus str (= 2 M li ver zus), 1 M li, wenden.

R 3 und 4 wdh, bis nach einer RückR noch 2 ungestrickte M übrig sind. Wenden.

Nächste R (HinR): Wie R 3, aber nicht wenden, sondern über den Spann weiterstr.

Nächste Rd: Spann: Rechts str, Sohle: 1 M re, 2 M re ver zus, bis zu den letzten 3 M re, 2 M re zus, 1 M re.

Nächste R: Spann: Rechts str, Sohle: 1 M re, 2 M re ver zus, restl M re.

Jetzt sind es wieder 24 (26) 28 (30) M SohlenM, insg 48 (52) 56 (60) M.

FUSS

Glatt rechts str bis der Fuß 16,5 (17,5) 18,5 (19,5) cm misst.

SPITZE

AbnahmeRd: 1 M re, 1 M abh, 1 M re, dann die abgehobene M über die gestrickte ziehen. Bis zu den letzten 3 M auf Nadel 2 re, 2 M re zus, 1 M re. Nadel 3: 1 M re, 1 M abh, 1 M re, dann die abgehobene M über die gestrickte ziehen. Bis zu den letzten 3 M auf Nadel 4 re, 2 M re zus, 1 M re = 4 M abgenommen.

Die Abnahmen in jeder 2. Rd wdh bis noch 16 (20) 20 (24) M übrig sind.

MIT DREI NADELN ABKETTEN

Die Maschen auf 2 Nadeln verteilen – SpannM auf die eine und SohlenM auf die andere. Faden abschneiden, aber genug zum Abketten stehen lassen. Die Nadeln rechts auf rechts parallel halten.

Wie folgt abketten: *2 Maschen (je 1 SpannM und 1 SohlenM) rechts zusammenstricken (= 1 M von jeder Nadel). Die zuerst gestrickte Masche über die zweite ziehen*. Von * bis * wdh bis alle Maschen abgekettet sind. Faden abschneiden und alle Fäden vernähen. Die zweite Socke genauso stricken.

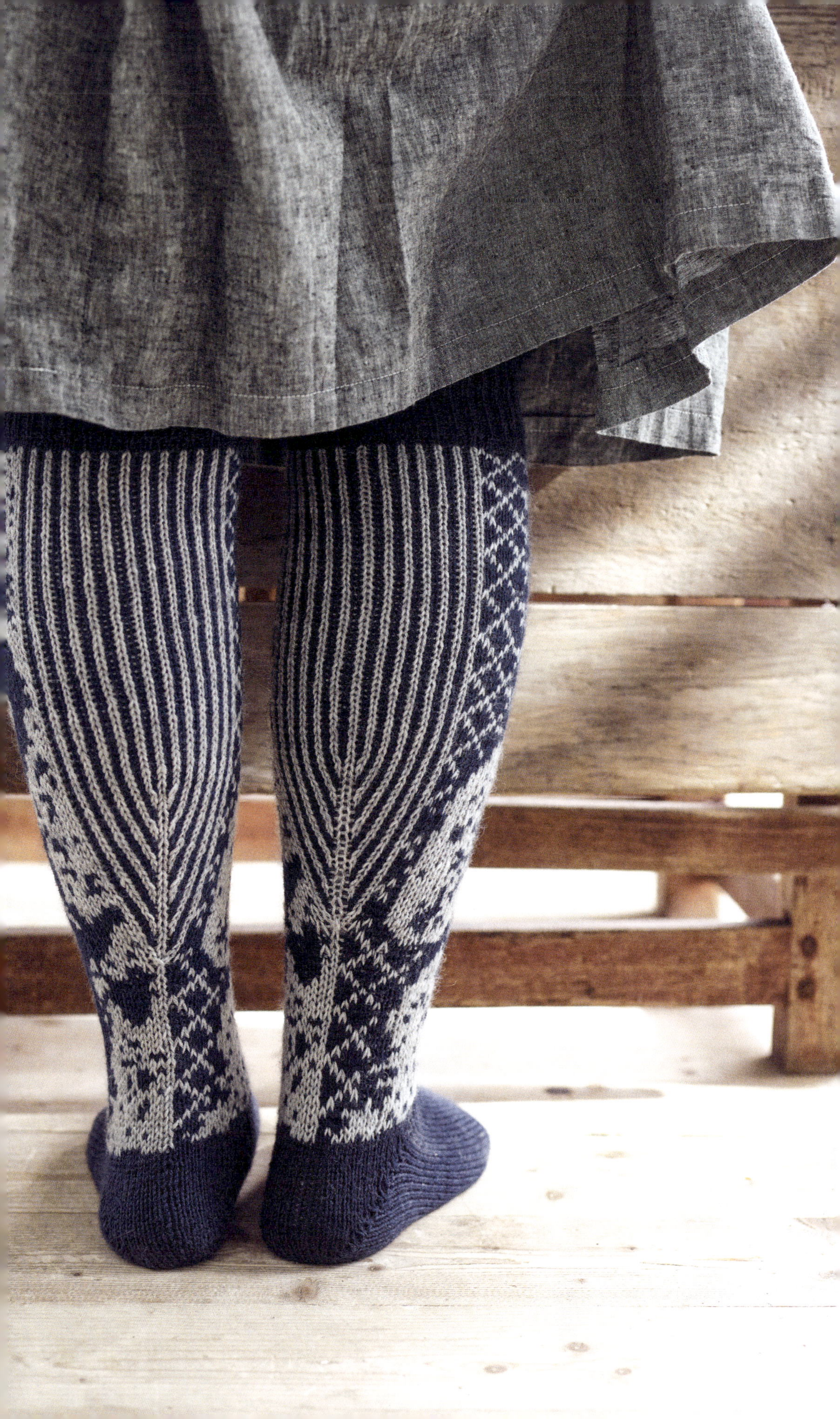

Skandinavia

Skandinavia, die alte Form von Skandinavien, bedeutet wohl „gefährliche Insel“, was sich auf die trügerischen Wasser vor Schonen beziehen soll. Ich wollte mich selbst herausfordern und meine Heimat als Karte darstellen. *Skandinavia* ist das komplizierteste Muster, das ich je gezeichnet habe, und mein aufrichtiger Versuch, ein Meisterwerk zu erschaffen. Mir ist es wichtig, das Leben durch Abbildungen greifbar zu machen. Ich hoffe, dass Sie mutig genug sind, sich an dieses spannende Muster zu wagen!

Grösse: 34–35 (36–37) 38–39 (40–41)
Länge: 22 (23) 24 cm
Umfang: 20 (20) 21,5 (21,5) cm
Beinumfang: 31 cm (für Wadenumfang 34–37 cm)
Beinlänge: 45 cm
Material: Järbo Garn Mellanraggi (75 % superwash Wolle, 25 % Polyamid, 100 g = 260 m)
Menge: GF = 200 g navy (Nr. 28232), MF = 200 g light grey (Nr. 28211)
Nadelspiel: 2,5 mm und 3 mm
Zubehör: 2 Maschenmarkierer
Maschenprobe: 27 M × 30 R = 10 cm × 10 cm im Muster auf Nadelstärke 3 mm
Konstruktion: Die Kniestrümpfe werden von oben und mit Bumerangferse gestrickt, s. S. 193.
Strickkurs: Verkürzte R und Wickelmaschen, s. S. 194.

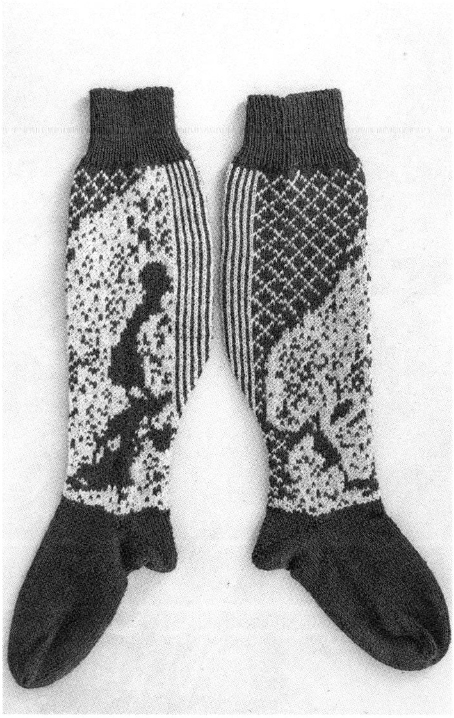

BEIN

Mit Nadelspiel 2,5 mm und GF: 76 M anschlagen und gleichmäßig auf 4 Nadeln verteilen. Rippen str (1 M re, 1 M li) bis die Arbeit 8 cm misst.

Auf Nadelspiel 3 mm wechseln, 1 Rd re str, dabei gleichmäßig verteilt auf 82 M zun. 1 Rd rechts str.

Das Buch umdrehen und nach der Strickschrift arbeiten, 9.–57. M, dann 1 M re mit MF, *1 M re mit GF, 1 M re mit MF*. Von * bis * 12-mal wdh. Dann laut Strickschrift 1.–8. M str.

So die MusterRd 1–52 str.

Beidseitig neben der MittelM der Sohle je einen Maschenmarkierer setzen (= 62. M).

AbnahmeRd (= Rd 53 der Strickschrift): Bis zu den letzten 2 M vor dem MM im Muster str, 1 M abh, 1 M re (in der Farbe der abgeh M) und die abgeh M darüber ziehen.

1 M re, 2 M re zus (in der Farbe der 2. M). Bis RdEnde im Muster str = 2 M abgenommen.

AbnahmeR jede 2. Rd wdh, bis noch 60 M übrig sind. Dann noch 1 Rd im Muster str.

Letzte AbnahmeRd: Bis 1 M vor MM im Muster str. Wie folgt 2 M abn (mit MF): 2 M wie zum re Stricken abheben, 1 M re, die 2 abgeh M über die rechte ziehen. Die restl M im Muster str = 58 M.

Weiter laut Strickschrift arbeiten. Die M, die nach den Abnahmen in der hinteren Mitte übrig bleibt, weiter mit MF str.

Mit GF: 1 Rd rechts str.

AbnahmeRd: 4 (4) 0 (0) M gleichmäßig verteilt abn = 54 (54) 58 (58) M.

FERSE

Die Ferse wird in Reihen über die hinteren mittleren 27 (27) 29 (29) M gestrickt. Die M so aufteilen, dass diese sich auf Nadel 3 und 4 befinden. Zuerst die SpannM re str, dann die Ferse beginnen:

R 1 (HinR): Bis zur letzten M re, M umwickeln, wenden.

R 2 (RückR): Bis zur letzten M li, M umwickeln, wenden.

R 3: Bis 1 M vor WendeM der vorigen R re, M umwickeln, wenden.

R 4: Bis 1 M vor WendeM der vorigen R li, M umwickeln, wenden.

R 3 und 4 wdh bis alle außer 7 M umwickelt sind.

Jetzt ist die Hälfte der Ferse gestrickt, bis jetzt wurden die R immer kürzer. In der zweiten Hälfte werden die R immer länger.

R 1: Bis zur ersten WickelM re, die WickelM re, die nächste M umwickeln, wenden.

R 2: Bis zur ersten WickelM li, die WickelM li, die nächste M umwickeln, wenden.

R 3: Bis zur nächsten WickelM re, beide Wickel mit der M zus re str, die nächste M umwickeln, wenden.

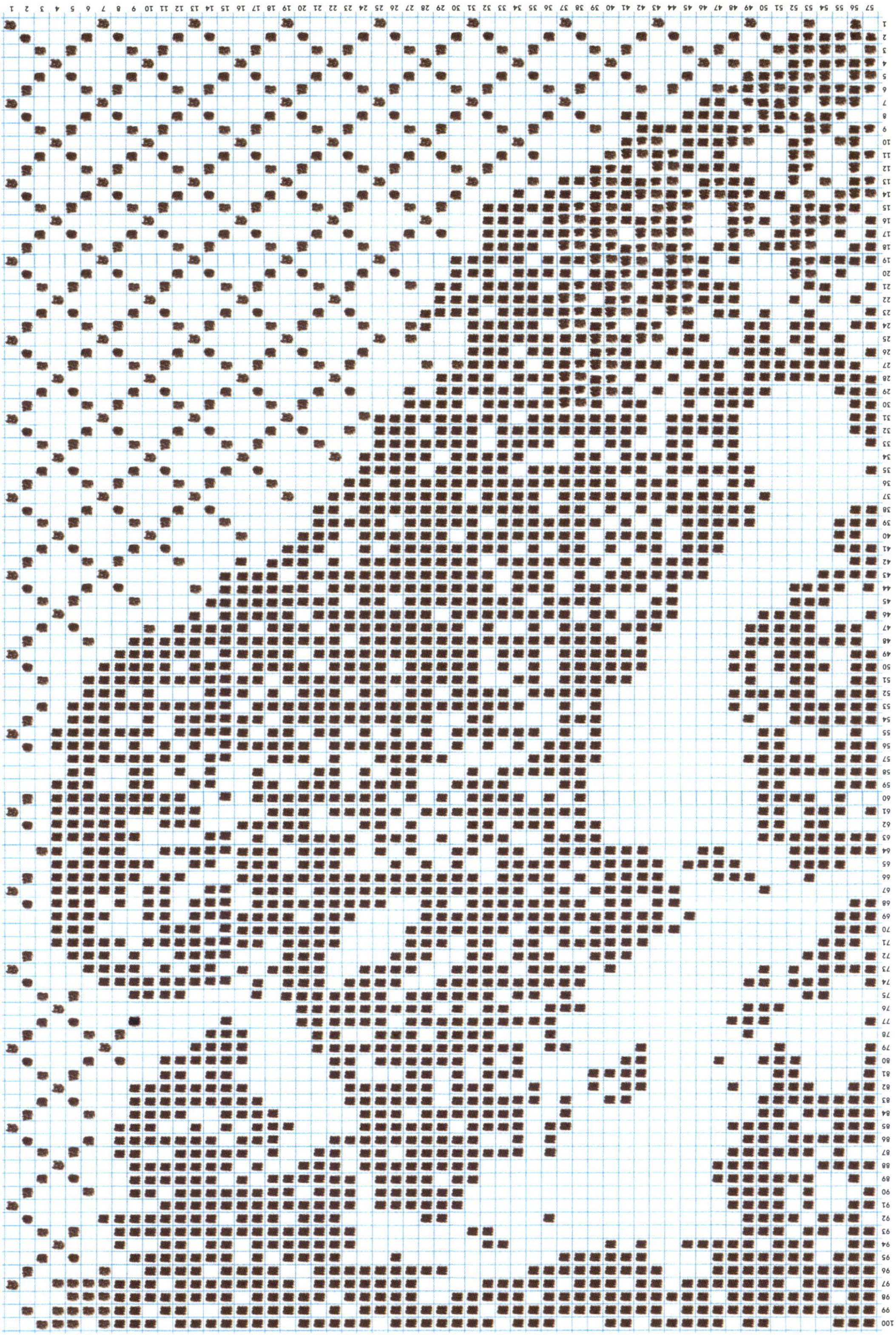

R 4: Bis zur nächsten WickelM li, beide Wickel auf die Nadel heben und mit der M zus li str, die nächste M umwickeln, wenden.

R 3–4 wdh bis alle M gestrickt wurden (mit einer HinR enden).

Nächste Rd: Spann: Rechts str, Sohle: Die letzte WickelM mit dem Wickel str, 26 (26) 28 (28) M re = 27 (27) 29 (29) FersenM.

Glatt rechts über alle 54 (54) 58 (58) M str bis der Fuß (18) 19 (20) 21 cm (inklusive Ferse) misst.

SPITZE

AbnahmeRd: 1 M re, 1 M abh, 1 M re, dann die abgehobene M über die gestrickte ziehen.

Bis zu den letzten 3 M auf Nadel 2 re, 2 M re zus, 1 M re. Nadel 3: 1 M re, 1 M abh, 1 M re, dann die abgehobene M über die gestrickte ziehen. Bis zu den letzten 3 M auf Nadel 4 re, 2 M re zus, 1 M re = 4 M abgenommen.

Die Abnahmen in jeder 2. Rd wdh bis noch 18 (18) 22 (22) M übrig sind.

MIT DREI NADELN ABKETTEN

Die Maschen auf 2 Nadeln verteilen – SpannM auf die eine und SohlenM auf die andere. Faden abschneiden, aber genug zum Abketten stehen lassen. Die Nadeln rechts auf rechts parallel halten.

Wie folgt abketten: *2 Maschen (je 1 SpannM und 1 SohlenM) rechts zusammenstricken (= 1 M von jeder Nadel). Die zuerst gestrickte Masche über die zweite ziehen*. Von * bis * wdh bis alle Maschen abgekettet sind. Faden abschneiden und alle Fäden vernähen. Die zweite Socke genauso stricken.

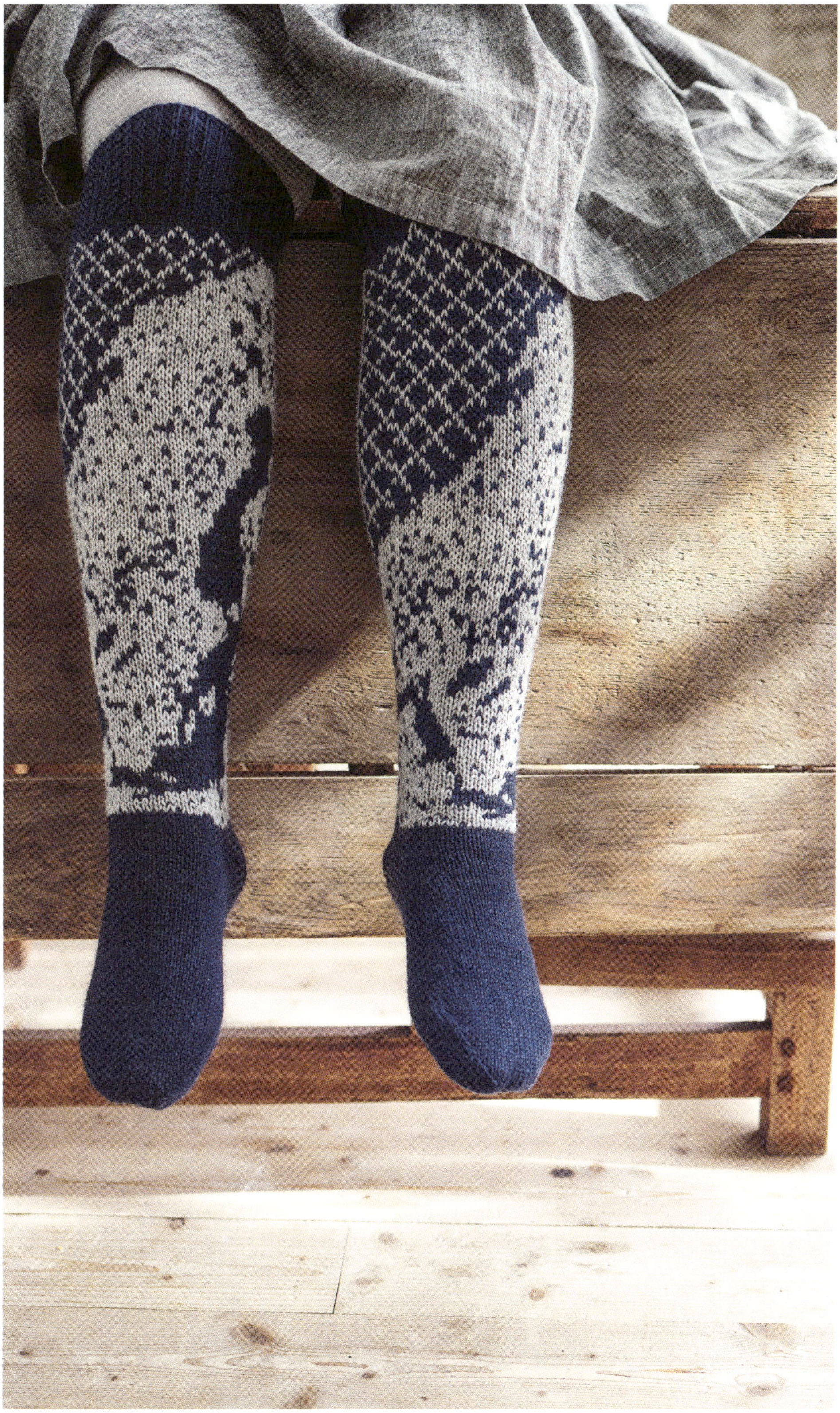

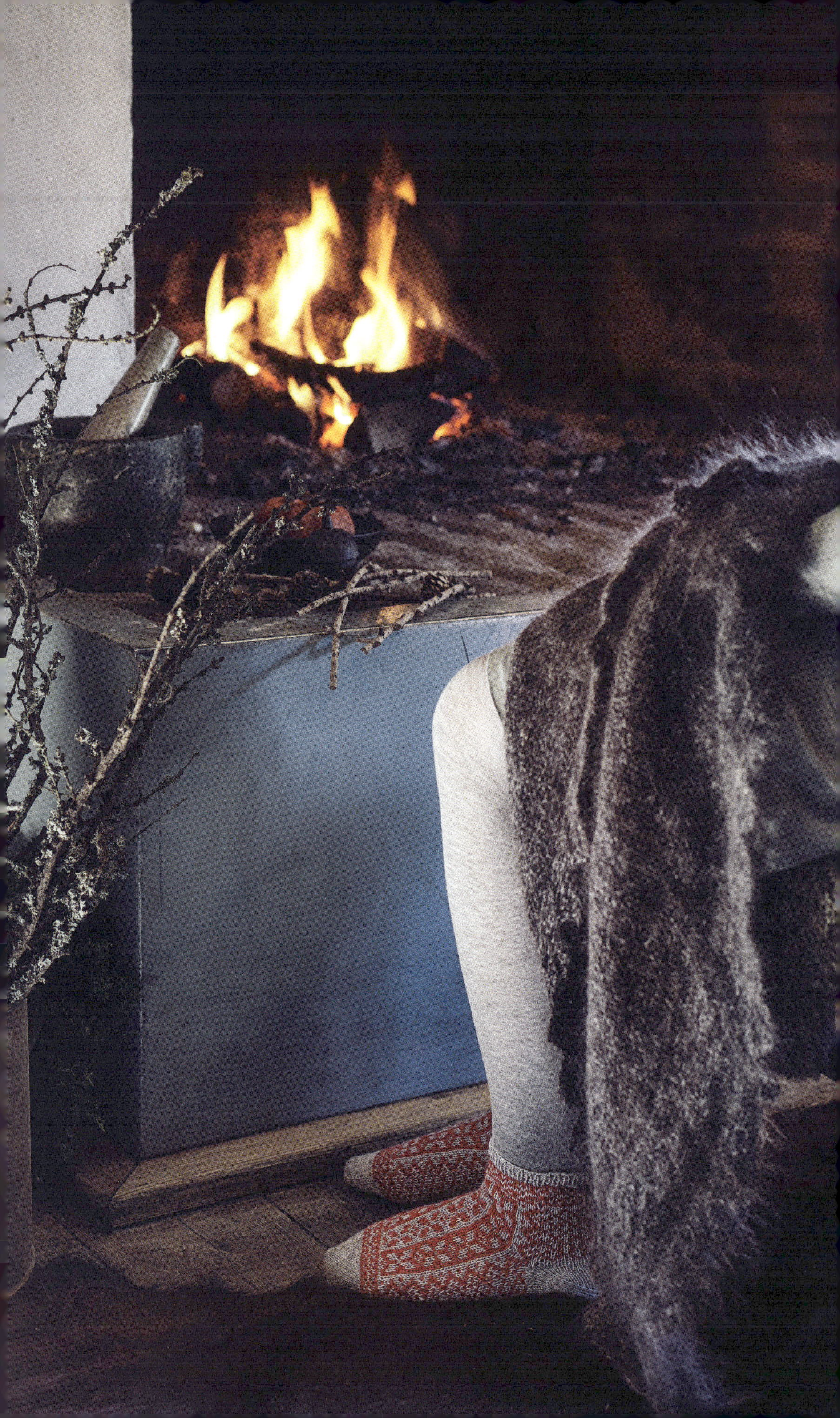

Schnee

Als Kinder holten meine Schwester und ich die Langlaufski hervor, sobald die erste Schneeflocke fiel. Wir zogen Trainingsrunden im Garten und spielten, wir wären Gunde Svan auf dem Weg zu einem weiteren Sieg. Damals begann meine Liebe zum Skilanglauf, und ich fahre immer noch, sobald sich mir die Chance dazu bietet.

Schnee sind dünne, aber warme Skisocken, mit denen man den Hügel hinunter sausen kann. Durch das feste Muster sind sie besonders haltbar, und da die Ferse nachträglich gestrickt wird, kann sie leicht ersetzt werden, sollte sie Löcher bekommen.

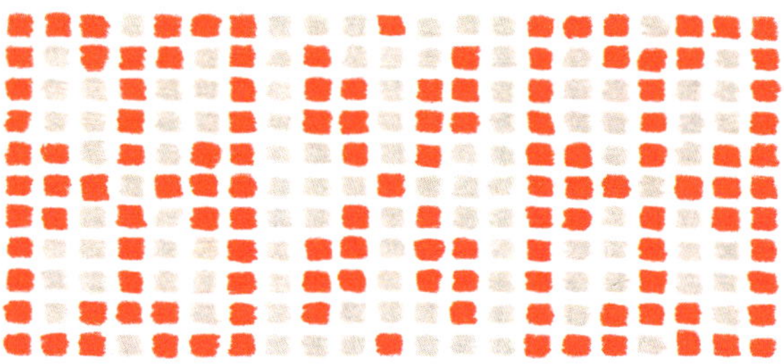

Grösse: 35/36 (37/38) 39 (40/41) 42/43

Länge: 23 (24) 25 27 cm

Umfang: 18 (18) 20 (20) 20 cm

Material: Järbo Garn Junior Raggi (75 % superwash Wolle, 25 % Polyamid, 50 g = 200 m)

Menge: GF = 50 g light Grey (Nr. 68403), MF = 50 g warm red (Nr. 68406)

Nadelspiel: 2 mm und 2,5 mm

Maschenprobe: 32 M × 46 R = 10 cm × 10 cm im Muster auf Nadelstärke 2,5 mm

Konstruktion: Die Socken werden von der Spitze mit nachträglicher Ferse gestrickt, s. S. 192.

Strickkurs: Judys magischer Anschlag, s. S. 194.

1 M li neig zun = 1 M links neigend zunehmen, s. S. 196.

1 M re neig zun = 1 M rechts neigend zunehmen, s. S. 196.

Verkürzte R und Wickelmaschen, s. S. 194.

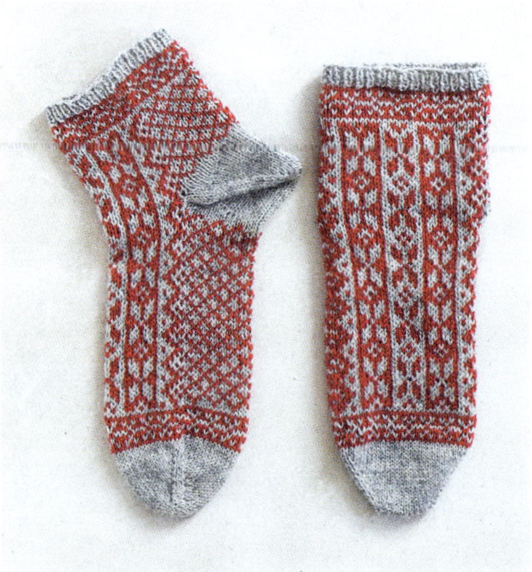

SPITZE

Auf Nadelspiel 2,5 mm mit GF 22 (22) 26 (26) 26 M auf 2 Nadeln (11 [11] 13 [13] 13 M pro Nadel) mit Judys magischem Anschlag anschlagen.

Rd 1: Eine Rd rechts str, dabei die Maschen auf 4 Nadeln verteilen.

Rd 2: 2 M re, 1 M li neig zun, bis zur letzten M auf Nadel 2 re, 1 M re neig zun, 1 M re. Nadel 3: 2 M re, 1 M li neig zun, bis zur letzten M auf Nadel 4 re, 1 M re neig zun, 1 M re.

Rd 1 und 2 wdh bis zu insg 62 (62) 70 (70) 70 M. 1.–31. (1.–31.) 1.–35. (1.–35.) 1.–35. M = Spann. 32.–62. (32.–62.) 36.–70. (36.–70.) 36.–70. M = Sohle.

1 Rd rechts str.

FUSS

Größe 35/36, 37/38: Laut Strickschrift A1 str (1.–31. M, 2-mal pro Rd), Rd 1–7.

Dann weiter laut Strickschrift B1 (1.–38. M, dann bis RdEnde 35.–38. M wdh), Rd 1–13. Dann Rd 2–13 wdh bis die Socke 18 (19) - (-) – cm misst. Mit Rd 2, 6 oder 10 enden, damit das Muster hinten gut aussieht.

Größe 39, 40–41 und 42–43 : Laut Strickschrift A2 str (1.–35. M, 2-mal pro Rd), Rd 1–7.

Dann weiter laut Strickschrift B2 (1.–42. M, dann bis RdEnde 39.–42. M wdh), Rd 1–13. Dann Rd 2–13 wdh bis die Socke - (-) 19 (20) 21 cm misst. Mit Rd 2, 6 oder 10 enden, damit das Muster hinten gut aussieht.

FERSE VORBEREITEN

Die SpannM (die 31 [31] 35 [35] 35 ersten M) laut der Strickschrift stricken. Dann die restlichen M der Rd mit GF re str. Nun die eben gestrickten 31 (31) 35 (35) 35 M mit einem Wollrest abstricken. (Hier wird später, wenn die Socke fertig ist, die Ferse nachträglich angestrickt.) Wieder zurück zur ersten mit dem Wollrest gestrickten M gehen und die 31 (31) 35 (35) 35 letzten M der Rd erneut stricken, dieses Mal mit GF.

BEIN

Weiter laut Strickschrift str, bis 5 (5) 5 (6) 6 Wdh der „Schneerosen" gestrickt wurden. Mit Rd 2 enden. 1 Rd mit GF str.

Nun ein abschließendes Band laut A1 oder A2 str, wie vorher bei der Spitze.

RIPPENBUND

Mit GF: 2 Rd re str.

Auf Nadelspiel 2 mm wechseln und 4 Rd im Rippenmuster str (= 1 M re, 1 M li). Im Muster abketten und Faden abschneiden.

FERSE

Mit Nadelspiel 2,5 mm: Den eingestrickten Wollrest entfernen und die 62 (62) 70 (70) 70 frei werdenden M auf 4 Nadeln verteilen.

Mit GF: Zurück zum Rd-Beginn und 1 Rd re.

Verkürzte R 1: 8 M re, M umwickeln, wenden.

Verkürzte R 2: 16 M li, M umwickeln, wenden.

Verkürzte R 3: 14 M re, M umwickeln, wenden.

Verkürzte R 4: 12 M li, M umwickeln, wenden.

Verkürzte R 5: 10 M re, M umwickeln, wenden.

Verkürzte R 6: 8 M li, M umwickeln, wenden.

Verkürzte R 7: 43 (43) 47 (47) 47 M re, M umwickeln, wenden. Dabei die Wickelmaschen str, die auftauchen.

Verkürzte R 8: 16 M li, M umwickeln, wenden.

Verkürzte R 9: 14 M re, M umwickeln, wenden.

Verkürzte R 10: 12 M li, M umwickeln, wenden.

Verkürzte R 11: 10 M re, M umwickeln, wenden.

Verkürzte R 12: 8 M li, M umwickeln, wenden.

Bis RdEnde re str.Dabei die Wickelmaschen str, die auftauchen.

1 Rd re str. Dabei die Wickelmaschen str, die auftauchen.

AbnahmeRd: *1 M re, 1 M abh, 1 M re, dann die abgehobene M über die gestrickte ziehen. Bis zu den letzten 3 FersenM weiterstr, 2 M re zus, 1 M re*. Von * bis * 1-mal wdh = 4 M abgenommen.

1 Rd re str.

In jeder 2. Rd die Abnahmen wdh und die restl Rd re str, bis noch 22 (22) 26 (26) 26 M übrig sind.

MIT DREI NADELN ABKETTEN

Die Maschen auf 2 Nadeln verteilen – SpannM auf die eine und SohlenM auf die andere. Faden abschneiden, aber genug zum Abketten stehen lassen. Die Nadeln rechts auf rechts parallel halten.

Wie folgt abketten: *2 Maschen (je 1 SpannM und 1 SohlenM) rechts zusammenstricken (= 1 M von jeder Nadel). Die zuerst gestrickte Masche über die zweite ziehen*. Von * bis * wdh bis alle Maschen abgekettet sind. Faden abschneiden und alle Fäden vernähen. Die zweite Socke genauso stricken.

A2

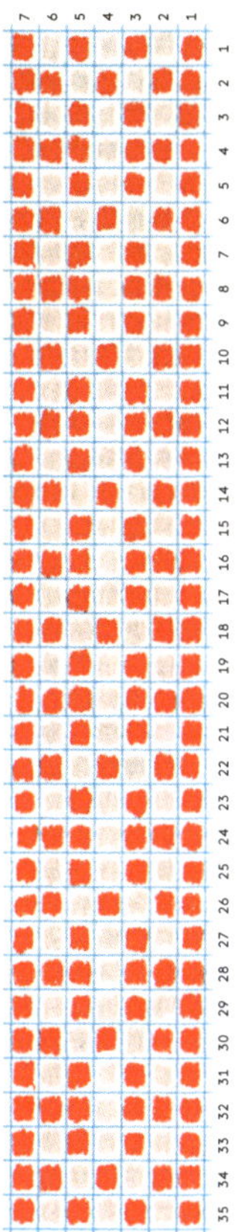

B2

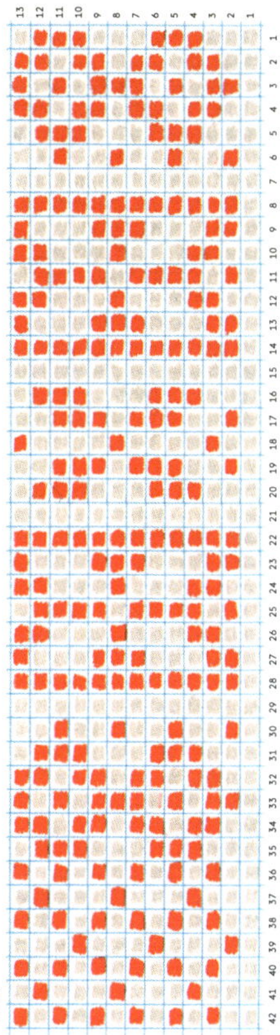

A1

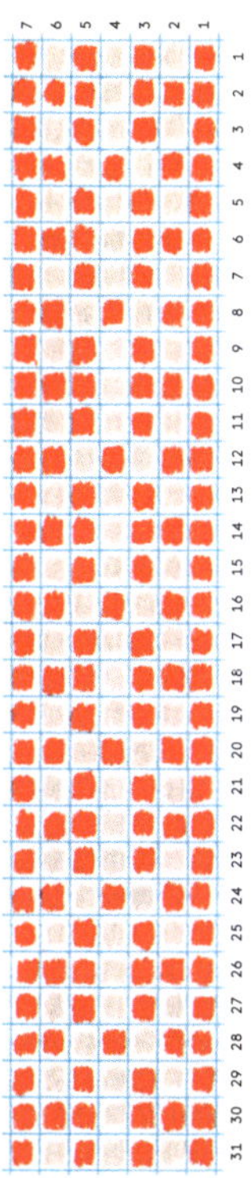

B1

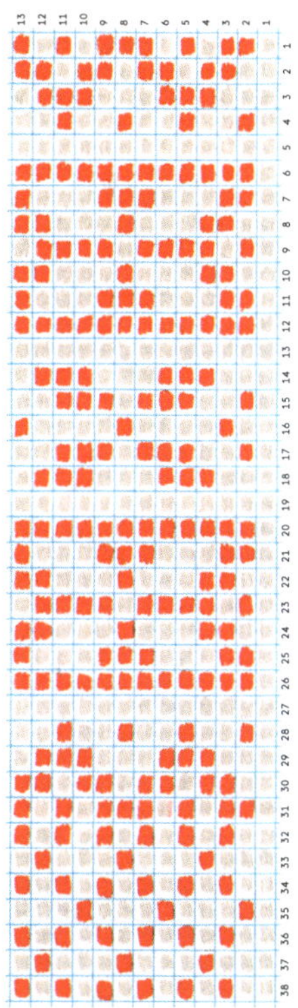

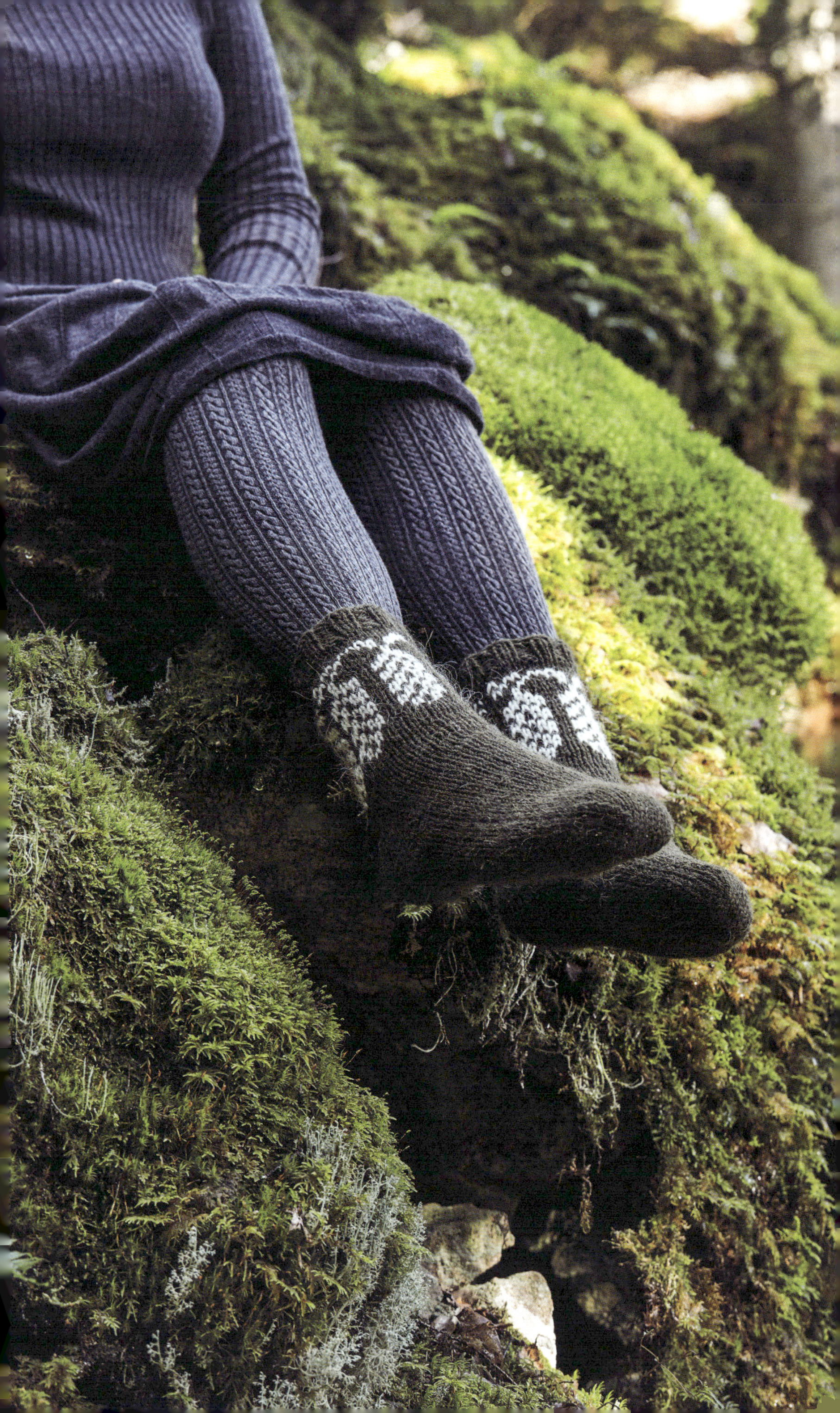

Wald

In den Wäldern rund um das Dorf Norra Fjäll in Värmland hängen Zapfen wie Girlanden in den Tannen. Dort liegt auch Svartas Berg mit seiner dramatischen Felswand und uralten Klippen. Mit warmen Socken an den Füßen klettere ich weich über die vermoosten Steine.

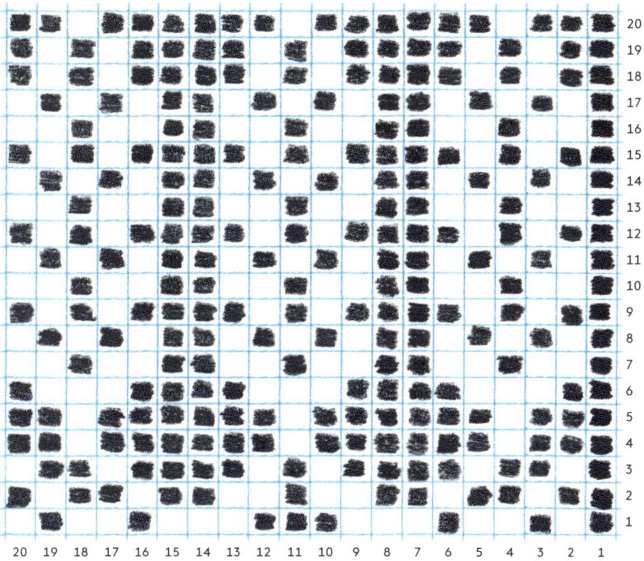

Grösse: 34/35 (36/37) 38/39 (40/41) 42/43 (44/45)

Länge: 21,5 (23) 24,5 (25,5) 27 (28) cm

Umfang: 20 (20) 22 (22) 24 (24) cm

Material: Hosuband (80 % isländische Wolle, 20 % Polyamid,ca. 100 g = 133 m)

Menge: GF = 200 g dark mossgreen (Nr. 21612), MF = 100 g white (Nr. 21602)

Nadelspiel: 3,5 mm und 4 mm

Zubehör:1 Maschenmarkierer

Maschenprobe: 18 M × 28 R = 10 cm × 10 cm im Muster auf Nadelstärke 4 mm

Konstruktion: Die Socken werden von oben und mit Fleegleferse (auch Keilferse genannt) gestrickt, s. S. 192.

Strickkurs: 1 M li neig zun = 1 M links neigend zunehmen, s. S. 196.

1 M re neig zun = 1 M rechts neigend zunehmen, s. S. 196.

1 M re abh = 1 M wie zum rechts Stricken von der linken auf die rechte Nadel abheben (Faden hinter der Arbeit).

BEIN

Mit Nadelspiel 3,5 mm und GF: 40 (40) 40 (40) 44 (44) M anschlagen und gleichmäßig auf 4 Nadeln verteilen.

3 cm Rippen str (2 M re, 2 M li).

Auf Nadelspiel 4 mm wechseln. 2 Rd re str.

Laut Strickschrift str, Rd 1–20 (1.–20. M 2-mal in jeder Rd wdh). Bei den Größen 42/43 und 44/45 nach der 20. M der Strickschrift immer 2 M mit GF str.

1 Rd re mit GF str.

AbnahmeRd: 4 (4) 0 (0) 0 (0) M gleichmäßig verteilt abn = 36 (36) 40 (40) 44 (44) M.

ZWICKEL

1.–18. (1.–18.) 1.–20. (1.–20.) 1.–22. (1.–22.) M = Spann. 19.–36. (19.–36.) 21.–40. (21.–40.) 23.–44. (23.–44.) M = Sohle. Wie folgt beidseitig an der Sohle zunehmen:

Rd 1: Spann: Rechts str, Sohle: 1 M re, 1 M li neig zun, bis zur letzten M re, 1 M re neig zun, 1 M re.

Rd 2: Rechts str.

Rd 1 und 2 wdh bis zu 34 (34) 38 (38) 42 (42) SohlenM. Mit Rd 2 enden

FERSE

SpannM glatt rechts. Dann zwischen die beiden mittleren SohlenM einen Maschenmarkierer setzen.

Die Sohle wird jetzt in Reihen glatt rechts gestrickt und dabei wie folgt beidseitig abgenommen: R 1 (HinR): Bis MM str, 2 M re, 2 M re zus, 1 M re, wenden.

R 2 (RückR): 1 M li abh, Faden anziehen und bis MM str. 2 M li, 2 M li ver zus (= die folgenden 2 M nacheinander wie zum re Stricken abheben, dann zurück auf die linke Nadel schieben, sie sind verdreht, und sie links ver zusammenstricken), 1 M li, wenden.

R 3 (HinR): 1 M re abh und Faden anziehen, bis 1 M vor der Lücke re. 1 M vor und 1 M nach der Lücke zus str (= 2 M re zus), 1 M re, wenden.

R 4 (RückR): 1 M li abh und Faden anziehen, bis 1 M vor der Lücke li. Die M vor und nach der Lücke zus str (= 2 M li ver zus), 1 M li, wenden.

R 3 und 4 wdh bis nach einer RückR noch 1 ungestrickte M übrig ist. Wenden.

Nächste R (HinR): Wie R 3, aber nicht wenden, sondern über den Spann weiterstricken.

Nächste Rd: Spann: Rechts str, Sohle: 1 M re, 2 M re ver zus, bis zu den letzten 3 M re, 2 M re zus, 1 M re.

Nächste Rd: Spann: Rechts str, Sohle: 1 M re, 2 M re ver zus, restl M re. Jetzt sind es wieder 18 (18) 20 (20) 22 (22) SohlenM, insg 36 (36) 40 (40) 44 (44) M.

FUSS

Glatt rechts str bis der Fuß 18 (19,5) 20 (22) 22,5 (23,5) cm misst.

SPITZE

AbnahmeRd: 1 M re, 1 M abh, 1 M re, dann die abgehobene M über die gestrickte ziehen. Bis zu den letzten 3 M auf Nadel 2 str, 2 M re zus, 1 M re. Nadel 3: 1 M re, 1 M abh, 1 M re, dann die abgehobene M über die gestrickte ziehen. Bis zu den letzten 3 M auf Nadel 4 str, 2 M re zus, 1 M re = 4 M abgenommen.

Die Abnahmen in jeder 2. Rd wdh bis noch 16 (16) 16 (20) 20 (20) M übrig sind.

MIT DREI NADELN ABKETTEN

Die Maschen auf 2 Nadeln verteilen – SpannM auf die eine und SohlenM auf die andere. Faden abschneiden, aber genug zum Abketten stehen lassen. Die Nadeln rechts auf rechts parallel halten.

Wie folgt abketten: *2 Maschen (je 1 SpannM und 1 SohlenM) rechts zusammenstricken (= 1 M von jeder Nadel). Die zuerst gestrickte Masche über die zweite ziehen*. Von * bis * wdh bis alle Maschen abgekettet sind. Faden abschneiden und alle Fäden vernähen.

Bei der zweiten Socke wird die Strickschrift spiegelverkehrt gestrickt, also von links nach rechts.

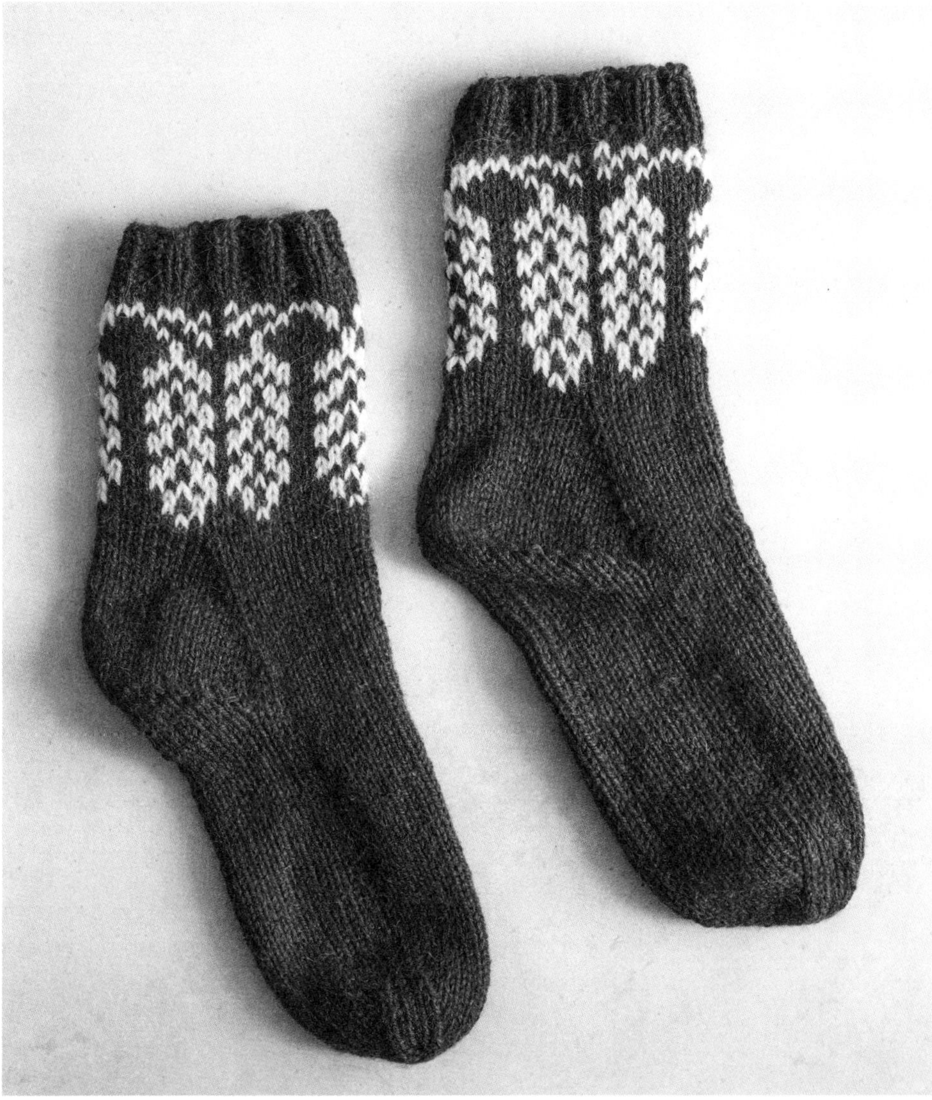

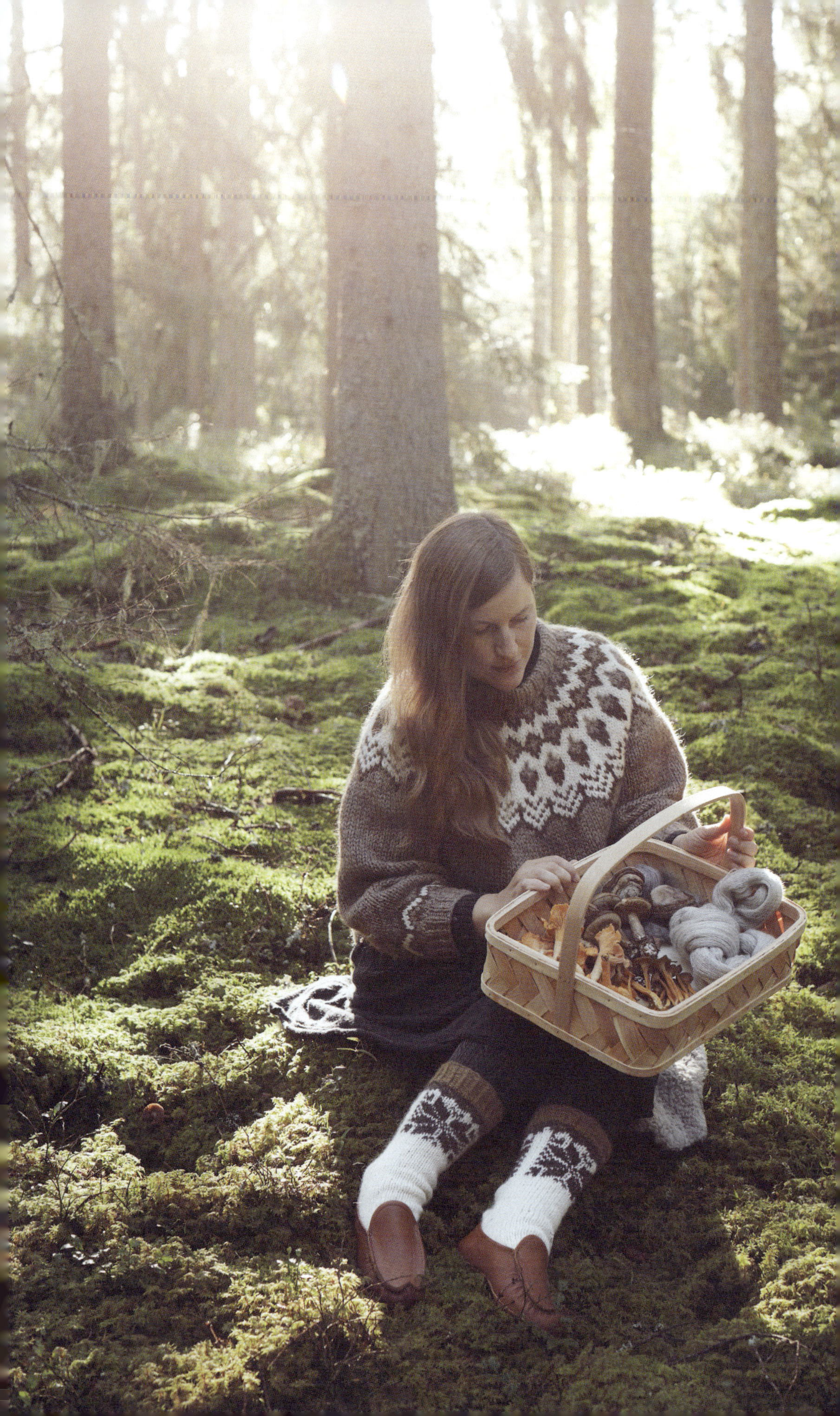

Halm

Diese rustikalen Wanderstrümpfe werden aus isländischer Wolle gestrickt, die wunderbar wärmt, wenn man draußen ist. Das Bein schmückt der klassische, achtzackige Stern. Der Stern gilt seit Anbeginn der Zeit als Wegweiser – sowohl symbolisch als auch praktisch. Und auch heute noch brauchen wir einen Leitstern auf unserem Lebensweg.

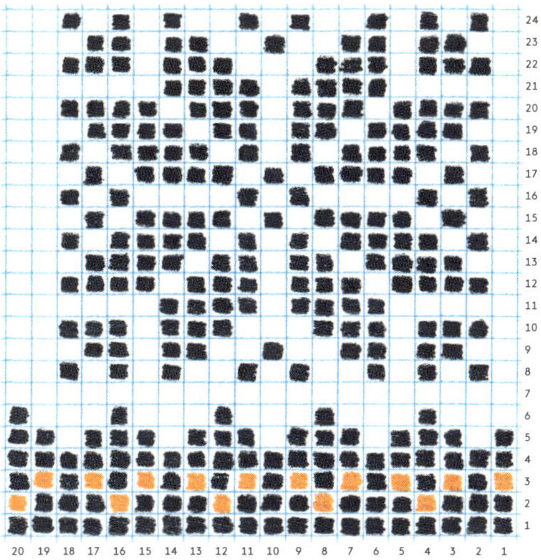

Grösse: 36/37 (38/39) 40/41

Länge: 23 (24,5) 25,5 cm

Umfang: 20 (22) 22 cm

Material: Hosuband (80 % isländische Wolle, 20 % Polyamid, ca 100 g = 133 m) und Lettlopi (100 % isländische Wolle)

Menge: GF = 200 g Hosuband white (Nr. 21602), MF1 = 100 g Lettlopi golden heather (Nr. 19426), MF2 = 50 g Lettlopi black heather (Nr. 10005)

Nadelspiel: 3,5 mm und 4 mm

Zubehör: 1 Maschenmarkierer

Maschenprobe: 18 M × 28 R = 10 cm × 10 cm im Muster auf Nadelstärke 4 mm

Konstruktion: Die Socken werden von oben mit einer Fleegleferse (auch Keilferse genannt) gestrickt, s. S. 192.

Strickkurs: 1 M li neig zun = M links neigend zunehmen, s. S. 196.

1 M re neig zun = 1 M rechts neigend zunehmen, s. S. 196.

1 M re abh = 1 M wie zum rechts Stricken von der linken auf die rechte Nadel abheben (Faden hinter der Arbeit).

1 M li abh: = 1 M wie zum links Stricken von der linken auf die rechte Nadel abheben (Faden vor der Arbeit).

BEIN

Mit Nadelspiel 3,5 mm und MF1 40 M anschlagen und gleichmäßig auf 4 Nadeln verteilen.

5 cm verschränkte Rippen (1 M re ver, 1 M li) str.

Auf Nadelspiel 4 mm wechseln. Laut Strickschrift str, Rd 1–24 (1.–20. M in jeder Rd 2-mal wdh).

3 Rd rechts mit GF str.

Dann in der nächsten Rd 4 (0) 0 M gleichmäßig verteilt abn = 36 40 (40) M.

ZWICKEL

1.–18. (1.–20.) 1.–20. M = Spann. 19.–36. (21.–40.) 21.–40. M = Sohle. Wie folgt an der Sohle beidseitig zunehmen:

Rd 1: Spann: Rechts str, Sohle: 1 M re, 1 M li neig zun, bis zur letzten M re, 1 M re neig zun, 1 M re.

Rd 2: Rechts str.

Rd 1 und 2 wdh bis zu 34 (38) 38 SohlenM. Mit Rd 2 enden.

FERSE

SpannM glatt rechts str. Dann zwischen die beiden mittleren SohlenM einen Maschenmarkierer setzen.

Die Sohle wird jetzt in Reihen glatt rechts gestrickt und dabei wie folgt beidseitig abgenommen:

R 1 (HinR): Bis MM str, 2 M re, 2 M re zus, 1 M re, wenden.

R 2 (RückR): 1 M li abh, Faden anziehen und bis MM str. 2 M li, 2 M li ver zus (= die folgenden 2 M nacheinander wie zum re Stricken abheben, dann zurück auf die linke Nadel schieben (sie sind verdreht), dann links ver zusammenstricken), 1 M li, wenden.

R 3 (HinR): 1 M re abh und Faden anziehen, bis 1 M vor der Lücke re. 1 M vor und 1 M nach der Lücke zus str (= 2 M re zus), 1 M re, wenden.

R 4 (RückR): 1 M li abh und Faden anziehen, bis 1 M vor der Lücke li. 1 M vor und 1 M nach der Lücke zus str (= 2 M li ver zus), 1 M li, wenden. R 3 und 4 wdh bis noch 2 ungestrickte M übrig sind (mit einer HinR enden). Wenden.

Nächste Rd (HinR): Wie R 3, aber nicht wenden, sondern über den Spann weiterstricken.

Nächste Rd: Spann: Rechts str, Sohle: 1 M re, 2 M re ver zus, bis zu den letzten 3 M re, 2 M re zus, 1 M re.

Nächste Rd: Spann: Rechts str, Sohle: 1 M re, 2 M re ver zus, restl M re. Jetzt sind es wieder 18 (20) 20 SohlenM, insg 36 (40) 40 M.

FUSS

Glatt rechts str bis der Fuß 19,5 (20) 22 cm misst.

SPITZE

AbnahmeRd: 1 M re, 1 M abh, 1 M re, dann die abgehobene M über die gestrickte ziehen. Bis zu den letzten 3 M auf Nadel 2 re, 2 M re zus, 1 M re. Nadel 3: 1 M re, 1 M abh, 1 M re, dann die abgehobene M über die gestrickte ziehen. Bis zu den letzten 3 M auf Nadel 4 re, 2 M re zus, 1 M re = 4 M abgenommen.

Die Abnahmen in jeder 2. Rd wdh bis noch 16 (16) 20 M übrig sind.

MIT DREI NADELN ABKETTEN

Die Maschen auf 2 Nadeln verteilen – SpannM auf die eine und SohlenM auf die andere. Faden abschneiden, aber genug zum Abketten übrig lassen. Die Nadeln rechts auf rechts parallel halten.

Wie folgt abketten: *2 Maschen (je 1 SpannM und 1 SohlenM) rechts zusammenstricken (= 1 M von jeder Nadel). Die zuerst gestrickte Masche über die zweite ziehen*. Von * bis * wdh bis alle Maschen abgekettet sind. Faden abschneiden und alle Fäden vernähen. Die zweite Socke genauso stricken

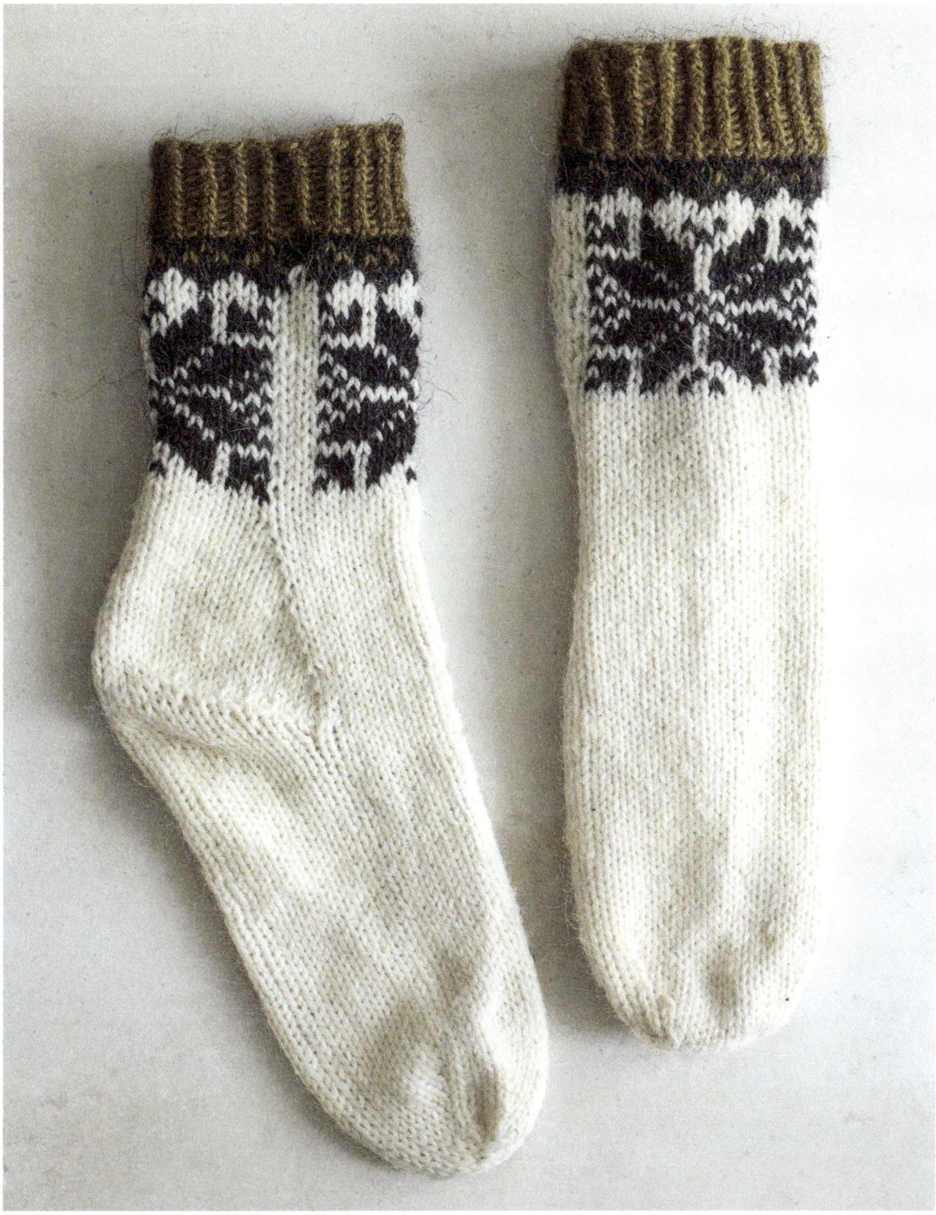

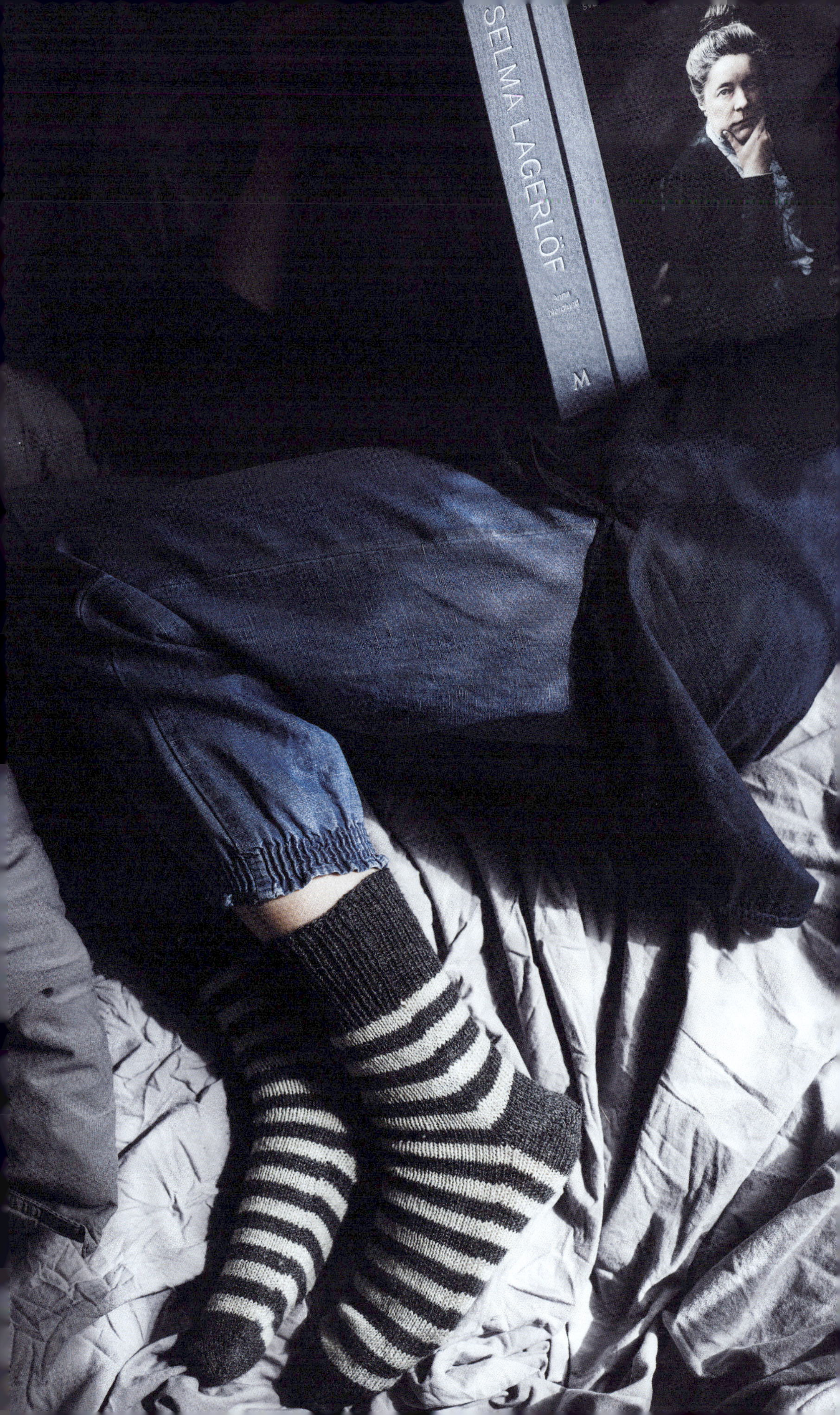
SELMA LAGERLÖF

Nähkränzchen

Nähkränzchen sind „gesellige" Socken, die man schnell auswendig und in der Gesellschaft guter Freunde stricken kann. Die Ferse wird nach einem einfachen Prinzip mit verkürzten Reihen gestrickt und die klassischen Streifen bieten Platz für Farbspiele und kreative Resteverwertung. Ich stricke die Streifen gern mit traditionellen „Schafsfarben" Grau und Braun. Eigentlich müssten die Socken natürlich *Strickkränzchen* heißen. Ich finde es immer wunderbar, gemeinsam zu stricken, egal, ob in großer oder kleiner Gruppe. So gehöre ich zum kleinsten Kränzchen in Arvika, wir sind zu dritt, und zusammen sind wir eine eigene kleine Welt der Erfahrungen und Lebensgeschichten. Vielleicht machen unsere Treffen deswegen so viel Spaß!

GRÖSSE: 22/24 (25/27) 28/30 (31/33) 34/36 (37/38) 39 (40/41) 42/44 (45/46)

LÄNGE: 14,5 (16,5) 18,5 (20,5) 22,5 (23,5) 25 (25,5) 26 (28,5) cm

UMFANG: 15 (15) 16 (16) 17,5 (17,5) 19 (20) 21 (22,5) cm

MATERIAL: Järbo Garn Junior Raggi (75 % superwash Wolle, 25 % Polyamid, 50 g = 200 m)

MENGE: GF = 50 (50) 50 (50) 50 (50) 50 (50) 50 (50) g ash grey (Nr. 68424), MF = 50 (50) 50 (50) 50 (50) 50 (50) 50 (50) g white grey (Nr. 68423)

NADELSPIEL: 2,5 mm und 2 mm

MASCHENPROBE: 32 M × 46 R = 10 cm × 10 cm glatt rechts auf Nadelstärke 2,5 mm

KONSTRUKTION: Die Strümpfe werden von der Spitze und mit Bumerangferse gestrickt, s. S. 193.

STRICKKURS: Judys magischer Anschlag, s. S. 194.

1 M LI NEIG ZUN = 1 M links neigend zunehmen, s. S. 196.

1 M RE NEIG ZUN = 1 M rechts neigend zunehmen, s. S. 196.

VERKÜRZTE R und WICKELMASCHEN, s. S. 194.

SPITZE

Auf Nadelspiel 2,5 mm mit GF 12 (12) 16 (16) 20 (20) 24 (24) 24 (24) M auf 2 Nadeln mit Judys magischem Anschlag anschlagen.

Rd 1: Eine Rd rechts str, dabei die Maschen auf 4 Nadeln verteilen.

Rd 2: 2 M re, 1 M li neig zun, bis zur letzten M auf Nadel 2 re, 1 M re neig zun, 1 M re. Nadel 3: 2 M re, 1 M li neig zun, bis zur letzten M auf Nadel 4 re, 1 M re neig zun, 1 M re.

Rd 1 und 2 wdh bis zu insg 48 (48) 52 (52) 56 (56) 60 (64) 68 (72) M.

1.–24. (1.–24.) 1.–26. (1.–26.) 1.–28. (1.–28.) 1.–30. (1.–32.) 1.–34. (1.–36.) M = Spann.

25.–48. (25.–48.) 27.–52. (27.–52.) 29.–56. (29.–56.) 31.–60. (33.–64.) 35.–68. (37.–72.) M= Sohle.

1 Rd rechts str.

FUSS

Der Fuß besteht aus glatt rechts gestrickten Streifen (1 Streifen = 5 Rd). Mit einem Streifen in MF beginnen. Weiter Streifen str, bis die Socke ca. 10 (12) 14 (16) 18 (19) 21 (21) 21 (23) cm misst. Mit einem Streifen in MF enden.

Mit GF: 2 Rd rechts stricken.

FERSE

Die Ferse wird in Reihen über die hinteren, mittleren 24 (24) 26 (26) 28 (28) 30 (32) 34 (36) M gestrickt. Zuerst 24 (24) 26 (26) 28 (28) 30 (32) 34 (36) SpannM str, dann die Ferse.

R 1 (HinR): Bis zur letzten M re, M umwickeln, wenden.

R 2 (RückR): Bis zur letzten M li, M umwickeln, wenden.

R 3: Bis 1 M vor WendeM der vorigen R re, M umwickeln, wenden.

Rd 4: Bis 1 M vor der WendeM der vorigen R li, M umwickeln, wenden.

R 3 und 4 wdh bis alle außer 8 (8) 8 (8) 10 (10) 10 (10) 12 (12) M umwickelt sind.

Jetzt ist die Hälfte der Ferse gestrickt, bis jetzt wurden die R immer kürzer. In der zweiten Hälfte werden die R immer länger.

R 1: Bis zur ersten WickelM re, die WickelM re, die nächste M umwickeln, wenden.

R 2: Bis zur ersten WickelM li, die WickelM li, die nächste M umwickeln, wenden.

R 3: Bis zur nächsten WickelM re, beide Wickel mit der M zus re str, die nächste M umwickeln, wenden.

R 4: Bis zur nächsten WickelM li, beide Wickel auf die Nadel heben und mit der M zus li str, die nächste M umwickeln, wenden.

R 3–4 wdh bis alle M gestrickt wurden (mit einer HinR enden).

Nächste Rd: Spann: Rechts str, Sohle: Die letzte WickelM mit den Wickeln str, 23 (23) 25 (25) 27 (27) 29 (31) 33 (35) M re. Jetzt sind es wieder 24 (24) 26 (26) 28 (28) 30 (32) 34 (36) FersenM.

1 Rd rechts str.

BEIN

Noch 7 Streifen str – mit einem Streifen in MF beginnen und enden.

RIPPENBUND

Mit GF und Nadelspiel 2 mm: 1 Rd re. Nun 8 cm Rippen str (= 1 M re, 1 M li).

Im Muster abketten und Faden abschneiden. Fäden vernähen.

Die zweite Socke genauso stricken.

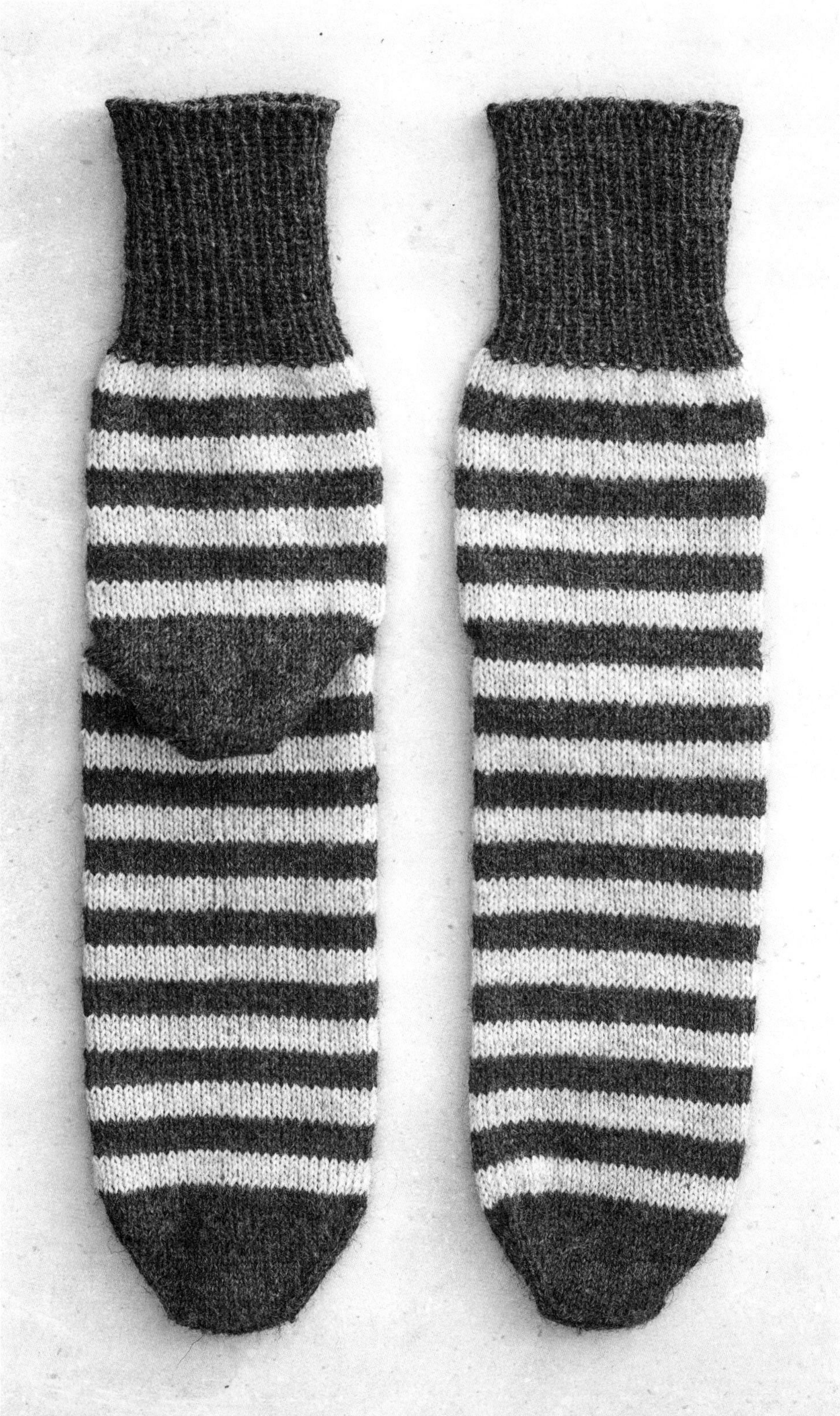

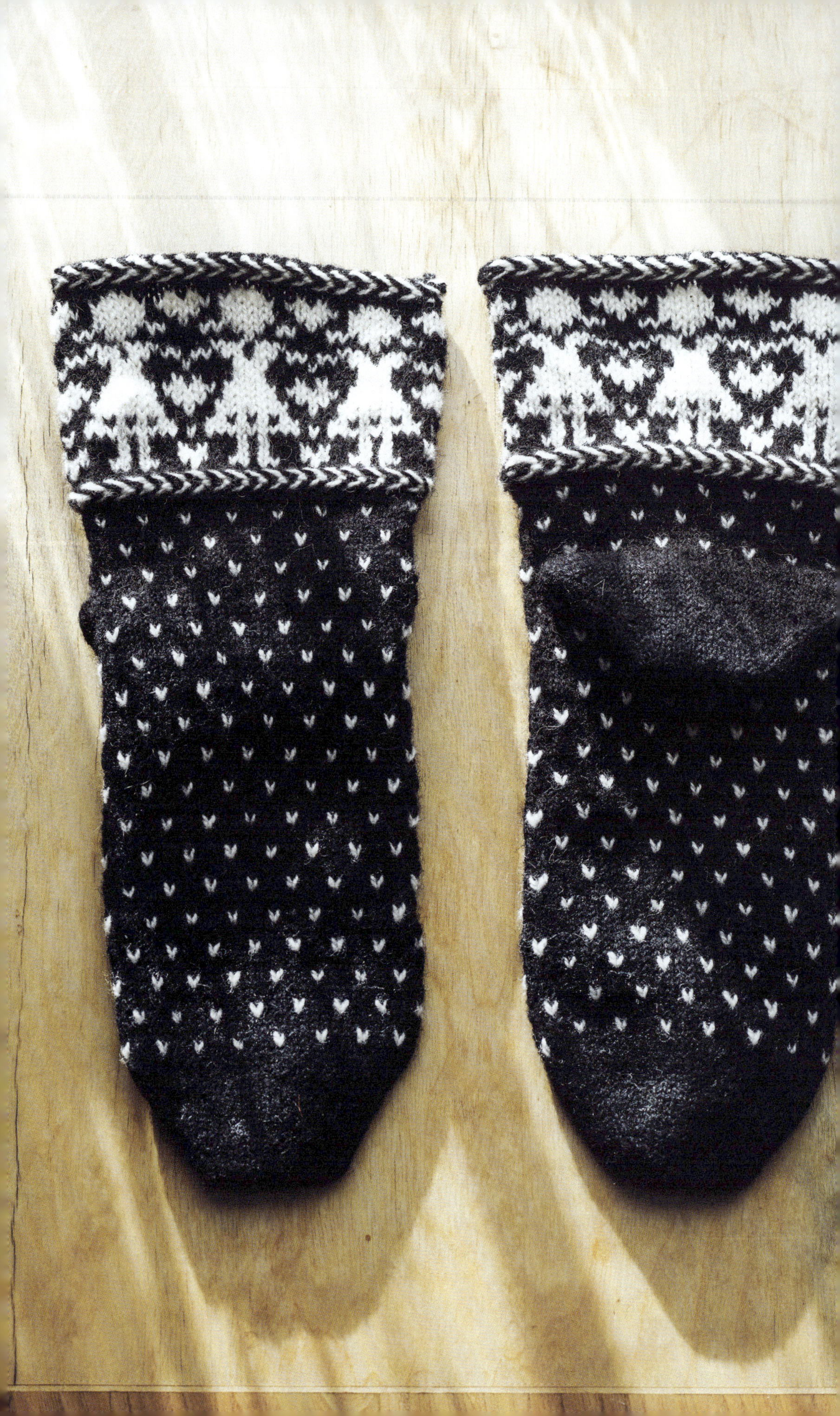

Schwestern

Die Anleitung *Schwestern* aus meinem Buch *35 Handschuhe* hat viele Leserinnen bewegt und einige haben mir erzählt, wo ihre Handschuhe gelandet sind. Sie wurden z.B. von Mutter zu Tochter über den Atlantik verschickt, zwei Schwestern strickten je einen Handschuh und haben das Paar ihrer dritten Schwester geschenkt, eine Oma strickte für alle ihre Enkelinnen Handschuhe zu Weihnachten. Eigentlich sind wir alle Schwestern. Junge und Alte, Lebende wie Tote. Hier können wir zusammen sein. Vielleicht berührt dieses Muster deswegen so sehr?

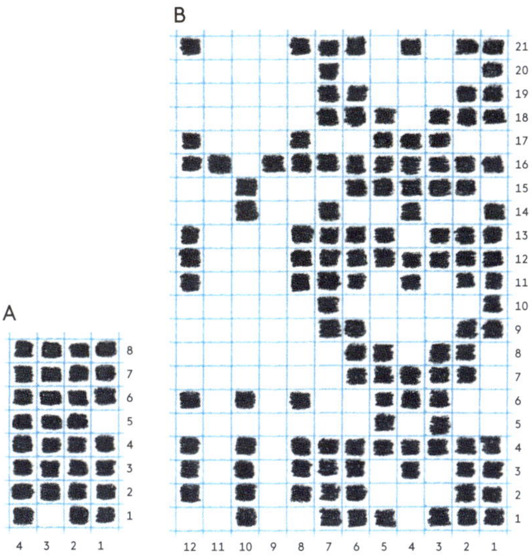

GRÖSSE: 36/37 (38/40) 41/43
LÄNGE: 23 (25) 27 cm
FUSSUMFANG: 20 cm
BEINUMFANG: 24 cm
MATERIAL: 2 tr. Rauma Garn Gammelserie (100 % norwegische Wolle, 50 g = 160 m)
MENGE: GF = 100 g Schwarz (Nr. 436), MF = 50 g Natur (Nr. 401)

NADELSPIEL: 2,5 mm
MASCHENPROBE: 30 M × 40 R = 10 cm × 10 cm im Muster auf Nadelstärke 2,5 mm
KONSTRUKTION: Die Socken werden von der Spitzen mit einer nachträglichen Ferse (s. S. 192) und einem Bund mit zwei lettischen Flechtzöpfen gestrickt, s. S. 197.

STRICKKURS: Judys magischer Anschlag, s. S. 194.
1 M LI NEIG ZUN = 1 M links neigend zunehmen, s. S. 196.
1 M RE NEIG ZUN = 1 M rechts neigend zunehmen, s. S. 196.
1 M TIEF ZUN = 1 M tiefer gestochen zunehmen, s. S. 197.
VERKÜRZTE R und WICKELMASCHEN, s. S. 194.

SPITZE

Nadelspiel 2,5 mm mit GF 24 M auf 2 Nadeln (= 12 M pro Nadel) mit Judys magischem Anschlag anschlagen.

Rd 1: Eine Rd rechts str, dabei die Maschen auf 4 Nadeln verteilen.

Rd 2: 2 M re, 1 M li neig zun, bis zur letzten M auf Nadel 2 re, 1 M re neig zun, 1 M re. Nadel 3: 2 M re, 1 M li neig zun, bis zur letzten M auf Nadel 4 re, 1 M re neig zun, 1 M re.

Rd 1 und 2 wdh bis zu 60 M. 1.–30. M = Spann, 31.–60. M = Sohle. 1 Rd rechts.

FUSS

Glatt rechts laut Strickschrift A str (1.–4. M 15-mal pro Rd wdh), Rd 1–8 insg 6 (7) 8-mal. Dann Rd 1.–2. der Strickschrift A.

FERSE VORBEREITEN

Die ersten 30 SpannM wie Rd 3 der Strickschrift A stricken. Dann die folgenden 30 M mit einem Wollrest abstricken. (Hier wird später, wenn die Socke fertig ist, die Ferse nachträglich angestrickt.) Wieder zurück zur ersten mit dem Wollrest gestrickten M gehen, dann die letzten 30 M laut Rd 3 der Strickschrift A stricken.

BEIN

Rd 4–8 laut Strickschrift A str, dann Rd 1–7 derselben Strickschrift.

ZunRd mit GF: *1 M tief zun, 4 M re*. Von * bis * bis RdEnde wdh = 72 M.

BUND

Der Bund beginnt und endet mit lettischen Flechtzöpfen, s. S. 197.

Rd 1: *1 M re mit GF, 1 M re mit MF*. Von * bis * bis RdEnde wdh.

Rd 2: *1 M li mit GF, 1 M li mit MF*. Von * bis * bis RdEnde wdh. Beim Stricken beide Fäden vor der Arbeit halten. Beim Farbwechsel muss die neue Farbe unter der gerade gestrickten geführt werden.

Rd 3: *1 M li mit GF, 1 M li mit MF*. Von * bis * bis RdEnde wdh. Beim Stricken beide Fäden vor der Arbeit halten. Beim Farbwechsel muss die neue Farbe über der gerade gestrickten geführt werden.

Mit GF: 2 Rd re str.

Rechts laut Strickschrift B str (4.–12. M, dann 1.–12. M 5-mal, dann 1.–3. M), Rd 1–21.

2 Rd re mit GF str.

Mit einem lettischen Flechtzopf wie oben beschrieben enden. Faden abschneiden und Fäden vernähen.

FERSE

Jetzt wird die nachträgliche Ferse eingestrickt. Sie wird mit verkürzten R an den Seiten geformt, damit die Socke über dem Spann nicht zu eng sitzt.

Mit GF und Nadelspiel 2,5 mm: Den vorher eingestrickten Wollrest entfernen, dabei 60 M auf 4 Nadeln verteilen.

1 Rd re str, dabei in der rechten Fersenecke beginnen.

Verkürzte R 1: 8 M re, M umwickeln, wenden.

Verkürzte R 2: 16 M li, M umwickeln, wenden.

Verkürzte R 3: 14 M re, M umwickeln, wenden.

Verkürzte R 4: 12 M li, M umwickeln, wenden.

Verkürzte R 5: 10 M re, M umwickeln, wenden.

Verkürzte R 6: 8 M li, M umwickeln, wenden.

Verkürzte R 7: 42 M re, M umwickeln, wenden. Dabei daran denken, die Wickelmaschen mit ihren Wickeln zus zu stricken.

Verkürzte R 8: 16 M li, M umwickeln, wenden.

Verkürzte R 9: 14 M re, M umwickeln, wenden.

Verkürzte R 10: 12 M li, M umwickeln, wenden.

Verkürzte R 11: 10 M re, M umwickeln, wenden.

Verkürzte R 12: 8 M li, M umwickeln, wenden.

Bis RdEnde re str. Dabei daran denken, die Wickelmaschen mit ihren Wickeln zu stricken.

1 Rd re str. Dabei daran denken, die Wickelmaschen mit ihren Wickeln zu stricken.

AbnahmeRd: *1 M re, 1 M abh, 1 M re und die abgehobene M über die gestrickte ziehen. Bis zu den letzten 3 M Sohlen/SpannM re, 2 M re zus, 1 M re*.
Von * bis * 1-mal wdh = 4 M abgenommen.

1 Rd re str.

Die AbnahmeRd in jeder zweiten Rd wdh, bis noch 24 M übrig sind (12 SpannM auf der einen und 12 SohlenM auf der anderen Nadel).

MIT DREI NADELN ABKETTEN

Faden abschneiden, aber genug zum Abketten übrig lassen. Die Nadeln rechts auf rechts parallel halten, s. S. 198.

Wie folgt abketten: *2 Maschen (je 1 SpannM und 1 SohlenM) rechts zusammenstricken (= 1 M von jeder Nadel). Die zuerst gestrickte Masche über die zweite ziehen*.
Von * bis * wdh bis alle Maschen abgekettet sind. Fäden vernähen.

Für die zweite Socke wird die Strickschrift spiegelverkehrt gestrickt, dafür liest man die Strickschrift von links nach rechts anstatt, wie bei der ersten Socke, von rechts nach links.

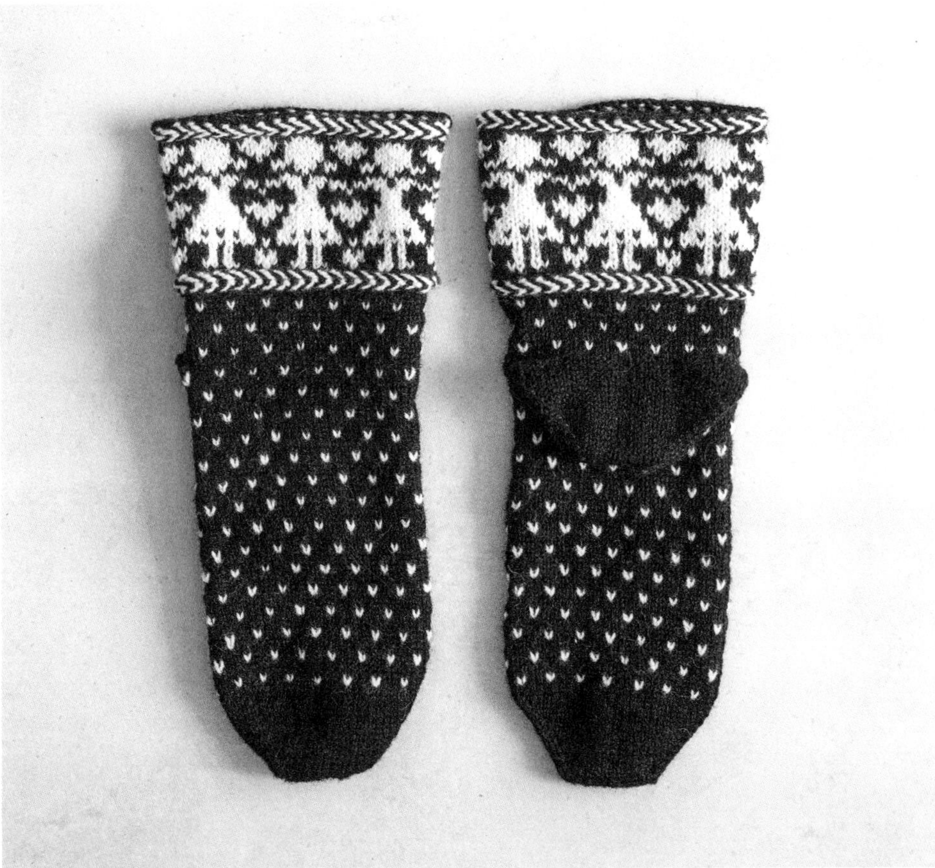

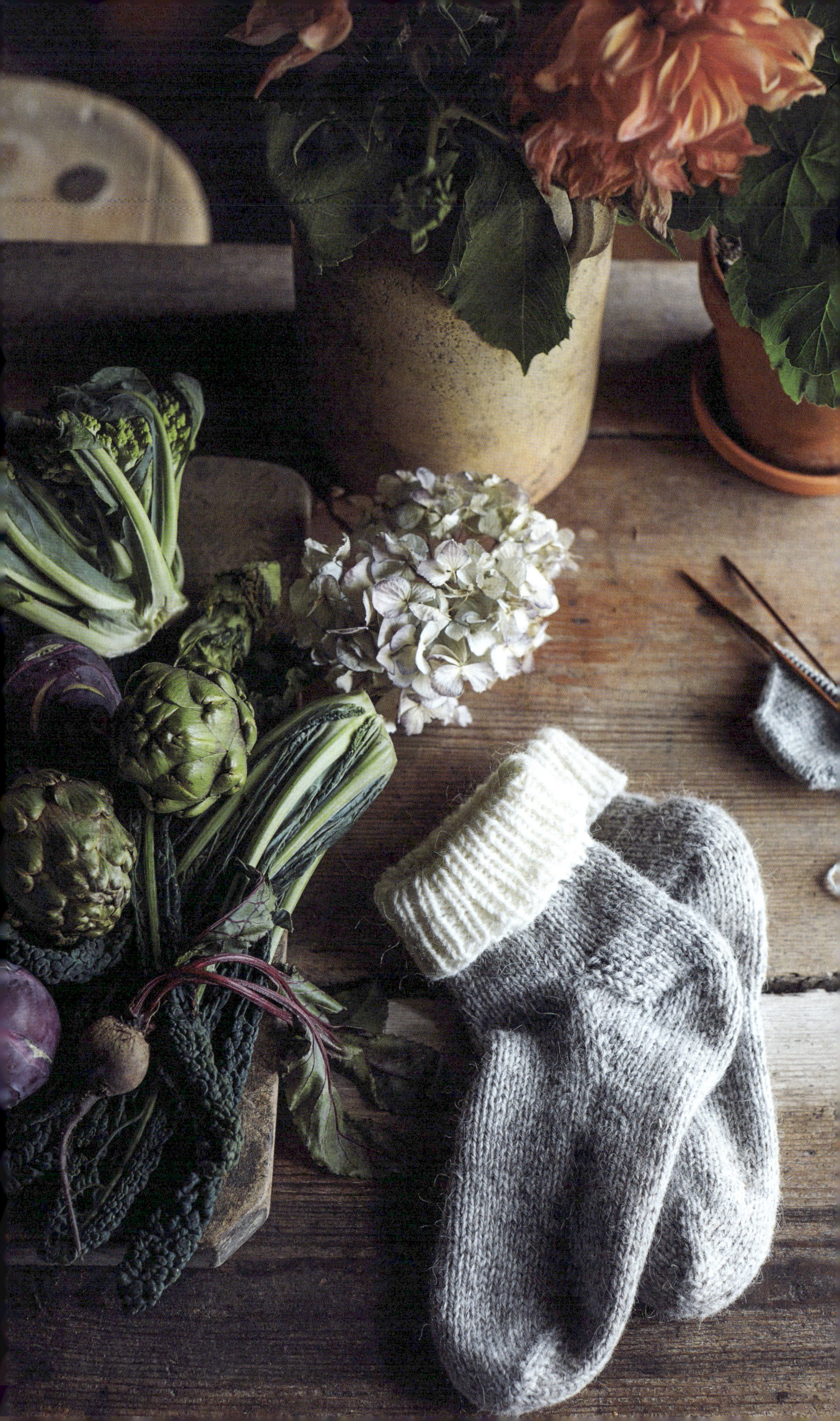

Holzboden

Wie wäre es mit modernen und haltbaren Strümpfen im alten Stil? Ich habe sie auf den Kopf gestellt und in einem klassischen Muster von den Zehen nach oben gestrickt. Die isländische Wolle erinnert vom Charakter an alte Socken. Langfaserig und ein bisschen kratzig – aber so robust wie keine andere. Die perfekten Socken für einen Holzboden!

GRÖSSE: 34/35 (36/37) 38/39 (40/41) 42/43 (44/45)

LÄNGE: 21,5 (23) 24,5 (25,5) 27 (28) cm

UMFANG: 18 (18) 20 (20) 22 (22) cm

MATERIAL: Hosuband (80 % isländische Wolle, 20 % Polyamid, ca. 100 g = 133 m)

Menge: GF = 200 g Light Grey (Nr. 21603), MF: 100 g White (Nr. 21602)

NADELSPIEL: 3,5 mm und 4 mm

ZUBEHÖR: 4 Maschenmarkierer

MASCHENPROBE: 20 M × 28 R = 10 cm × 10 cm glatt rechts auf Nadelstärke 4 mm

KONSTRUKTION: Die Socken werden von der Spitze aus mit einer klassischen Ferse für Socken von der Spitze gestrickt, s. S. 192.

STRICKKURS: Judys magischer Anschlag, s. S. 194.

1 M LI NEIG ZUN = 1 M links neigend zunehmen, s. S. 196.

1 M RE NEIG ZUN = 1 M rechts neigend zunehmen, s. S. 196.

VERKÜRZTE R und WICKELMASCHEN, s. S. 194

SPITZE

Auf Nadelspiel 4 mm mit GF 12 (12) 16 (16) 20 (20) M auf 2 Nadeln mit Judys magischem Anschlag anschlagen.

Rd 1: Eine Rd rechts str, dabei die Maschen auf 4 Nadeln verteilen.

Rd 2: 2 M re, 1 M li neig zun, bis zur letzten M auf Nadel 2 re, 1 M re neig zun, 1 M re. Nadel 3: 2 M re, 1 M li neig zun, bis zur letzten M auf Nadel 4 re, 1 M re neig zun, 1 M re.

Rd 1 und 2 wdh bis zu insg 36 (36) 40 (40) 44 (44) M. 1.–18. (1.–18.) 1.–20. (1.–20.) 1.–22. (1.–22.) M = Spann.

19.–36. (19.–36.) 21.–40. (21.–40.) 23.–44. (23.–44.) M = Sohle.

FUSS

Glatt rechts str bis der Fuß 12 (13,5) 14,5 (15,5) 17 (18) cm misst.

ZWICKEL

Rd 1: Spann: Rechts str, Sohle: 1 M re, 1 M li neig zun, bis zur letzten M re, 1 M re neig zun, 1 M re.

Rd 2: Rechts str.

Rd 1-2 wdh bis zur folgenden Anzahl SohlenM: 30 (30) 32 (32) 34 (34) M. 1 Rd re und dann die SpannM str. Jetzt wird die Ferse gestrickt.

FERSE

Die Ferse wird mit verkürzten Reihen und Wickelmaschen gestrickt und zwar nur mit den Sohlenmaschen. Wie folgt 4 Maschenmarkierer platzieren: MM1 nach der 6. (6.) 6. (6.) 6. (6.) M.

MM2 nach der 11. (11.) 11. (11.) 12. (12.) M.

MM3 nach der 19. (19.) 21. (21.) 22. (22.) M.

MM4 nach der 24. (24.) 26. (26.) 28. (28.) M.

Zwischen MM1 und MM4 liegen die mittleren 18 (18) 20 (20) 22 (22) M, die zum Käppchen werden.

Zwischen MM2 und MM3 liegen 8 (8) 10 (10) 10 (10) M, die zur hinteren Käppchenspitze werden.

R 1 (HinR): Bis 1 M vor MM4 re, M umwickeln, wenden.

R 2 (RückR): Bis 1 M vor MM1 li, M umwickeln, wenden.

R 3 (HinR): Bis 1 M vor WendeM der vorigen R re, M umwickeln, wenden.

R 4 (RückR): Bis 1 M vor WendeM der vorigen Rd li, M umwickeln, wenden.

Rd 3 und 4 wdh bis alle M außerhalb von MM2 und MM3 WickelM sind. Die mittleren 8 (8) 10 (10) 10 (10) M zwischen MM2 und MM3 nicht umwickeln.

Folgende R (HinR): 8 (8) 10 (10) 10 (10) M re. Alle WickelM bis MM4 str wie auf S. 194 für re R beschrieben. Wenden.

Nächste R (RückR): 1 M li abh, bis zu den WickelM li (nach MM2). Alle WickelM bis MM1 str wie auf S. 194 für li R beschrieben.

KÄPPCHEN

Mit dem Käppchen werden gleichzeitig ZwickelM mit den seitlichen FersenwandM zusammen gestrickt.

R 1 (HinR): Wenden und 1 M re abh, dabei den Faden anziehen, bis 1 M vor MM4 re, 2 M re ver zus.

R 2 (RückR): Wenden und 1 M li abh, dabei den Faden anziehen, bis 1 M vor MM1 li, 1 M li zus. Maschenmarkierer entfernen.

R 3 (HinR): Wenden und 1 M re abh (Faden anziehen), bis zur abgeh M re.

Die abgeh M mit der nächsten ZwickelM zus str: 2 M re ver zus (= 1 M vor + 1 M nach der kleinen Lücke, die beim Wenden entsteht).

R 4 (RückR): Wenden und 1 M li abh (Faden anziehen), bis zur abgeh M li. Die abgeh M mit der nächsten ZwickelM zus str:
2 M li zus (= 1 M vor + 1 M nach der Lücke).

R 3-4 wdh bis alle ZwickelM abgenommen sind (mit einer HinR enden).
Bis RdEnde rechts str.

Nächste Rd: Spann: Rechts str, Sohle:
2 M re zus, 17 (17) 19 (19) 21 (21) M re.

Jetzt sind wieder so viele M auf den Nadeln wie zu Beginn, die Ferse ist fertig!

BEIN

8 Rd glatt rechts str.

Zu MF und Nadel 3,5 mm wechseln:
1 Rd re str. 10 cm im Rippenmuster (1 M re, 1 M li) str.

Im Muster abketten und Faden abschneiden.
Fäden vernähen.

Die zweite Socke genauso stricken.

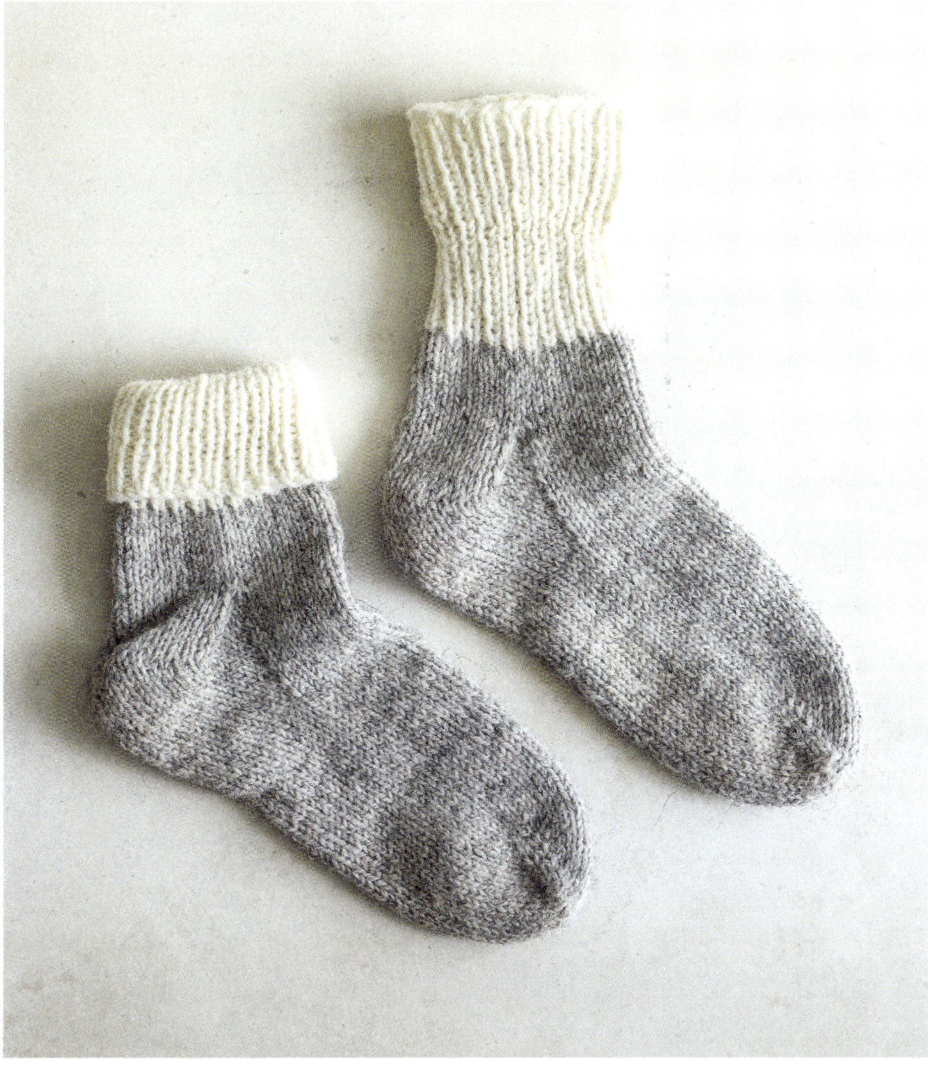

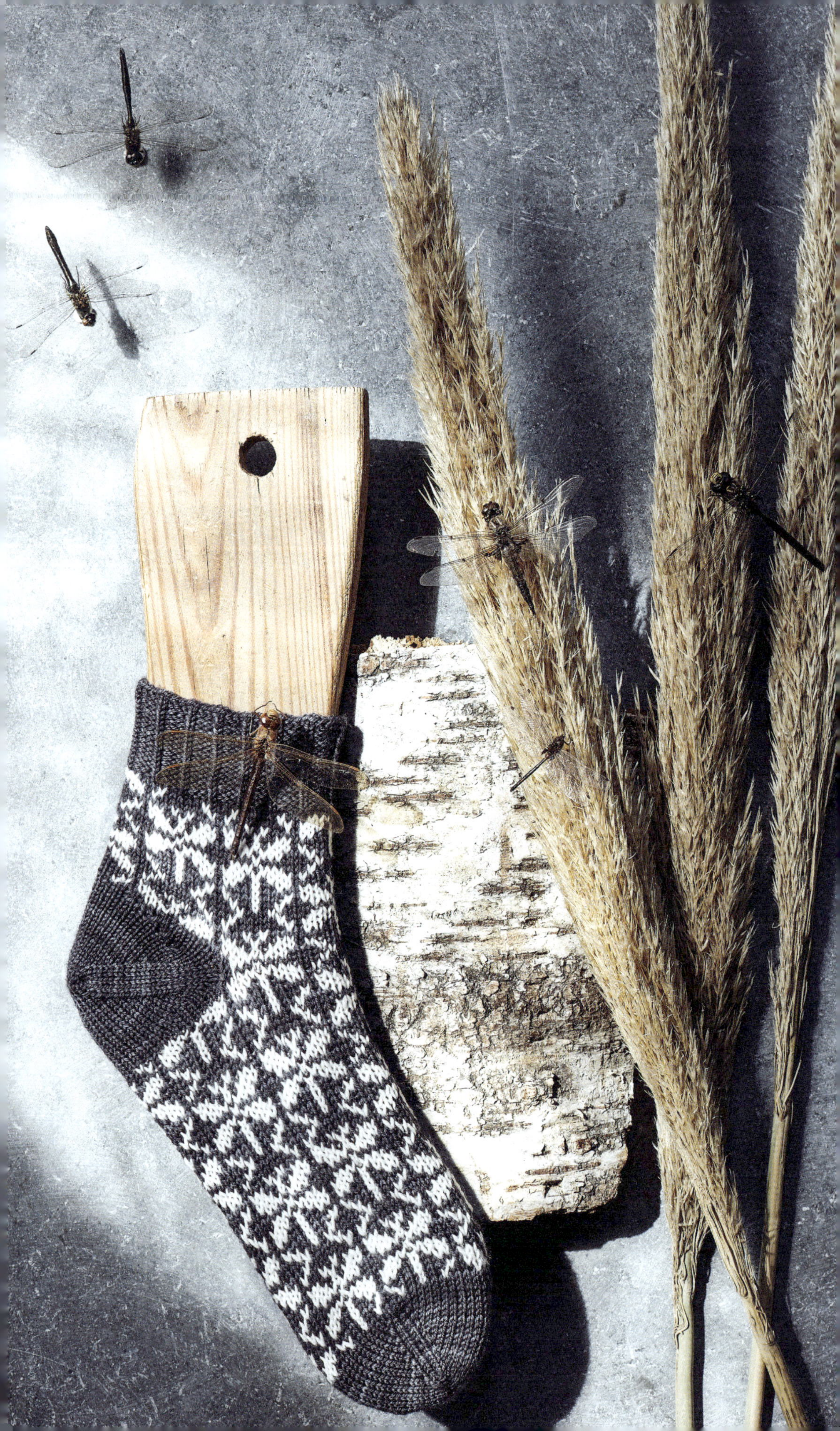

Trollspindel

Dem Volksglauben nach benutzen Trolle Trollspindeln, wenn sie Garn spinnen, und in den Märchen hören wir von ihrer unschlagbaren Handfertigkeit. Sie konnten die Wolle spinnwebfein spinnen und keine menschliche Hand könnte im selben rasenden Tempo arbeiten. Die charakteristische Form der Spindel und ihr Name haben mich zu diesen Socken inspiriert.

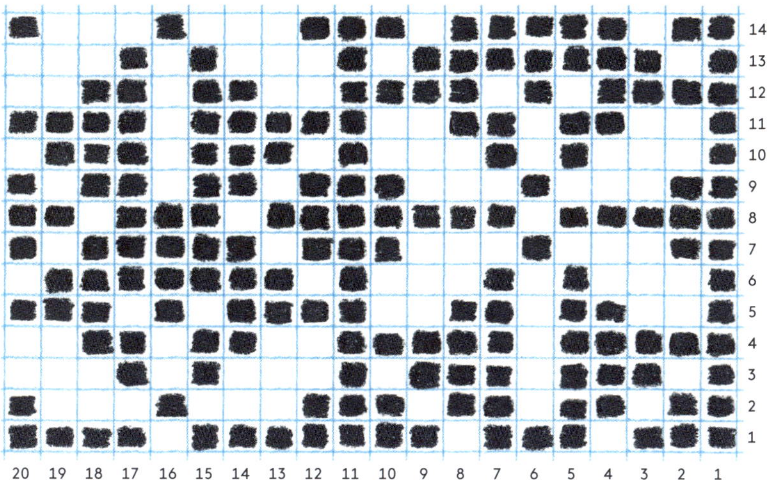

Grösse: 36/37 (38/39) 40
Länge: 23 (25) 27 cm
Umfang: 19 cm
Material: Manos del Uruguay Alegría, (75 % superwash Merino, 25 % Polyamid, 100 g = 425 m)
Menge: GF = 50 g black (Nr. 14758), MF = 50 g natural (Nr. 14749)

Nadelspiel: 2,5 mm und 3 mm
Maschenprobe: 32 M × 40 R = 10 cm × 10 cm im Muster auf Nadelstärke 3 mm
Konstruktion: Die Socken werden von der Spitze aus mit nachträglicher Ferse gestrickt, s. S. 192.
Strickkurs: Judys magischer Anschlag, s. S. 194.

1 M li neig zun = 1 M links neigend zunehmen, s. S. 196.
1 M re neig zun = 1 M rechts neigend zunehmen, s. S. 196.
Verkürzte R und Wickelmaschen, s. S. 194

SPITZE

Auf Nadelspiel 3 mm mit GF 24 M auf 2 Nadeln (= 12 M pro Nadel) mit Judys magischem Anschlag anschlagen.

Rd 1: Eine Rd rechts str, dabei die Maschen auf 4 Nadeln verteilen.

Rd 2: 2 M re, 1 M li neig zun, bis zur letzten M auf Nadel 2 re, 1 M re neig zun, 1 M re. Nadel 3: 2 M re, 1 M li neig zun, bis zur letzten M auf Nadel 4 re, 1 M re neig zun, 1 M re.

Rd 1 und 2 wdh bis zu insg 60 M. 1.–30. M = Spann, 31.–60. M = Sohle.

1 Rd rechts str.

FUSS

Weiter glatt rechts und laut Strickschrift str, (1.–20. M 3-mal pro Rd wdh), Rd 1–14 insg 3 (4) 4-mal. Dann Rd 1–7 insg 1 (0) 1-mal.

DIE FERSE VORBEREITEN

Die ersten 30 SpannM laut Rd 8 (1) 8 der Strickschrift str. Dann die nächsten 30 M mit einem Wollrest stricken. (Hier wird später, wenn die Socke fertig ist, die Ferse nachträglich angestrickt.)

Wieder zurück zur ersten mit dem Wollrest gestrickten M gehen und die letzten 30 M erneut stricken, dieses Mal mit GF. (Damit werden die nächsten M im Muster gesichert, wenn die M später für die Ferse aufgenommen werden.)

BEIN

Wieder laut Strickschrift str, mit Rd 9 (2) 9 beginnen. (Also wieder mit MF.) Bis inklusive 14. Rd str. 1–14 1 (0) 1-mal wdh und dann Rd 1–7 insg 0 (1) 0-mal. MF abschneiden.

2 Rd re mit GF str.

Auf Nadelspiel 2,5 mm wechseln und 16 Rd verschränkte Rippen str (= *1 M re verschr, 3 M li*). Von * bis * bis RdEnde wdh. Im Muster abketten und Faden abschneiden.

FERSE

Jetzt wird die nachträgliche Ferse eingestrickt. Sie wird mit verkürzten R an den Seiten geformt, damit die Socke über dem Spann nicht zu eng sitzt.

Mit GF und Nadelspiel 3 mm: Den vorher eingestrickten Wollrest entfernen, dabei 60 M auf 4 Nadeln verteilen. 1 Rd re str, dabei in der rechten Fersenecke beginnen.

Verkürzte R 1: 8 M re, M umwickeln, wenden.

Verkürzte R 2: 16 M li, M umwickeln, wenden.

Verkürzte R 3: 14 M re, M umwickeln, wenden.

Verkürzte R 4: 12 M li, M umwickeln, wenden.

Verkürzte R 5: 10 M re, M umwickeln, wenden.

Verkürzte R 6: 8 M li, M umwickeln, wenden.

Verkürzte R 7: 42 M re, M umwickeln, wenden. Dabei daran denken, die Wickelmaschen mit ihren Wickeln zus zu stricken.

Verkürzte R 8: 16 M li, M umwickeln, wenden.

Verkürzte R 9: 14 M re, M umwickeln, wenden.

Verkürzte R 10: 12 M li, M umwickeln, wenden.

Verkürzte R 11: 10 M re, M umwickeln, wenden.

Verkürzte R 12: 8 M li, M umwickeln, wenden.

Dabei daran denken, die Wickelmaschen mit ihren Wickeln zus zu stricken.

1 Rd re str. Dabei daran denken, die Wickelmaschen mit ihren Wickeln zus zu stricken.

AbnahmeRd: *1 M re, 1 M abh, 1 M re und die abgehobene M über die gestrickte ziehen. Bis zu den letzten 3 M Sohlen/SpannM re, 2 M re zus, 1 M re*.

Von * bis * 1-mal wdh = 4 M abgenommen.

1 Rd re str.

Die AbnahmeRd in jeder zweiten Rd wdh, bis noch 20 M (10 SpannM auf einer und 10 SohlenM auf der anderen Nadel) übrig sind).

MIT DREI NADELN ABKETTEN

Faden abschneiden, aber genug zum Abketten übrig lassen. Die Nadeln rechts auf rechts parallel halten, s. S. 198.

Wie folgt abketten: *2 Maschen (je 1 SpannM und 1 SohlenM) rechts zusammenstricken (= 1 M von jeder Nadel). Die zuerst gestrickte Masche über die zweite ziehen*. Von * bis * wdh bis alle Maschen abgekettet sind. Fäden vernähen.

Für die zweite Socke wird die Strickschrift spiegelverkehrt gestrickt, dafür liest man die Strickschrift von links nach rechts anstatt, wie bei der ersten Socke, von rechts nach links.

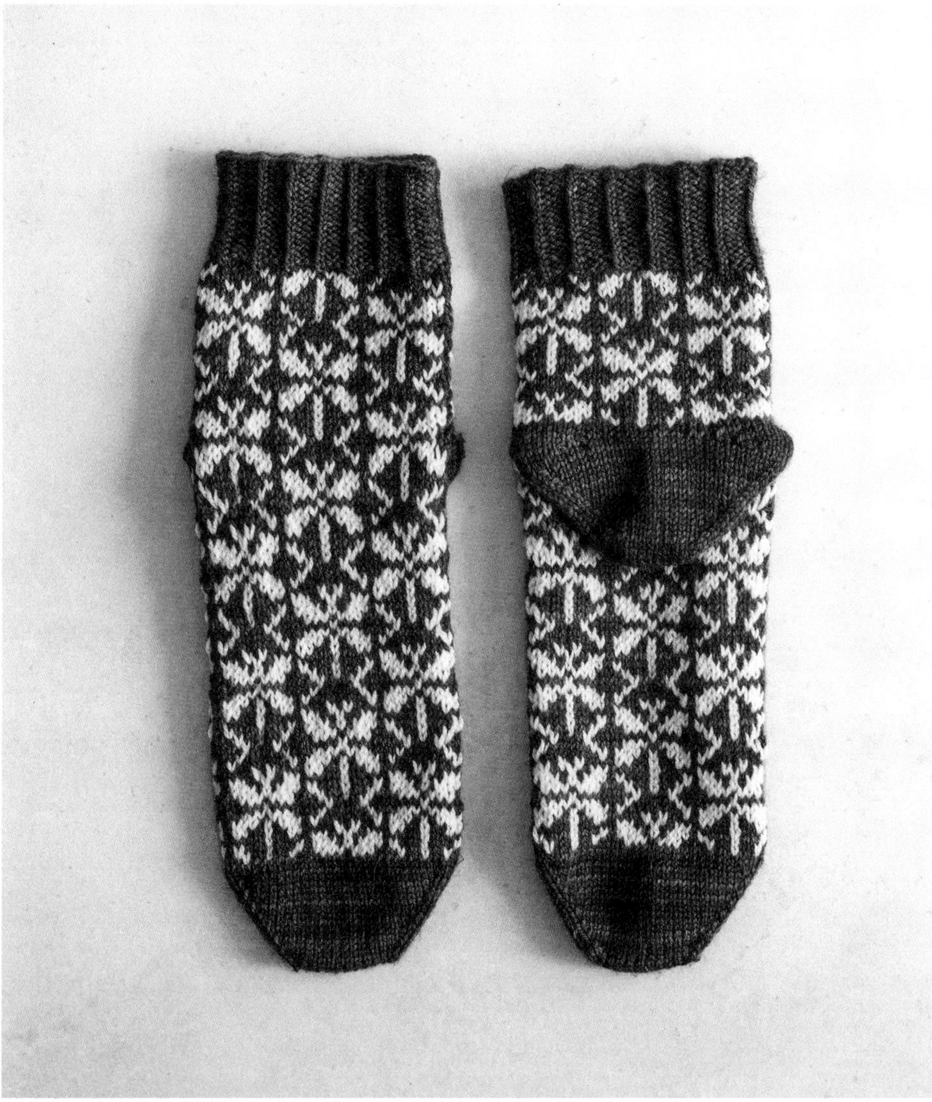

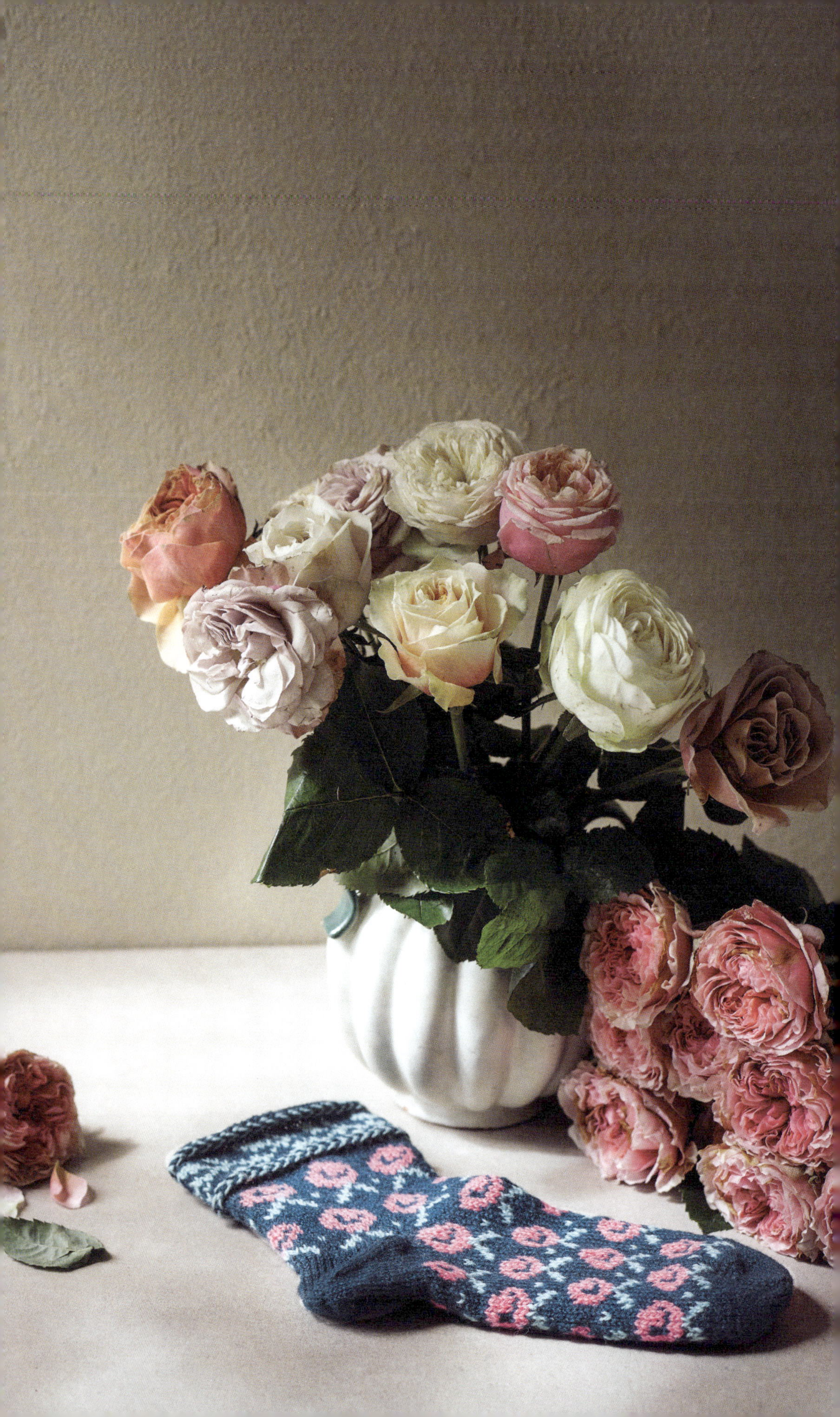

Dornröschen

Märchensocken… ich finde, das klingt so schön. Also habe ich das Muster der *Dornröschenhandschuhe* aus meinem letzten Buch genommen und passende Socken entworfen. Es stellt Dornen und Rosenblüten dar – den Kampf zwischen Gut und Böse, wie so oft im Märchen und im Leben. Märchen spiegeln das Leben selbst – deswegen möchte ich sie nicht missen.

A

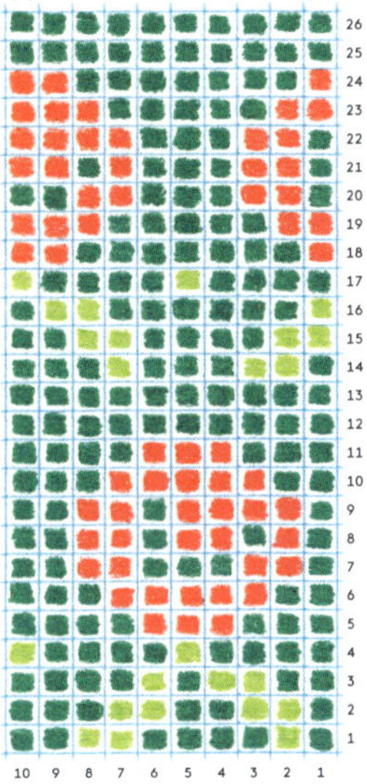

B

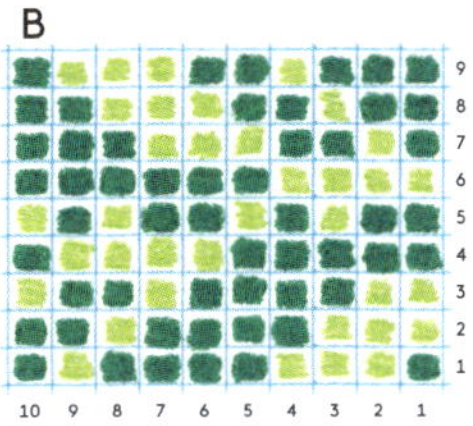

GRÖSSE: 37/39 (40/42)

LÄNGE: 24 (27) cm

UMFANG: 20 cm

BEINUMFANG: 23 cm

MATERIAL: 2 tr. Rauma Garn Gammelserie (100 % norwegische Wolle, 50 g = 160 m) und Rauma Finullgarn Garn (100 % Schurwolle, 50 g = 175 m)

MENGE: GF = 100 g Petrol (Gammelserie Nr. 4902), MF1 = 50 g Minzgrün (Finullgarn, Nr. 4887), MF2 = 50 g Rosa (Finullgarn Nr. 4686)

NADELSPIEL: 2,5 mm

MASCHENPROBE: 30 M × 40 R = 10 cm × 10 cm im Muster auf Nadelstärke 2,5 mm

KONSTRUKTION: Die Socken werden von der Spitze mit nachträglicher Ferse (s. S. 192) und einem Bund mit zwei lettischen Flechtzöpfen, s. S. 197 gestrickt.

STRICKKURS: Judys magischer Anschlag, s. S. 194.

1 M LI NEIG ZUN = 1 M links neigend zunehmen, s. S. 196.

1 M RE NEIG ZUN = 1 M rechts neigend zunehmen, s. S. 196.

1 M TIEF ZUN = 1 M tiefer gestochen zunehmen, s. S. 197.

VERKÜRZTE R und WICKELMASCHEN, s. S. 194.

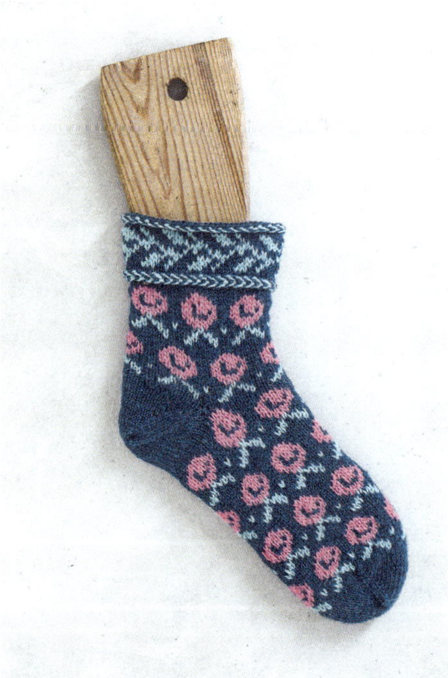

SPITZE

Auf Nadelspiel 2,5 mm mit GF 24 M auf 2 Nadeln (= 12 M pro Nadel) mit Judys magischem Anschlag anschlagen.

Rd 1: Eine Rd rechts str, dabei die Maschen auf 4 Nadeln verteilen.

Rd 2: 2 M re, 1 M li neig zun, bis zur letzten M auf Nadel 2 re, 1 M re neig zun, 1 M re. Nadel 3: 2 M re, 1 M li neig zun, bis zur letzten M auf Nadel 4 re, 1 M re neig zun, 1 M re.

Rd 1 und 2 wdh bis zu insg 60 M. 1.–30. M = Spann, 31.–60. M = Sohle.

1 Rd rechts str.

FUSS

Glatt rechts laut Strickschrift A str.

Größe 37/39: 1.–10. M, Rd 1–26 und dann Rd 1–25.

Größe 40/42: 1.–10. M, Rd 1–26 2-mal und dann Rd 1–12.

DIE FERSE VORBEREITEN

Die ersten 30 SpannM M wie Rd 26 (Rd 13) der Strickschrift A stricken. Dann die folgenden 30 M mit einem Wollrest abstricken. (Hier wird später, wenn die Socke fertig ist, die Ferse nachträglich angestrickt.) Wieder zurück zur ersten mit dem Wollrest gestrickten M gehen dann die letzten 30 M laut Rd 26 (Rd 13) der Strickschrift A stricken.

BEIN

Laut Strickschrift A str.

Größe 37/39: Rd 1–26 und dann 1–12.

Größe 40/42: Rd 14–26, dann 1–25. ZunRd mit GF: *1 M tief zun, 5 M re*. Von * bis * bis zum RdEnde wdh = 70 M.

BUND

Der Bund beginnt und endet mit einem lettischen Flechtzopf, s. S. 197.

Rd 1: *1 M re mit GF, 1 M re mit MF*. Von * bis * bis RdEnde wdh.

Rd 2: *1 M li mit GF, 1 M li mit MF*. Von * bis * bis RdEnde wdh. Beim Stricken beide Fäden vor der Arbeit halten. Beim Farbwechsel muss die neue Farbe unter der gerade gestrickten geführt werden.

Rd 3: *1 M li mit GF, 1 M li mit MF*. Von * bis * bis RdEnde wdh. Beim Stricken beide Fäden vor der Arbeit halten. Beim Farbwechsel muss die neue Farbe über der gerade gestrickten geführt werden.

Mit GF: 2 Rd re.

Glatt rechts laut Strickschrift B str (1.–10. M, 7-mal pro Rd), Rd 1–9.

Mit GF: 2 Rd re.

Auf dieselbe Weise mit einem lettischen Flechtzopf enden. Faden abschneiden und Fäden vernähen.

FERSE

Jetzt wird die nachträgliche Ferse eingestrickt. Sie wird mit verkürzten R an den Seiten geformt, damit die Socke über dem Spann nicht zu eng sitzt.

Mit GF und Nadelspiel 2,5 mm: Den vorher eingestrickten Wollrest entfernen, dabei 60 M auf 4 Nadeln verteilen. 1 Rd re str, dabei in der rechten Fersenecke beginnen.

Verkürzte R 1: 8 M re, M umwickeln, wenden.

Verkürzte R 2: 16 M li, M umwickeln, wenden.

Verkürzte R 3: 14 M re, M umwickeln, wenden.

Verkürzte R 4: 12 M li, M umwickeln, wenden.

Verkürzte R 5: 10 M re, M umwickeln, wenden.

Verkürzte R 6: 8 M li, M umwickeln, wenden.

Verkürzte R 7: 42 M re, M umwickeln, wenden.

Dabei daran denken, die Wickelmaschen mit ihren Wickeln zus zu stricken, wenn sie auftauchen.

Verkürzte R 8: 16 M li, M umwickeln, wenden.

Verkürzte R 9: 14 M re, M umwickeln, wenden.

Verkürzte R 10: 12 M li, M umwickeln, wenden.

Verkürzte R 11: 10 M re, M umwickeln, wenden.

Verkürzte R 12: 8 M li, M umwickeln, wenden. Bis RdEnde re str. Dabei daran denken, die Wickelmaschen mit ihren Wickeln zus zu stricken.

1 Rd re str. Dabei daran denken, die Wickelmaschen mit ihren Wickeln zus zu stricken.

AbnahmeRd: *1 M re, 1 M abh, 1 M re und die abgehobene M über die gestrickte ziehen. Bis zu den letzten 3 M Sohlen/SpannM re, 2 M re zus, 1 M re*. Von * bis * 1-mal wdh = 4 M abgenommen.

1 Rd re str.

Die AbnahmeRd in jeder zweiten Rd wdh, bis noch 24 M (12 SpannM und 12 SohlenM) übrig sind.

MIT DREI NADELN ABKETTEN

Faden abschneiden, aber genug zum Abketten stehen lassen. Die Nadeln rechts auf rechts parallel halten, s. S. 198.

Wie folgt abketten: *2 Maschen (je 1 SpannM und 1 SohlenM) rechts zusammenstricken (= 1 M von jeder Nadel). Die zuerst gestrickte Masche über die zweite ziehen*. Von * bis * wdh bis alle Maschen abgekettet sind.

Fäden vernähen.

Für die zweite Socke wird die Strickschrift spiegelverkehrt gestrickt, dafür liest man die Strickschrift von links nach rechts anstatt, wie bei der ersten Socke, von rechts nach links.

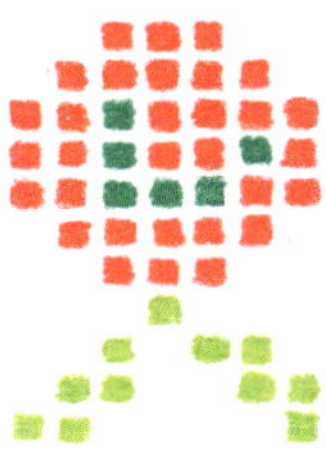

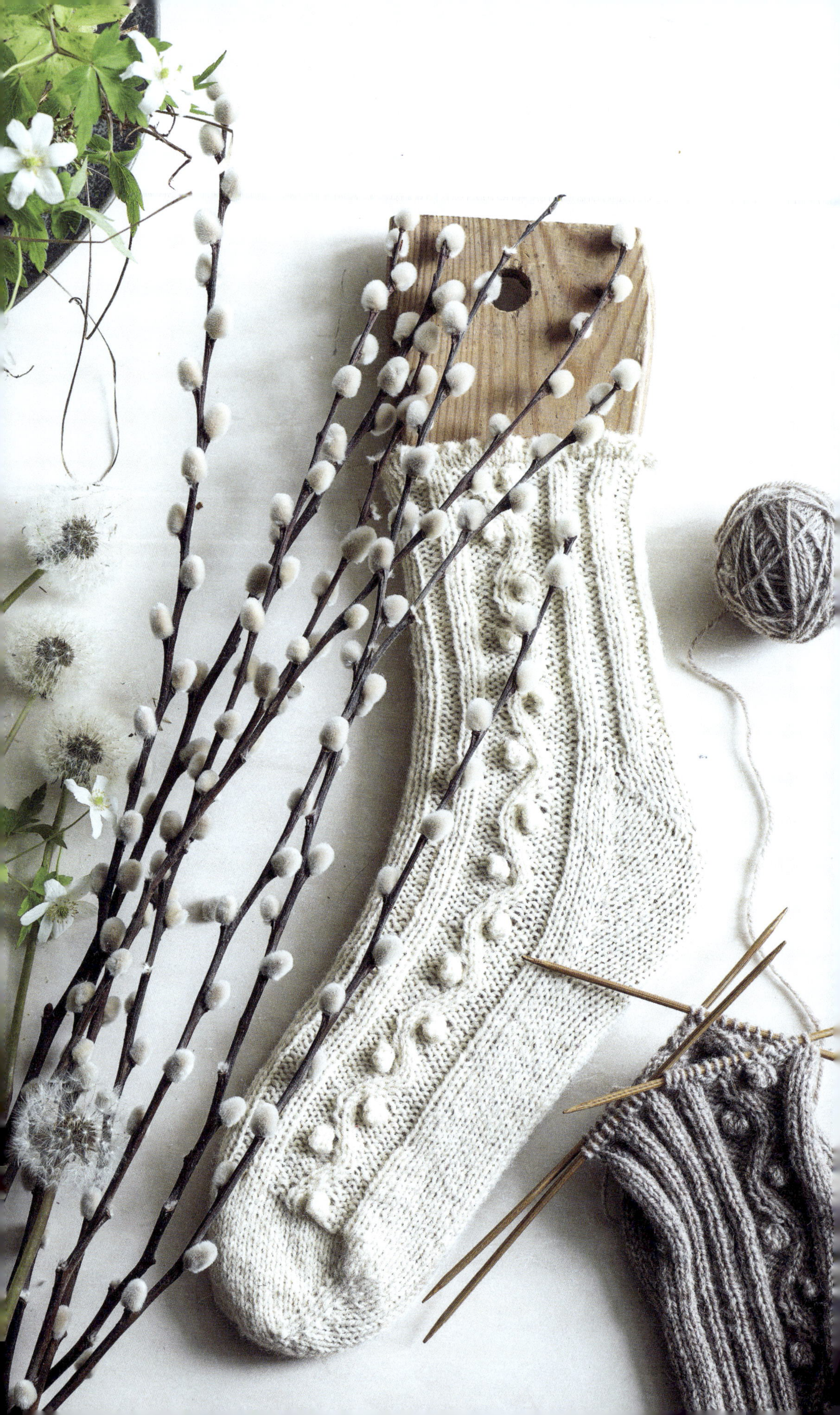

Weide

Kaum etwas ist so lebensbejahend wie Weidenkätzchen! Die kleinen, weichen Knospen sind Vorboten des Frühlings. Jedes Jahr brauche ich sie so sehr. Wie ein Versprechen auf den Sommer, ja eine Gnade, um die man bittet. Entlang dieser Socken – von der Spitze bis zum Bein – wächst ein Zopfmuster mit Noppen, wie Weidenzweige mit Kätzchen.

GRÖSSE: 36/37 (38/39) 40/41

LÄNGE: 23 (24) 25 cm

UMFANG: 17 (18) 19 cm

BEINLÄNGE: 12 cm

MATERIAL: Tukuwool Sock (80 % finnische Wolle, 20 % Polyamid, 50 g = 160 m)

MENGE: 100 g sake (Nr. 01, links) oder ruura (Nr. 06, rechts)

NADELSPIEL: 3 mm

ZUBEHÖR: 1 Zopfnadel, 1 Maschenmarkierer

MASCHENPROBE: 26 M × 40 R = 10 cm × 10 cm glatt rechts auf Nadelstärke 3 mm

KONSTRUKTION: Die Socken werden von der Spitze mit einer Fleegleferse (auch Keilferse genant, s. S. 192 gestrickt. Die Spitzen sind asymmetrisch und damit anatomisch geformt.

STRICKKURS: 1 M re abh = 1 M wie zum rechts Stricken von der linken auf die rechte Nadel abheben (Faden hinter der Arbeit).

1 M LI ABH: = 1 M wie zum links Stricken von der linken auf die rechte Nadel abheben (Faden vor der Arbeit).

NOPPE = [1 M re, 1 M re ver, 1 re M] in dieselbe M. Arbeit wenden, 3 M li, wenden, 3 M re, wenden, 3 li M, wenden. 1 M abh, 2 M re zus und die abgeh M über die gestrickte ziehen.

ZOPF ÜBER 3 M NACH RECHTS (3ZRE) = 1 M auf einer Zopfnadel hinter die Arbeit legen. 2 M re, dann die M von der Zopfnadel li.

ZOPF ÜBER 3 M NACH LINKS (3ZLI) = 2 M auf der Zopfnadel vor die Arbeit legen. 1 M li, dann die 2 M von der Zopfnadel re.

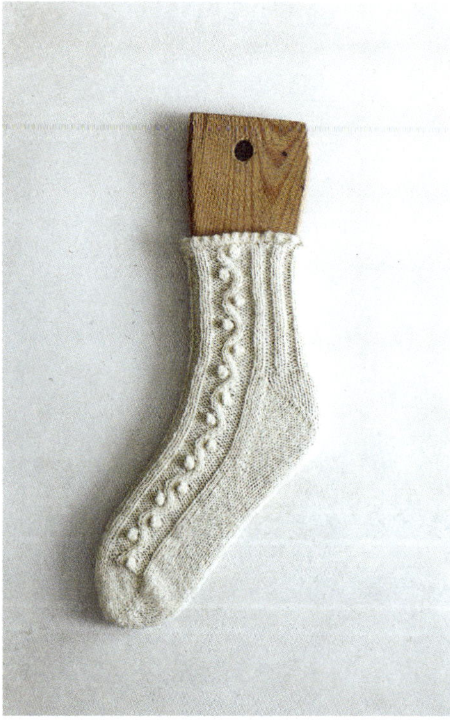

Rd 15: Wie Rd 3 = 48 (48) 52 M.

Größe 38/39, 40/42: Rd 17: Wie Rd 1 = (52) 56 M.

Es liegen 48 (52) 56 M auf den Nadeln.

Strukturmuster (über 10 M, Rd 1–16):

Rd 1: 3 M li, Noppe, 1 M li, 3Zre, 2 li M.

Rd 2: 5 M li, 2 M re, 3 li M.

Rd 3: 4 M li, 3Zre, 3 li M.

Rd 4: 4 M li, 2 M re, 4 li M.

Rd 5: 3 M li, 3Zre, 4 li M.

Rd 6: 3 M li, 2 M re, 5 li M.

Rd 7: 2 M li, 3Zre, 5 li M.

Rd 8: 2 M li, 2 M re, 6 li M.

Rd 9: 2 M li, 3Zli, 1 M li, Noppe, 3 li M.

Rd 10: 3 M li, 2 M re, 5 li M.

Rd 11: 3 M li, 3Zli, 4 li M.

Rd 12: 4 M li, 2 M re, 4 li M.

Rd 13: 4 M li, 3Zli, 3 li M.

Rd 14: 5 M li, 2 M re, 3 li M.

Rd 15: 5 M li, 3Zli, 2 li M.

Rd 16: 6 M li, 2 M re, 2 li M.

LINKE SOCKE, SPITZE

24 (24) 28 M auf 2 Nadeln (= 12 [12] 14 M pro Nadel) mit Judys magischem Anschlag anschl.

VorbereitungsRd: Rechts str, dabei die M gleichmäßig auf 4 Nadeln verteilen.

Rd 1: 1 M re, 1 M li neig zun, bis zur letzten M auf Nadel 2 re, 1 M re neig zun, 1 M re. Nadel 3: 1 M re, 1 M li neig zun, bis zur letzten M auf Nadel 4, 1 M re neig zun, 1 M re = 28 (28) 32 M.

Rd 2, 4, 6, 8, 10, 12, 14, 16: Alle M re.

Rd 3: 1 M re, 1 M li neig zun, restl M auf Nadeln 1 und 2 re. Bis zur letzten M auf Nadel 4 re, 1 M li neig zun, 1 M re = 30 (30) 34 M.

Rd 5: Wie Rd 1 = 34 (34) 38 M.

Rd 7: Wie Rd 3 = 36 (36) 40 M.

Rd 9: Wie Rd 1 = 40 (40) 44 M.

Rd 11: Wie Rd 3 = 42 (42) 46 M.

Rd 13: Wie Rd 1 = 46 (46) 50 M.

FUSS

Größe 36/37 Spann: 1 M re, Strukturmuster nur über 10 M str (Rd 1–16 wdh), 2 M re, 2 M li, 2 M re, 2 M li, 2 M re, 2 M li, 1 M re, Sohle: Rechts str.

Größe 38/39 Spann: 2 M re, Strukturmuster nur über 10 M str (Rd 1–16 wdh), 2 M re, 2 M li, 2 M re, 2 M li, 2 M re, 2 M li, 2 M re, Sohle: Rechts str.

Größe 40/42 Spann: 3 M re, Strukturmuster nur über 10 M str (Rd 1–16 wdh), 2 M re, 2 M li, 2 M re, 2 M li,2 M re, 2 M li, 3 M re, Sohle: Rechts str.

Weiter im Muster str bis die Arbeit 16 (17) 18 cm misst.

ZWICKEL

Rd 1: Spann: Weiter im Muster str, Sohle: 2 M re, 1 M li neig zun, bis zu den letzten 2 M str, 1 M re neig zun, 2 M re.

Rd 2: Den Spann im Muster und die Sohle rechts str.

Rd 1–2 wdh bis auf 46 (50) 54 M SohlenM.

KÄPPCHEN

Einen Maschenmarkierer zwischen die mittleren 2 SohlenM setzen. Jetzt werden verkürzte R mit Abnahmen gestrickt, bis die Sohle auf einer Höhe mit dem Spann ist.

R 1 (HinR): Bis MM re, 2 M re, 2 M re zus, 1 M re, wenden.

R 2 (RückR): 1 M li abh, dabei den Faden anziehen, bis zum MM li. 2 M li, 2 M li ver zus (= die folgenden 2 M nacheinander wie zum re Stricken abheben, dann zurück auf die linke Nadel schieben, sie sind verdreht, und sie links ver zusammenstricken), 1 M li, wenden.

R 3 (HinR): *1 M re abh (Faden anziehen), bis 1 M vor der Lücke re. 1 M vor und 1 M nach der Lücke: 2 M re zus, 1 M re, wenden.

R 4 (RückR): 1 M li abh (Faden anziehen), bis 1 M vor der Lücke li. 1 M vor und 1 M nach der Lücke li zus str, 1 M li, wenden*.

Von * bis * wdh bis noch 1 M übrig ist (mit einer HinR enden), die M re, aber nicht wenden. SpannM im Muster str.

Folgende Rd (Sohle): 1 M re, 2 M re zus (am besten die 1. M re und die 2. M re versch str), bis zu den letzten 2 M re, 2 M re zus. SpannM im Muster str.

Nächste Rd: 2 M re zus, restl M re.

Jetzt sind wieder so viele M auf den Nadeln wie zu Beginn, die Ferse ist fertig!

Noch 1 Rd die SpannM im Muster und die SohlenM rechts str.

BEIN

Größe 36/37 Spann: Weiter im Muster str, Sohle: 1 M li, *2 M re, 2 M li*. Von * bis * bis zu den letzten 3 M wdh, 2 M re, 1 M li.

Größe 38/39 Spann: Weiter im Muster str, Sohle: 2 M li, *2 M re, 2 M li*. Von * bis * bis RdEnde wdh.

Größe 40/41 Spann: Weiter im Muster str, Sohle: 3 M li, *2 M re, 2 M li*. Von * bis * bis zu den letzten 5 M wdh, 2 M re, 3 M li.

So weiterstr bis das Bein 10 cm misst. Das Muster im Spann mit einer Rd 2 beenden.

PICOTKANTE

4 Rd glatt rechts str.

PicotRd: *U, 2 M re zus*. Von * bis * bis RdEnde wdh.

4 Rd glatt rechts str.

Die ersten 4 Rd nach innen umschlagen und diese Rd an die allererste der 4 rechten Rd stricken, indem 1 M dieser Rd mit 1 M von den Nadeln zusammen gestrickt und gleichzeitig abgekettet wird.

Oder ganz normal abketten, an der Kante umschlagen und innen unsichtbar festnähen. Faden abschneiden und Fäden vernähen.

RECHTE SOCKE, SPITZE

24 (24) 28 M auf 2 Nadeln (= 12 [12] 14 M pro Nadel) mit Judys magischem Anschlag anschl.

VorbereitungsRd: Rechts str, dabei die M gleichmäßig auf 4 Nadeln verteilen.

Rd 1: 1 M re, 1 M li neig zun, bis zur letzten M auf Nadel 2 re, 1 M re neig zun, 1 M re. Nadel 3: 1 M re, 1 M li neig zun, bis zur letzten M auf Nadel 4 re, 1 M re neig zun, 1 M re = 28 (28) 32 M.

Rd 2, 4, 6, 8, 10, 12, 14, 16: Alle M re.

Rd 3: Bis zur letzten M auf Nadel 2 re, 1 M re neig zun, 1 M re. Nadel 3: 1 M re, 1 M li neig zun, bis RdEnde re= 30 (30) 34 M.

Rd 5: Wie Rd 1 = 34 (34) 38 M.

Rd 7: Wie Rd 3 = 36 (36) 40 M.

Rd 9: Wie Rd 1 = 40 (40) 44 M.

Rd 11: Wie Rd 3 = 42 (42) 46 M.

Rd 13: Wie Rd 1 = 46 (46) 50 M.

Rd 15: Wie Rd 3 = 48 (48) 52 M.

Größe 37/39 und 40/42: Rd 17: wie Rd 1 = (52) 56 M.

Es liegen 48 (52) 56 M auf den Nadeln.

FUSS

Größe 36/37 Spann: 1 M re, 2 M li, 2 M re, 2 M li, 2 M re, 2 M li, 2 M re, Strukturmuster wie vorher über 10 M str (zuerst Rd 9–16, dann Rd 1–16 wdh), 1 M re, Sohle: re str.

Größe 38/39 Spann: 2 M re, 2 M li, 2 M re, 2 M li, 2 M re, 2 M li, 2 M re, Strukturmuster wie vorher über 10 M str (zuerst Rd 9–16, dann Rd 1–16 wdh), 2 M re, Sohle: re str.

Größe 40/42 Spann: 3 M re, 2 M li, 2 M re, 2 M li, 2 M re, 2 M li, 2 M re, Strukturmuster wie vorher über 10 M str (zuerst Rd 9–16, dann Rd 1–16 wdh), 3 M re, Sohle: re str.

Im Muster str bis die Arbeit 16 (17) 18 cm misst.

Die Fleegleferse (Keilferse) wie bei der linken Socke stricken.

Das Bein und die Picotkante wie bei der linken Socke stricken, dabei das Muster so wie vorher bei der rechten Socke platzieren. Mit Rd 10 im Muster enden.

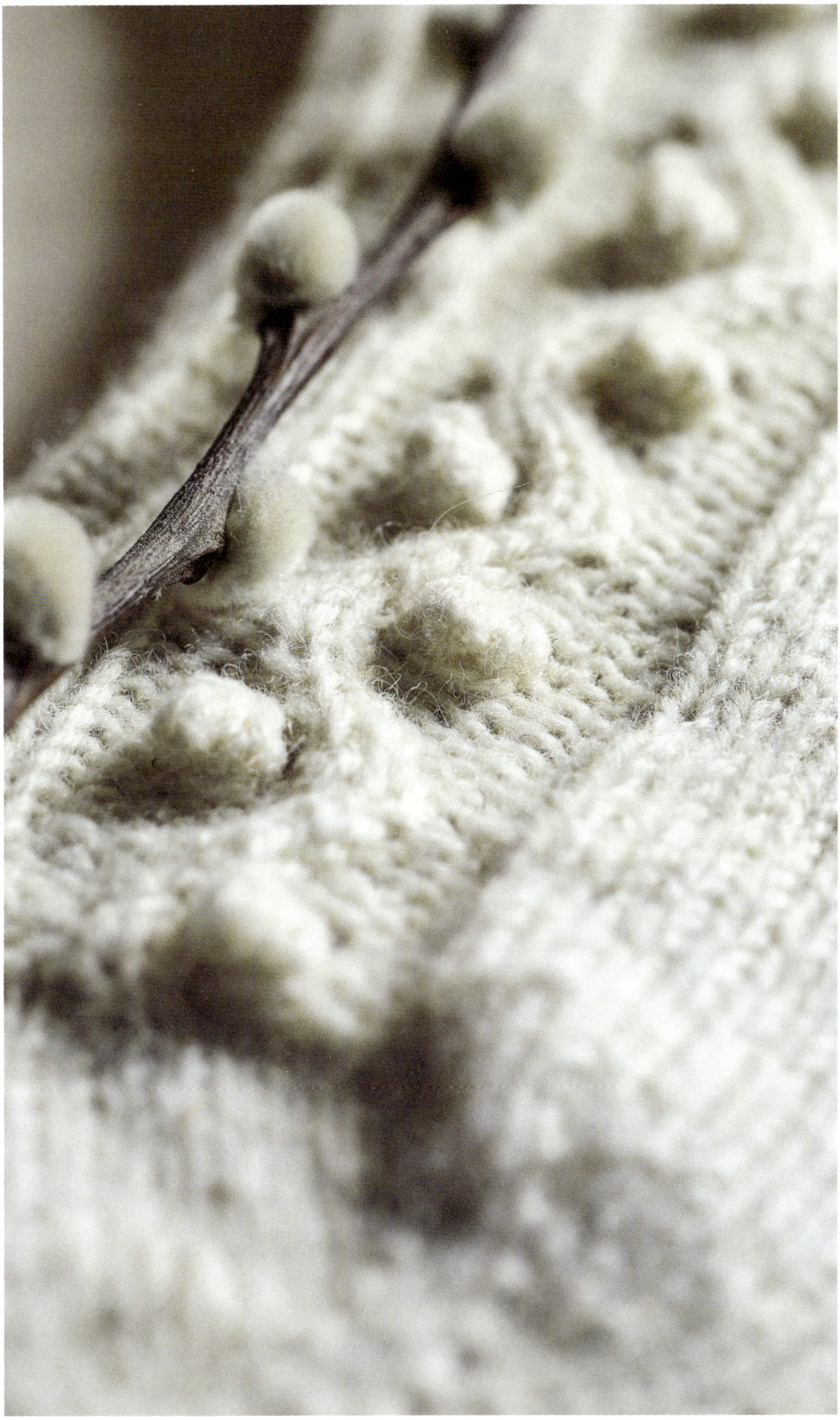

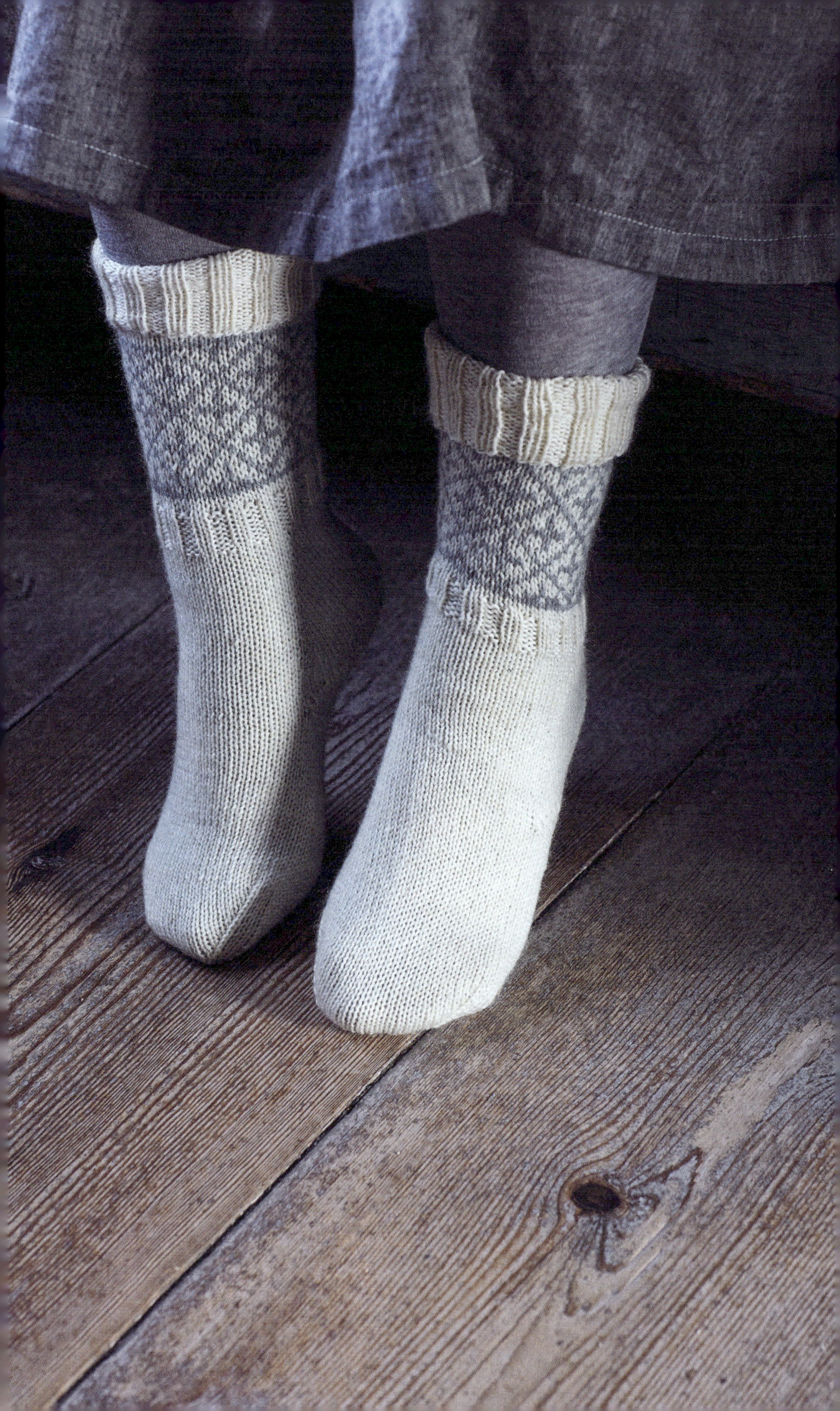

Milchstraße

Von Zacharias Topelius stammt das schöne Gedicht *Milchstraße*. Es handelt davon, sich tausend Jahre nach jemandem zu sehnen und nie die Hoffnung aufzugeben. Und schließlich darum, eine Brücke aus Liebe zu bauen, die alle Hindernisse überwindet. Das Gedicht ist die Inspiration zu diesen Socken. Am Bein leuchten Sterne für die getrennten Liebenden Salami und Sulamith.

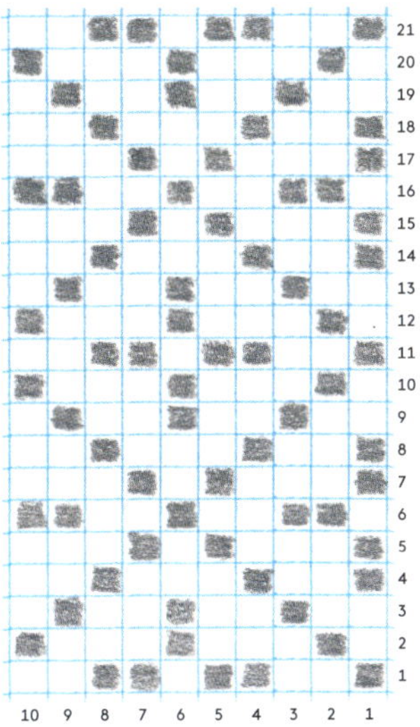

Grösse: 36/37 (38/39) 40/41

Länge: 22,5 (23,5) 24,5 cm

Fussumfang: 19 (20) 22 cm

Beinumfang: 22 (22) 25 cm

Material: Järbo Garn Mellanraggi (75 % superwash Wolle, 25 % Polyamid, 100 g = 260 m)

Menge: GF = 200 g natural white(Nr. 28201), MF: 100 g light grey (Nr. 28211)

Nadelspiel: 2,5 mm und 3 mm

Maschenprobe: 27 M × 35 R = 10 cm × 10 cm glatt rechts auf Nadelstärke 3 mm

Konstruktion: Die Strümpfe werden von oben nach unten gestrickt, mit doppelter Rippenpartie und einem Einstrickmuster am Bein, sowie einer Fleeglefersc (auch Keilferse genannt), s. S. 192.

Strickkurs: 1 M li neig zun = 1 M links neigend zunehmen, s. S. 196.

1 M re neig zun = 1 M rechts neigend zunehmen, s. S. 196.

1 M re abh = 1 M wie zum rechts Stricken von der linken auf die rechte Nadel abheben (Faden hinter der Arbeit).

1 M li abh = 1 M wie zum links Stricken von der linken auf die rechte Nadel abheben (Faden vor der Arbeit).

BEIN

Mit Nadelspiel 2,5 mm und GF (60) 60 (68) M anschlagen und gleichmäßig auf 4 Nadeln verteilen.

10 cm Rippen str (2 M re, 2 M li).

Auf Nadelspiel 3 mm wechseln. 1 Rd re str.

Noch 1 Rd re str, dabei 0 (0) 2 M gleichmäßig verteilt zun = 60 (60) 70 M.

1 Rd re str mit MF.

Laut Strickschrift str, Rd 1–21 (1.–10. M 6 (6) 7-mal in jeder Rd wdh).

1 Rd re mit MF, dann 2 Rd re mit GF str.

3 cm im Rippenmuster str (2 M re, 2 M li).

AbnahmeRd: 8 (4) 10 M gleichmäßig verteilt abn = 52 (56) 60 M.

1 Rd rechts str.

ZWICKEL

1.–26. (1.–28.) 1.–30. M = Spann.

27.–52. (29.–56.) 31.–60. M = Sohle. An der Sohle beidseitig wie folgt zunehmen:

Rd 1: Spann: Rechts str, Sohle: 1 M re, 1 M li neig zun, bis zur letzten M re, 1 M re neig zun, 1 M re.

Rd 2: Rechts str.

Rd 1 und 2 wdh bis zu 50 (54) 58 SohlenM. Mit Rd 2 enden.

FERSE

SpannM glatt rechts str. Dann einen Maschenmarkierer zwischen die beiden MittelM der Sohle setzen.

Jetzt wird nur die Sohle in Reihen glatt rechts gestrickt und dabei wie folgt seitlich abgenommen:

R 1 (HinR): Bis MM str, 2 M re, 2 M re zus, 1 M re, wenden.

R 2 (RückR): 1 M li abh, Faden anziehen und bis MM str. 2 M li, 2 M li ver zus (= die folgenden 2 M nacheinander wie zum re Stricken abheben, dann zurück auf die linke Nadel schieben (sie sind verdreht), dann links ver zusammenstricken), 1 M li, wenden.

R 3 (HinR): 1 M re abh und Faden anziehen, bis 1 M vor der Lücke re. 1 M vor und 1 M nach der Lücke zus str (= 2 M re zus), 1 M re, wenden.

R 4 (RückR): 1 M li abh und Faden anziehen, bis 1 M vor der Lücke li. Die M vor und nach der Lücke zus str (= 2 M li ver zus), 1 M li, wenden.

R 3 und 4 wdh bis in einer RückR noch 2 ungestrickte M übrig sind. Wenden.

Nächste R (HinR): Wie R 3, aber nicht wenden, sondern die SpannM str.

Nächste Rd: Spann: Rechts str, Sohle: 1 M re, 2 M re ver zus, bis zu den letzten 3 M re, 2 M re zus, 1 M re.

Nächste Rd: Spann: Rechts str, Sohle: 1 M re, 2 M re ver zus, restl M re. Jetzt sind es wieder 26 (28) 30 SohlenM, insg 52 (56) 60 M.

FUSS

Glatt rechts str bis der Fuß 17,5 (18,5) 19,5 cm misst.

SPITZE

AbnahmeRd: 1 M re, 1 M abh, 1 M re, dann die abgehobene M über die gestrickte ziehen. Bis zu den letzten 3 M auf Nadel 2 str, 2 M re zus, 1 M re. Nadel 3: 1 M re, 1 M abh, 1 M re, dann die abgehobene M über die gestrickte ziehen. Bis zu den letzten 3 M auf Nadel 4 str, 2 M re zus, 1 M re = 4 M abgenommen.

Die Abnahmen in jeder 2. Rd wdh bis noch 16 (20) 24 M übrig sind.

MIT DREI NADELN ABKETTEN

Die Maschen auf 2 Nadeln verteilen – SpannM auf die eine und SohlenM auf die andere. Faden abschneiden, aber genug zum Abketten übrig lassen. Die Nadeln rechts auf rechts parallel halten.

Wie folgt abketten: *2 Maschen (je 1 SpannM und 1 SohlenM) rechts zusammenstricken (= 1 M von jeder Nadel). Die zuerst gestrickte Masche über die zweite ziehen*.

Von * bis * wdh bis alle Maschen abgekettet sind. Faden abschneiden und alle Fäden vernähen. Die zweite Socke genauso stricken.

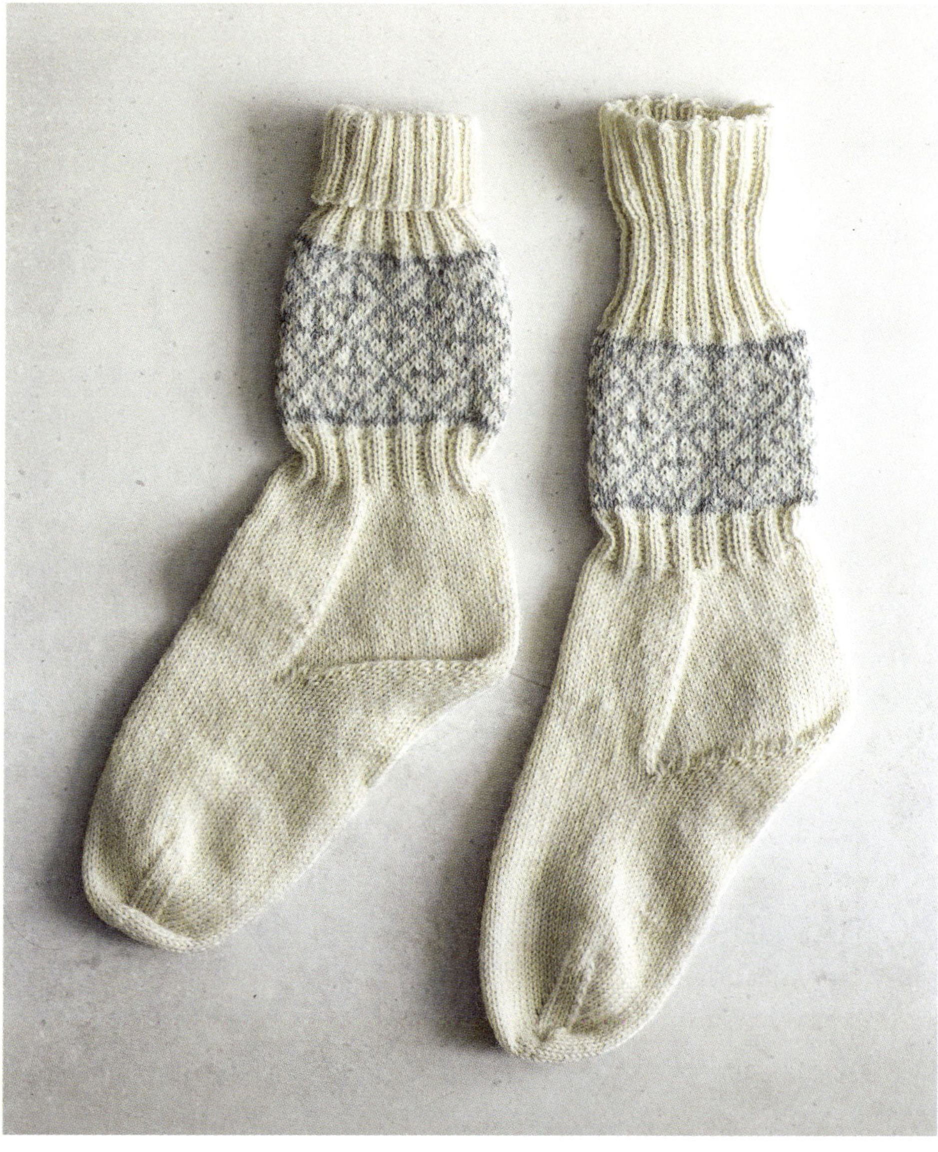

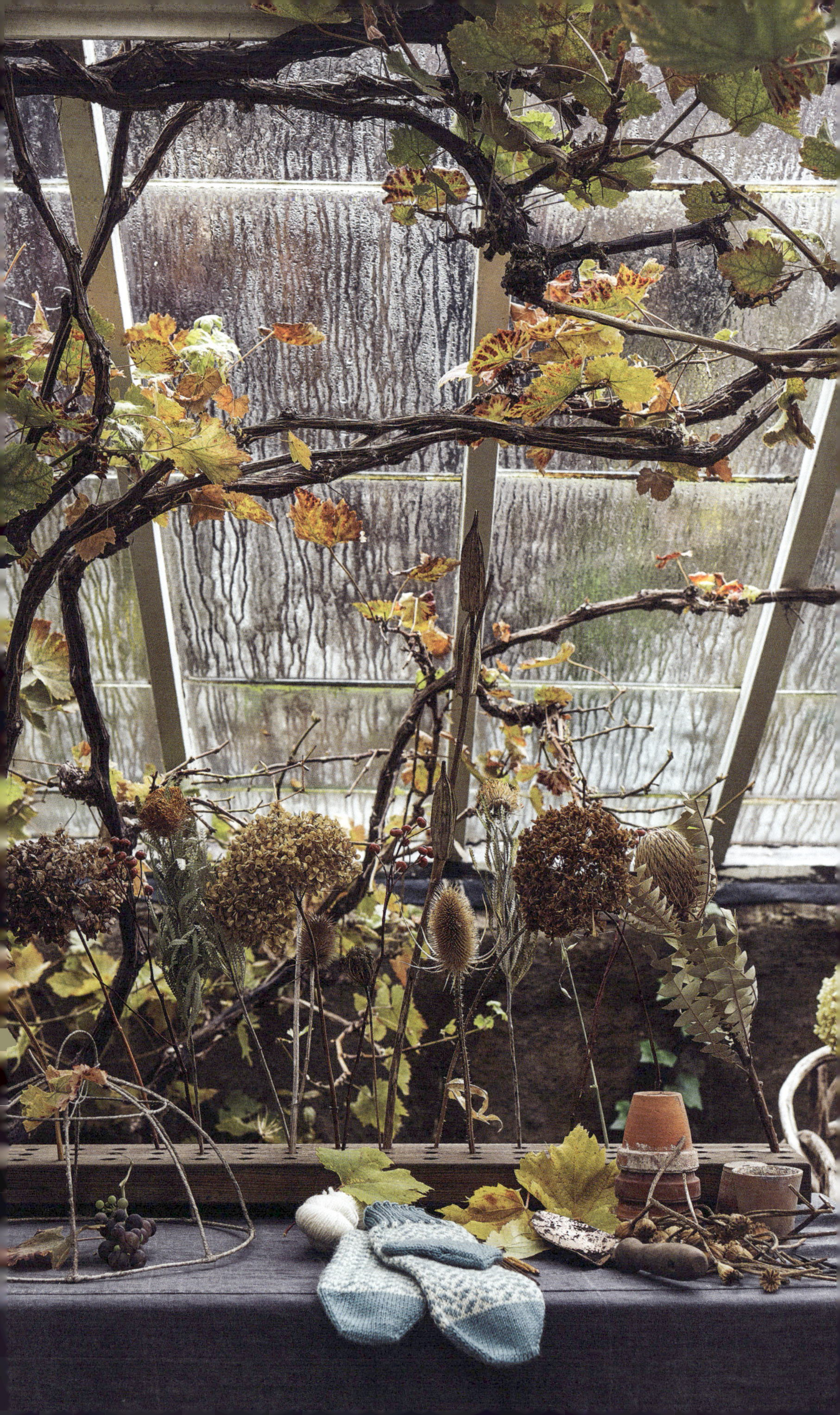

Kraut

Die Natur ist im Herbst so schön wie nie. Im Gewächshaus ist die Zeit stehen geblieben. Samenstände und trockene Stiele erinnern an die verwelkte Pracht. Die gedämpften Farben strahlen eine diskrete Schönheit aus, die mich inspiriert. Mit dem Trockenen und Struppigen bereitet die Natur eine neue Saison vor. Draußen schütteln Herbststürme ein paar eigensinnige Rosen, die sich immer noch an die Zweige klammern. Die Socke *Kraut* ist ein praktisches Stück, um die Strumpfschublade zu füllen. Das Muster kann man schnell auswendig, und dann kann man mit anderen Farbkombinationen experimentieren.

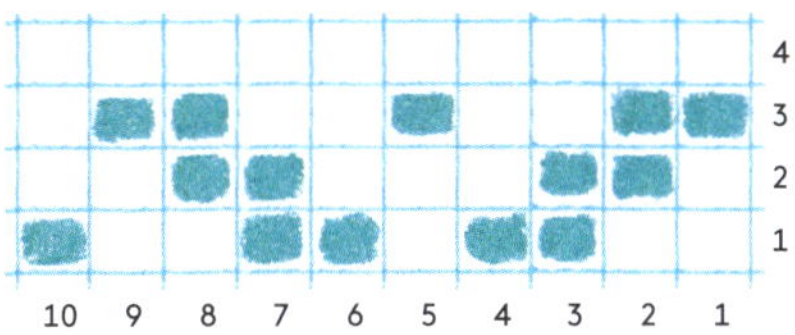

Grösse: 36/37 (38/40) 41/43
Länge: 23 (25) 27 cm
Umfang: 20 cm Material: Järbo Garn Mellanraggi (75 % superwash Wolle, 25 % Polyamid, 100 g = 260 m)
Menge: GF = 100 g natural white (Nr. 28201), MF = 50 g green mist (Nr. 28234)

Nadelspiel: 2,5 mm und 3 mm
Maschenprobe: 30 M × 30 R = 10 cm × 10 cm im Muster auf Nadelstärke 2,5 mm
Konstruktion: Die Socken werden von der Spitze mit einer nachträglichen Ferse gestrickt, s. S. 192.

Strickkurs: Judys magischer Anschlag, s. S. 194.
1 M li neig zun = 1 M links neigend zunehmen, s. S. 196.
1 M re neig zun = 1 M rechts neigend zunehmen, s. S. 196.
Verkürzte R und Wickelmaschen, s. S. 194.

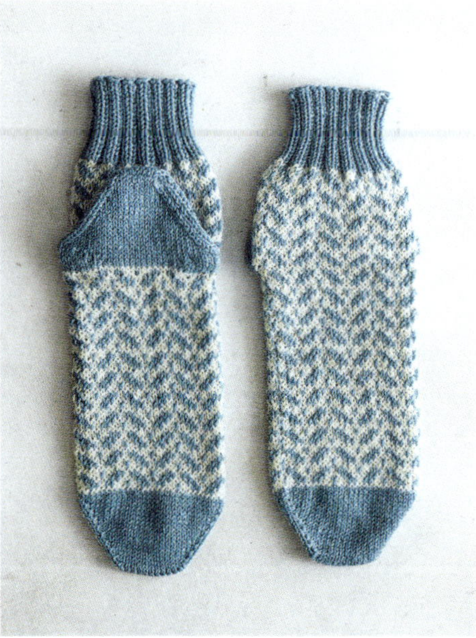

SPITZE

Auf Nadelspiel 3 mm mit MF 24 M auf 2 Nadeln (= 12 M pro Nadel) mit Judys magischem Anschlag anschlagen.

Rd 1: Eine Rd rechts str, dabei die Maschen auf 4 Nadeln verteilen.

Rd 2: 2 M re, 1 M li neig zun, bis zur letzten M auf Nadel 2 re, 1 M re neig zun, 1 M re. Nadel 3: 2 M re, 1 M li neig zun, bis zur letzten M auf Nadel 4 re, 1 M re neig zun, 1 M re.

Rd 1 und 2 wdh bis zu insg 60 M. 1.–30. M = Spann, 31.–60. M = Sohle.

1 Rd rechts str.

FUSS

Mit GF: 1 Rd rechts str.

Glatt rechts laut Strickschrift str (1.–10. M 6-mal pro Rd wdh), Rd 1–4 insg 7 (9) 11-mal. Zum Schluss Rd 1–3 str.

DIE FERSE VORBEREITEN

Die ersten 30 SpannM M wie Rd 4 der Strickschrift stricken. Dann die folgenden 30 M mit einem Wollrest abstricken. (Hier wird später, wenn die Socke fertig ist, die Ferse nachträglich angestrickt.) Wieder zurück zur ersten mit dem Wollrest gestrickten M gehen und dann die letzten 30 M laut Rd 4 der Strickschrift stricken.

BEIN

Weiter laut Strickschrift str, Rd 1–4, noch 5-mal.

Auf Nadelspiel 2,5 mm wechseln und 16 Rd Rippen str (= 2 M re, 2 M li) oder länger, wenn gewünscht. Im Muster abketten und Faden abschneiden.

FERSE

Jetzt wird die nachträgliche Ferse eingestrickt. Sie wird mit verkürzten R an den Seiten geformt, damit die Socke über dem Spann nicht zu eng sitzt.

Mit GF und Nadelspiel 3 mm: Den vorher eingestrickten Wollrest entfernen, dabei 60 M auf 4 Nadeln verteilen. 1 Rd rechts str, dabei in der rechten Fersenecke beginnen: 1.–30. M (= FußM), damit eine naturweiße Rd komplett um die Ferse reicht. Faden abschneiden.

Mit MF: Wieder ab Rd-Beg 1 Rd rechts str.

Verkürzte R 1: 8 M re, M umwickeln, wenden.

Verkürzte R 2: 16 M li, M umwickeln, wenden.

Verkürzte R 3: 14 M re, M umwickeln, wenden.

Verkürzte R 4: 12 M li, M umwickeln, wenden.

Verkürzte R 5: 10 M re, M umwickeln, wenden.

Verkürzte R 6: 8 M li, M umwickeln, wenden.

Verkürzte R 7: 42 M re, M umwickeln, wenden.

Dabei daran denken, die Wickelmaschen mit

ihren Wickeln zus zu stricken, wenn sie auftauchen.

Verkürzte R 8: 16 M li, M umwickeln, wenden.

Verkürzte R 9: 14 M re, M umwickeln, wenden.

Verkürzte R 10: 12 M li, M umwickeln, wenden.

Verkürzte R 11: 10 M re, M umwickeln, wenden.

Verkürzte R 12: 8 M li, M umwickeln, wenden. Bis RdEnde re str. Dabei daran denken, die Wickelmaschen mit ihren Wickeln zus zu stricken.

1 Rd re str. Dabei daran denken, die Wickelmaschen mit ihren Wickeln zus zu stricken.

AbnahmeRd: *1 M re, 1 M abh, 1 M re und die abgehobene M über die gestrickte ziehen. Bis zu den letzten 3 Sohlen/SpannM re, 2 M re zus, 1 M re*. Von * bis * 1-mal wdh = 4 M abgenommen.

1 Rd rechts str.

Die AbnahmeRd in jeder zweiten Rd wdh, bis noch 20 M (10 SpannM auf einer und 10 SohlenM auf der anderen Nadel) übrig sind.

MIT DREI NADELN ABKETTEN

Faden abschneiden, aber genug zum Abketten übrig lassen. Die Nadeln rechts auf rechts parallel halten, s. S. 198.

Wie folgt abketten: *2 Maschen (je 1 SpannM und 1 SohlenM) rechts zusammenstricken (= 1 M von jeder Nadel). Die zuerst gestrickte Masche über die zweite ziehen*. Von * bis * wdh bis alle Maschen abgekettet sind. Fäden vernähen.

Für die zweite Socke wird die Strickschrift spiegelverkehrt gestrickt, dafür liest man die Strickschrift von links nach rechts anstatt, wie bei der ersten Socke, von rechts nach links. Außerdem wie folgt an der Spitze zunehmen:

Rd 2: * 2 M re, 1 M li neig zun, bis zur letzten M auf der Nadel re, 1 M re neig zun, 1 M re*. Von * bis * bis RdEnde wdh.

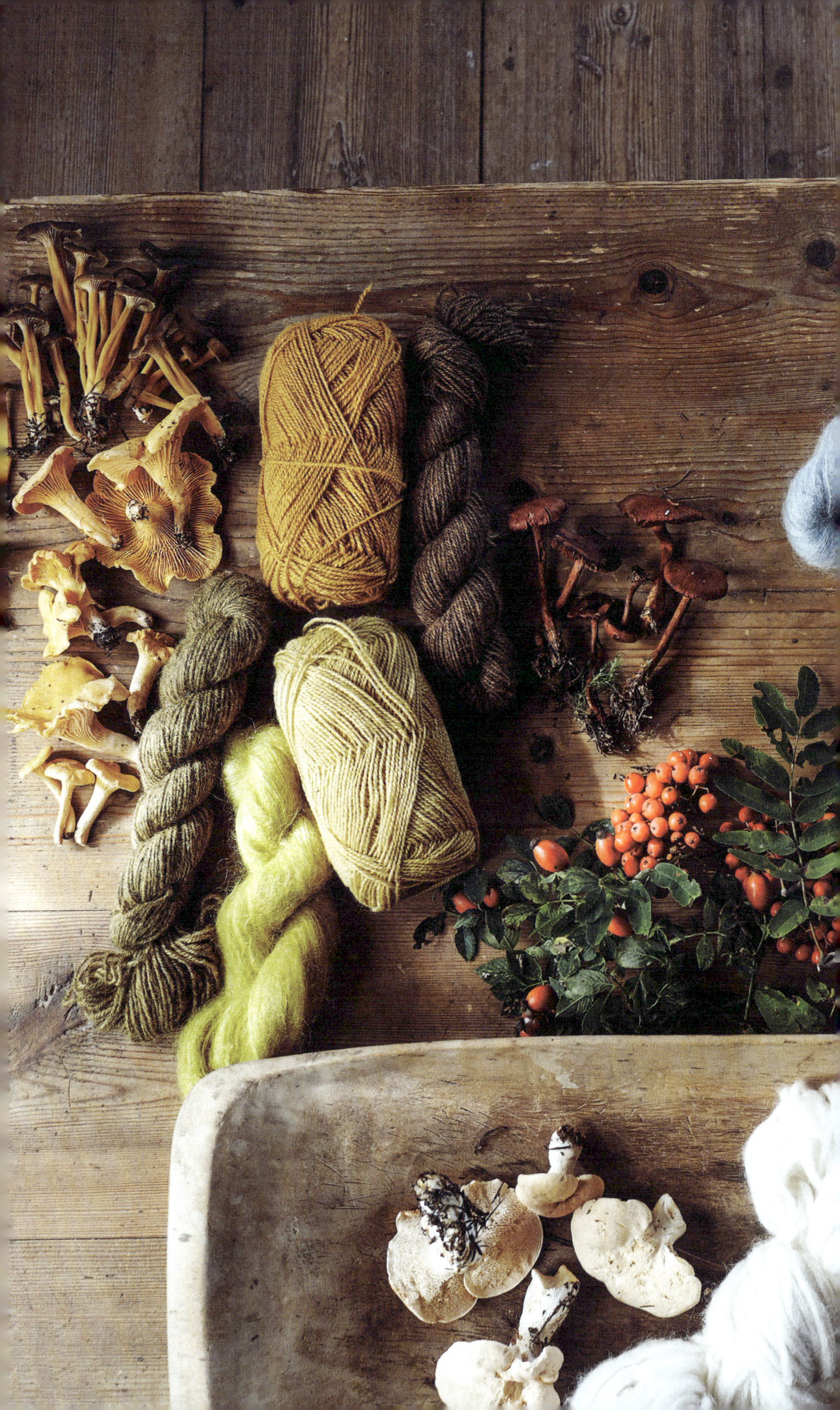

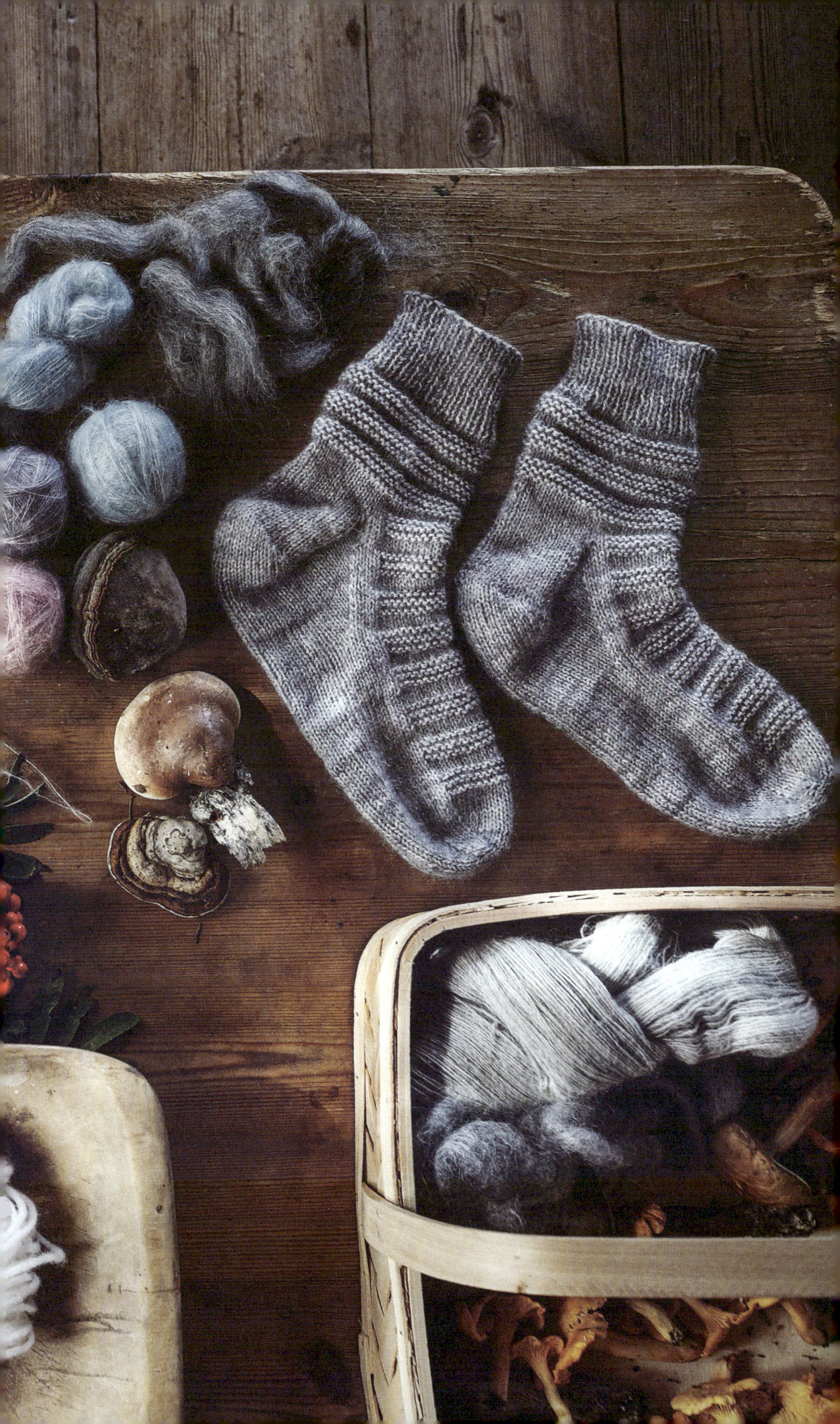

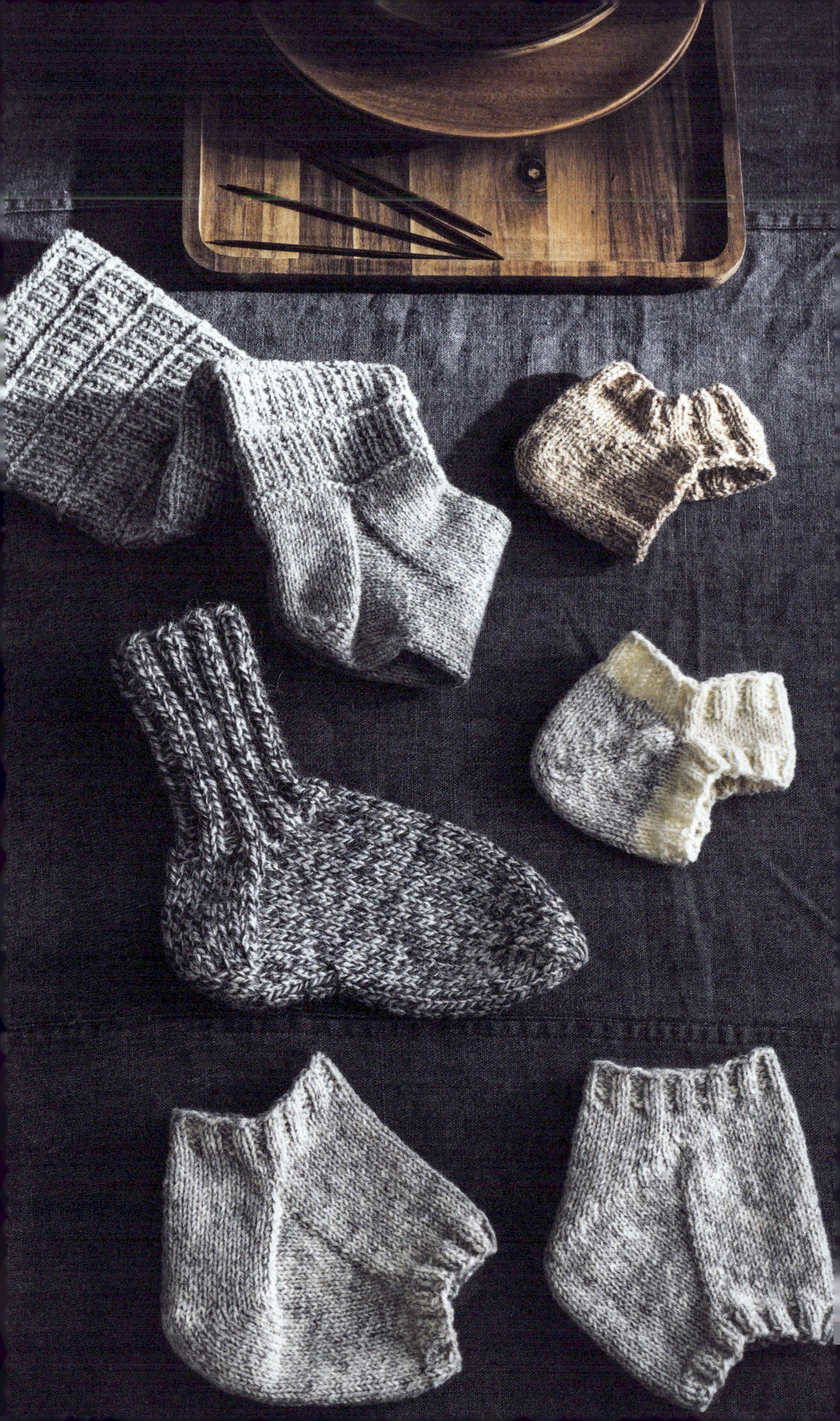

Strickkurs

EINSTRICKMUSTER

In der schwedischen und skandinavischen Stricktradition sind Einstrickmuster üblich. Da die Wolle doppelt liegt, ergibt diese Technik eine feste und warme Struktur. Man kann die Fäden unterschiedlich führen. In Schweden hält man sie meist in der linken Hand – einen Faden über dem Zeige- und einen über dem Mittelfinger, dann nimmt man die Fäden mit Ring- und kleinem Finger in der Hand zusammen. Aber man kann die Fäden auch anders halten: Ich habe z. B. einen Faden über dem Daumen und einen über dem Zeigefinger. Probieren Sie aus, was Ihnen liegt! Am wichtigsten ist, dass man in beiden Fäden eine gleichmäßige Fadenspannung erzielt, so dass die unbenutzte Farbe auf der Rückseite nicht alles zusammenzieht. Wenn man zweifarbige Muster strickt, gilt eine Farbe als Musterfarbe (die hervortreten soll) und die andere als Hauptfarbe (der Hintergrund). Der Faden der Musterfarbe soll näher an der Arbeit liegen und immer von unten kommen. Dadurch werden diese Maschen dominant und heben sich deutlich vom Hintergrund ab. Der Faden der Hauptfarbe sollte weiter von der Arbeit weg liegen und immer von oben kommt. Es ist wichtig, das konsequent anzuwenden, sonst wird das Muster undeutlich.

Die nicht gebrauchte Farbe läuft auf der Rückseite mit und sollte dieselbe Spannung haben wie das restliche Strickstück, sonst wirft es Falten (wenn man zu fest zieht) oder wird konturlos (wenn man zu locker lässt). Bei mehr als 3–4 Maschen in einer Farbe ist es sinnvoll, die Spannfäden auf der Rückseite zu verschränken. So vermeidet man zu lange Spannfäden, an denen man beim Anziehen hängen bleibt. Achten Sie aber darauf, die Fäden nicht über mehrere Reihen an derselben Stelle zu verschränken, sondern ändern Sie die Stelle in jeder Reihe, sonst kann ein Faden nach vorn durchschimmern.

Für ein schönes Ergebnis beim Stricken mit mehreren Farben ist also Folgendes wichtig:

◊ eine möglichst gleichmäßige Fadenspannung
◊ die Spannfäden nicht zu stramm und nicht zu locker zu lassen
◊ Muster- und Hauptfarbe immer gleich zu führen
◊ Spannfäden über mehr als 3–4 Maschen auf der Rückseite zu verschränken
◊ die Spannfäden nicht über mehrere Reihen an derselben Stelle zu verschränken

← Obere Reihe von links: Klassische Ferse und Bumerangferse. Mitte von links: Omas Ferse und Nachträgliche Ferse. Unten von links: Klassische Ferse von der Spitze und Fleegle Ferse (Keilferse).

DAS SOCKENSTRICKEN

BEGRIFFE, DIE MAN KENNEN SOLLTE

FERSEN IM BUCH

Im Buch gibt es sechs unterschiedliche Fersenvarianten, siehe Foto S. 190. Hier nun etwas zu deren Konstruktion, Passform und Vorteilen.

Klassische Ferse

Bei der klassischen Ferse von oben wird über eine Maschenhälfte eine Fersenwand in Reihen gestrickt. Dann entsteht die eigentliche Ferse mit verkürzten Reihen, danach nimmt man Maschen aus dem Rand der Fersenwand auf, die dann auf beiden Seiten mit je einem Zwickel wieder abgenommen werden.
Vorteile: Die klassische Ferse bietet viel Platz und sitzt gut am Fuß. Die Socken sehen dadurch auch traditionell aus. Siehe z.B. *Arbeit* (S. 39) und *Norra Fjäll* (S. 101).

Klassische Ferse von der Spitze

Ähnlich der klassischen Ferse, allerdings von unten gestrickt. Zuerst entsteht der Zwickel, bei dem seitlich unten Maschen zugenommen werden, dann wird die eigentliche Ferse mit verkürzten Reihen gearbeitet. Am Schluss wird dann die Fersenwand gestrickt und dabei die Zwickelmaschen beidseitig am Rand abgenommen.
Vorteile: Dieselben Qualitäten wie die klassische Ferse, aber in einer Socke von der Spitze aus. Siehe *Kugeldistel* (S. 47), *Exlibris* (S. 51), *Flora* (S. 55), *Schönheit* (S. 63), *Fichte* (S. 67), *Geißblatt* (S. 71), *Majolika* (S. 75), *Stickmustertuch* (S. 95), *Oolong* (S. 105), *Osterei* (S. 109), *Gitter* (S. 113), *Rjukan* (S. 117) und *Holzboden* (S. 163).

Nachträgliche Ferse

Bei dieser Ferse strickt man die Fersenmaschen zunächst mit einem Wollrest ab. Wenn die Socke fertig gestrickt ist, nimmt man die Maschen zu beiden Seiten des Wollrests auf, verteilt sie auf vier Nadeln, und entfernt den Wollrest. Nun entsteht die Ferse durch Abnahmen in jeder zweiten Reihe. Am Ende kehrt man die Ferse auf links und kettet mit 3 Nadeln gemeinsam links ab. Meine nachträgliche Ferse wird beidseitig mit verkürzten Reihen verstärkt. Dadurch ist die Passform besser und die Socke sitzt nicht zu eng am Spann.
Vorteil: Passt immer, egal, ob man von oben oder von unten strickt. Sie eignet sich gut für durchgehend gemusterte Socken, weil es keine Zu- oder Abnahmen gibt, die das Muster unterbrechen. Außerdem kann man die Ferse jederzeit neu stricken, sollte sie Löcher bekommen. Siehe *Bergmann* (S. 43), *Schnee* (S. 143), *Schwestern* (S. 159), *Trollspindel* (S. 167), *Dornröschen* (S. 171) und *Kraut* (S. 185).

Fleegle Ferse (Keilferse)

Diese Fersenart ist leicht zu stricken und sitzt gut, ich habe sie bei Susan Glinert Stevens entdeckt. Zuerst wird ein Teil der Ferse mit beidseitigen Zunahmen gestrickt, darauf folgen verkürzte Reihen mit Abnahmen.
Vorteile: Die Ferse passt, egal, ob man von oben oder unten strickt. Man kann sie sich leicht einprägen, und sie sitzt an vielen Fußformen gut, weil sie viel Platz bietet. Siehe *Fortuna* (S. 59), *Maibaum* (S. 79), *Erinnerung* (S. 83), *Siggebohyttan* (S. 133),

TEILE DES STRUMPFS

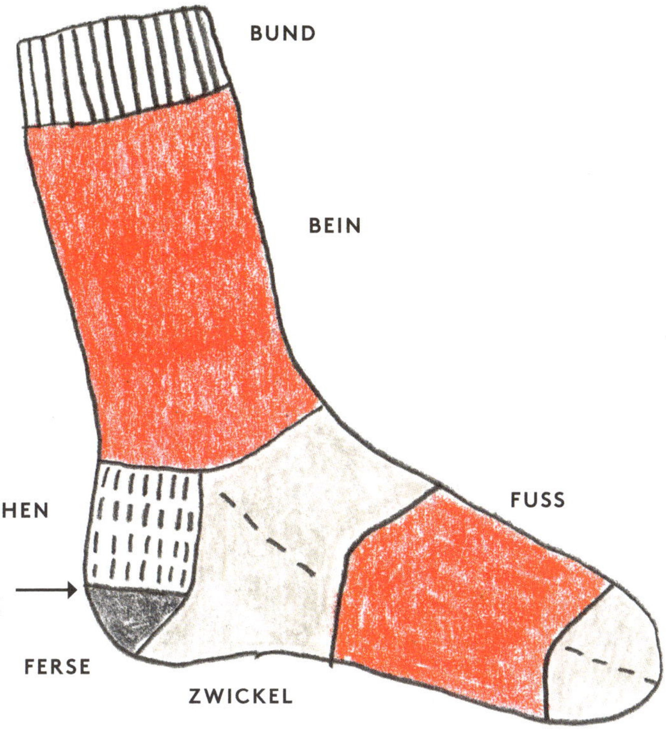

Wald (S. 147), *Halm* (S. 151), *Weide* (S. 175) und *Milchstraße* (S. 181).

Bumerangferse

Diese Ferse entsteht durch verkürzte Reihen. Zunächst werden die Reihen bis zur Fersenspitze immer kürzer, um dann wieder länger zu werden, bis die Ferse fertig ist.
Vorteile: Die Bumerangferse passt, ob man nun von oben oder unten strickt. Da man nicht zunehmen muss, kann man sie gut in eine gemusterte Socke einfügen, ohne das Muster unterbrechen zu müssen. Siehe *Mårbacka* (S. 91), *Märchenerzählerin* (S. 127), *Skandinavien* (S. 137) und *Nähkränzchen* (S. 155).

Omas Ferse

Diese Variante habe ich von meiner Oma Greta gelernt. Die Konstruktion ähnelt der klassischen Ferse, hat aber feine Abnahmen unter der Ferse, wodurch die Passform verbessert wird.
Vorteile: Folgt der Fersenrundung und sitzt an großen wie an kleinen Füßen gut. Siehe *Omas Strümpfe* (S. 87).

JUDYS MAGISCHER ANSCHLAG

Ein nahtloser Anschlag für Socken von der Spitze aus. Da sich die Technik schwer beschreiben lässt, verweise ich auf dieses Video, indem ich sie Schritt für Schritt erkläre: https://youtu.be/y7MZPq928yM (nur auf Schwedisch, alternativ auf Deutsch: just-duit, Magischer Maschenanschlag https://www.youtube.com/watch?v=mN5aWSJeFnE).

MIT VIER ODER FÜNF NADELN STRICKEN

Traditionell strickt man mit einem fünfteiligen Nadelspiel; die Maschen gleichmäßig auf vier Nadeln verteilt und die fünfte zum Abstricken. Man kann auch mit vier Nadeln stricken, was ich lieber mache. Dabei landen die Spannmaschen auf einer Nadel und die Sohlenmaschen gleichmäßig verteilt auf zwei Nadeln. Dadurch hat man das Muster besonders gut unter Kontrolle. Sind die Maschen so verteilt, entsprechen die Spannmaschen Nadel 1 und 2 in den Anleitungen.

ZWEI SOCKEN GLEICHZEITIG STRICKEN

Früher war es üblich, beide Socken anzuschlagen und dann abwechselnd das Bein, die Ferse, den Fuß, die Spitze des jeweiligen Strumpfs zu stricken. Ein Vorteil ist, dass man so eventuelle Anpassungen sofort parallel ausführen kann. Außerdem besteht keine Gefahr, dass die zweite Socke nicht gestrickt wird, entsteht sie doch gleichzeitig!

VERKÜRZTE REIHEN

Eine verkürzte Reihe strickt man, indem man die Arbeit vor dem Reihenende wendet, man also nur einen Teil der Maschen strickt. Damit am Wendepunkt kein Loch entsteht, werden die Maschen dort umwickelt.

WICKELMASCHE

IN EINER RECHTEN REIHE: Den Faden vor die Arbeit legen, die nächste Masche auf die rechte Nadel heben, den Faden hinter die Arbeit und die Maschen zurück auf die linke Nadel heben. Wenden. Der Faden liegt jetzt um die Masche.

IN EINER LINKEN REIHE: Den Faden hinter die Arbeit legen, die nächste Masche auf die rechte Nadel heben, den Faden vor die Arbeit und die Maschen zurück auf die linke Nadel heben. Wenden.

Die Wickelmasche stricken: Wenn man später die Wickelmasche erreicht, strickt man sie mit dem Wickel zusammen ab, je nach Reihe rechts oder links. Dazu sticht man in den Wickel und dann wie zum rechts oder links Stricken in die Masche auf der linken Nadel.

LÖCHER BEI NACHTRÄGLICHER FERSE VERMEIDEN

Die Hälfte der Fersenmaschen stricken, aus der Lücke eine Masche mit der linken Nadel aufnehmen. Die aufgenommene Masche mit der nächsten Masche rechts zusammen stricken. Dann die zweite Maschenhälfte stricken, eine Masche mit der linken Nadel aus der Lücke aufnehmen und mit der ersten Fersenmasche zusammenstricken.

SOCKEN SPANNEN

Spannen macht die fertigen Socken noch schöner. Dabei verschwinden alle Ungleichmäßigkeiten und die Fasern richten sich auf. Das ist bei Einstrick- und Spitzenmustern besonders wichtig. Man spannt wie folgt:

VARIANTE 1: Die Socken in lauwarmem Wasser nass machen. Nicht reiben, nur eintunken! Das Wasser sanft ausdrücken und die Socken auf ein Frotteehandtuch legen. Vorsichtig in Form ziehen. Ganz trocknen lassen. Man kann die Socken auch auf spezielle Sockenbretter aus Holz oder

Plastik ziehen und sie dort trocknen lassen.

VARIANTE 2: Die Socken auf ein Frotteehandtuch legen und mit Wasser aus einer Sprühflasche befeuchten. Vorsichtig in Form ziehen und trocknen lassen.

VARIANTE 3: Die Socken auf ein Bügelbrett legen und mit einem feuchten Tuch bedecken. Dann vorsichtig bügeln, Temperatur für Wolle einstellen. Achtung! Glatt rechte Teile nie drücken, sie verlieren sonst Form und Struktur! Alternativ kann man die Socken auch mit der Dampffunktion des Bügeleisens dämpfen.

SOCKEN VERSTÄRKEN

Damit die Socken besonders haltbar sind, kann man:

◊ mit einer Sockenwolle mit Polyamidanteil stricken (z. B. Junior Raggi, Mellanraggi oder Raggi von Järbo Garn).

◊ mit extra fest verzwirnter Wolle stricken (z.B. Gammelserie von Rauma Garn)

◊ ein Beilaufgarn an der Ferse mitstricken (gibt es in Wollläden.)

◊ Die Fersenwand in einem robusten Hebemaschenmuster stricken:

Reihe 1: 1. M abheben, *1 M re, 1 M abh *. Von * bis * bis Reihenende wdh.

Reihe 2: 1. M abh, alle M links.

Reihe 3: 1. M abh, 2. M abh, *1 M re, 1 M abh*. Von * bis * bis Reihenende wdh.

Reihe 4: 1. M abh, alle M links.

ABNEHMEN

Rechts neigend abnehmen: 2 Maschen rechts zusammen stricken (2 M re zus).

Links neigend abnehmen: 1 Masche abheben, 1 Masche rechts stricken und die abgehobene Masche über die gerade gestrickte ziehen.

2 Maschen mittig abnehmen: 2 Maschen wie zum rechts Stricken abheben, die nächste Masche rechts stricken, dann die beiden abgehobenen Maschen über die gerade gestrickte Masche ziehen.

SOCKEN STOPFEN

Ein Loch in der Ferse oder Spitze kann man stopfen. Dafür braucht man eine Stopfnadel, ein Stopfei oder -pilz und einen Wollrest der Sockenwolle. Das Prinzip ist dasselbe wie beim Weben.

So geht's: Das Stopfei mit der linken Hand unter das Loch halten. Dann zunächst einfach um das Loch herum nähen, damit die Maschen nicht weiter laufen. Dann circa vier, fünf Maschen vom Lochrand entfernt die Nadel einstechen und über das Loch nähen. Nun mit der Nadel durch die gerade gespannten Fäden „weben" und zwar so stramm, dass eine feste Struktur entsteht. Alle Fäden vernähen.

ABKÜRZUNGEN

1 M LI NEIG ZUN = 1 Masche links neigend zunehmen

1 M RE NEIG ZUN = 1 Masche rechts neigend zunehmen

1 M TIEF ZUN = 1 Masche tief zunehmen

ABGEH = abgehoben

ABH = abheben

ABN = abnehmen/Abnahme

ABK = abketten

FB = Farbe

M = Masche/n

GF = Grundfarbe

LI = links

FDN = Faden

MF = Musterfarbe

R = Reihe/n

RD = Runde/n

RE = rechts

STR = stricken

U = Umschlag

VER = verschränkt

WDH = wiederholen/Wiederholung

ZUN = zunehmen/Zunahme

ZUS = zusammen

ZUNAHMEN

Hier drei unterschiedliche Varianten.

Links neigend zunehmen (1 M li neig zun)

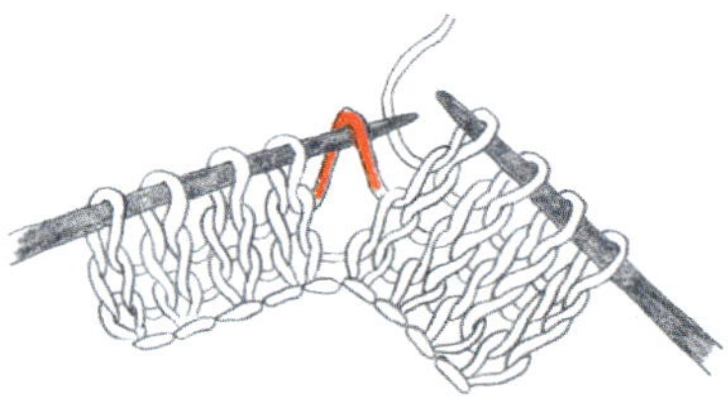

1. Mit der linken Nadel von vorn in den Querfaden zwischen den Maschen stechen, so dass eine neue Schlaufe entsteht.

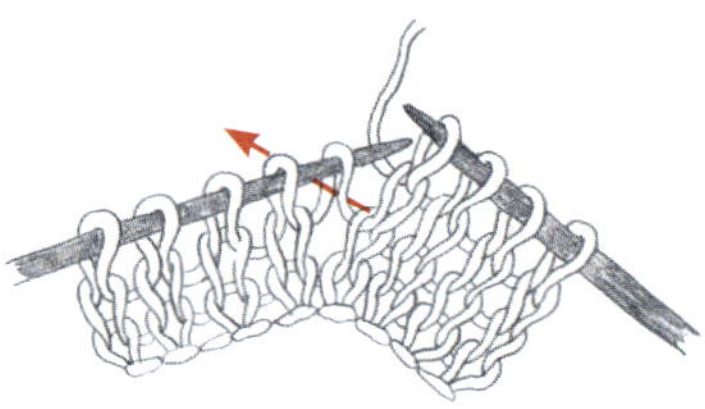

2. 1 Masche wie der Pfeil zeigt verschränkt abstricken.

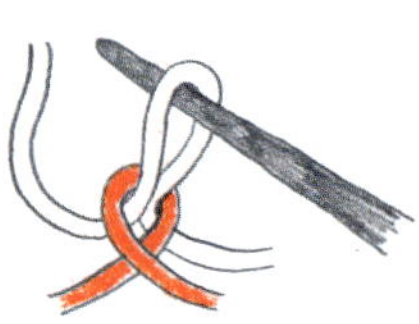

3. Eine neue, links geneigte Masche ist entstanden.

Rechts neigend zunehmen (1 M re neig zun)

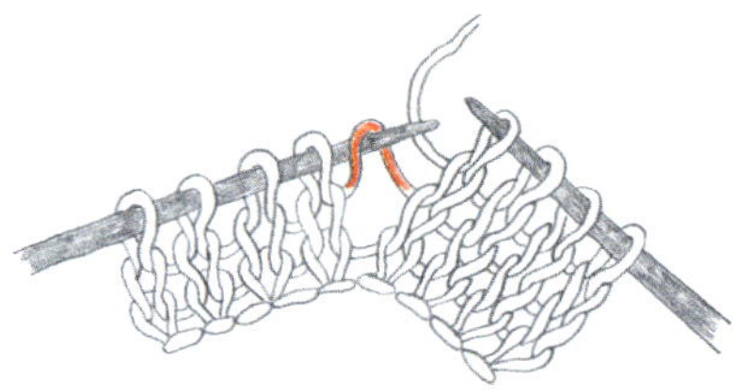

1. Mit der linken Nadel von hinten in den Querfaden zwischen den Maschen stechen, so dass eine neue Schlaufe entsteht.

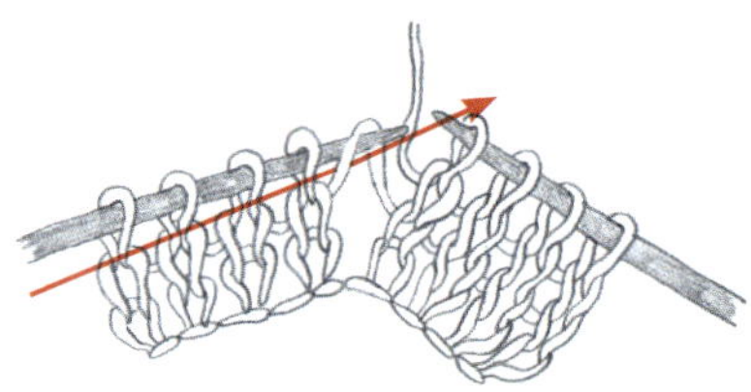

2. 1 Masche wie der Pfeil zeigt verschränkt abstricken.

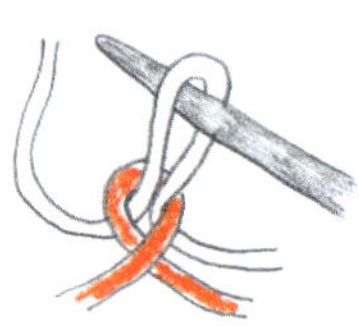

3. Eine neue, rechts geneigte Masche ist entstanden.

1 Masche unsichtbar tief gestochen zunehmen (1 M tief zun)

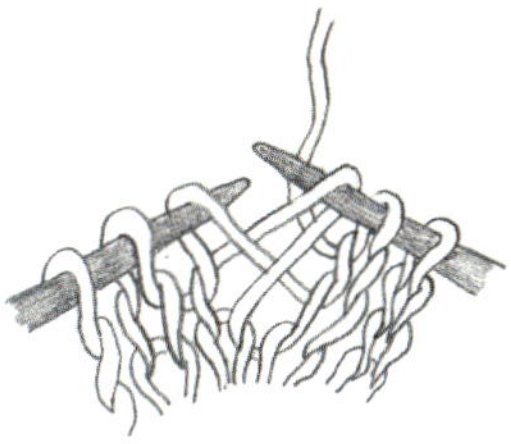

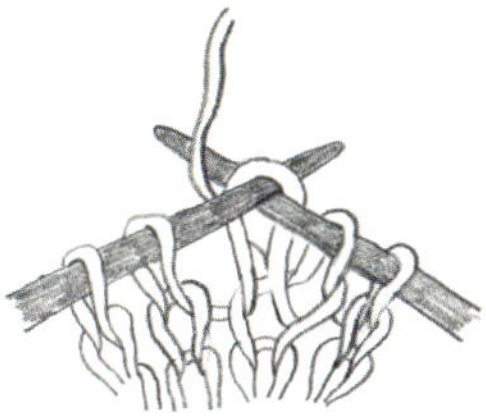

1. Mit der rechten Nadel in die Masche unter der nächsten Masche auf der linken Nadel stechen und sie auf die linke Nadel heben.

2. 1 rechte Masche in die neue Masche stricken, dann 1 rechte Masche in die ursprüngliche Masche.

LETTISCHER FLECHTZOPF

Rd 1: *1 M re mit Fb 1, 1 M re mit Fb 2*. Von * bis * bis RdEnde wdh.

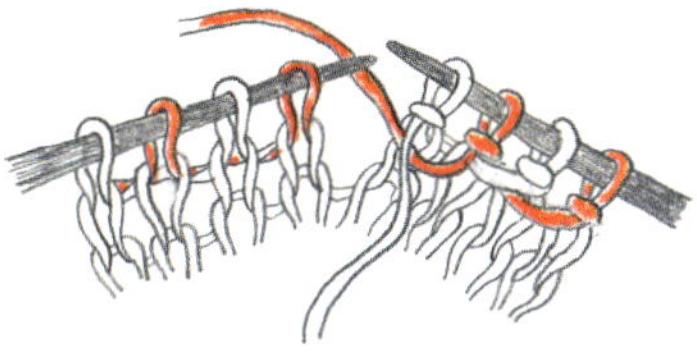

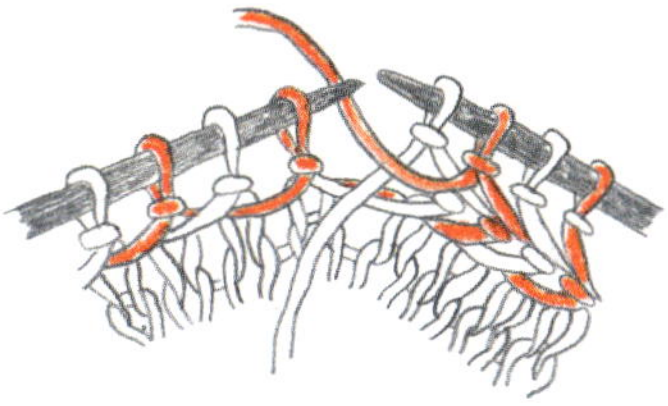

Rd 2: *1 M li mit Fb 1, 1 M li mit Fb 2*. Von * bis * bis RdEnde wdh. Wichtig! Bei jedem Farbwechsel muss der neue Faden unter dem gerade gestrickten geführt werden.

Rd 3: *1 M li mit Fb 1, 1 M li mit Fb 2*. Von * bis * bis RdEnde wdh. Wichtig! Bei jedem Farbwechsel muss der neue Faden über dem gerade gestrickten geführt werden.

MIT DREI NADELN ABKETTEN

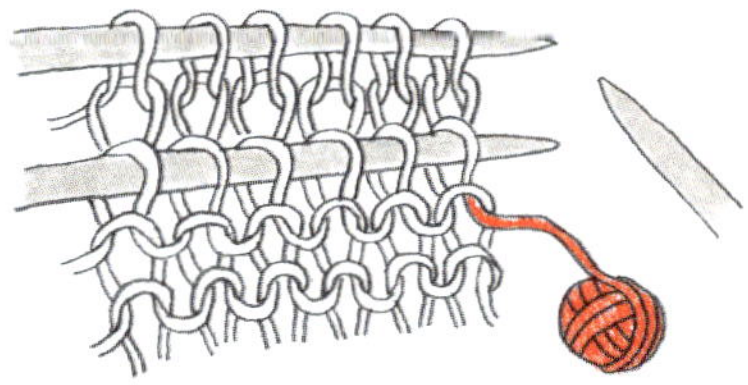

1. Faden abschneiden, aber genug zum Abketten übrig lassen. Die Maschen gleichmäßig auf 2 Nadeln verteilen– die äußeren auf eine, die inneren auf die andere und rechts auf rechts legen. Die Nadeln parallel halten

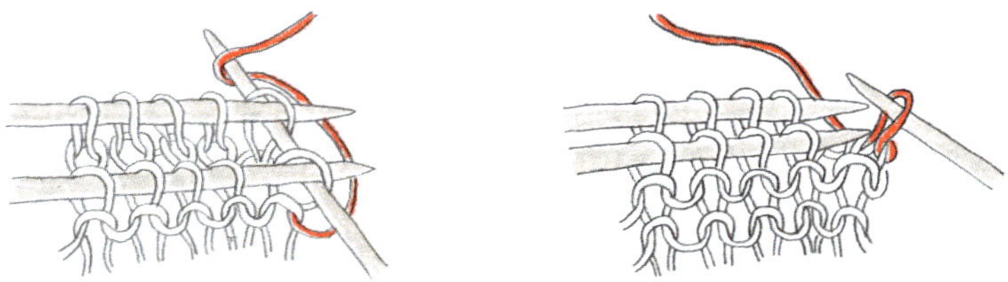

2–3. 2 Maschen rechts zusammenstricken (= 1 M von jeder Nadel).

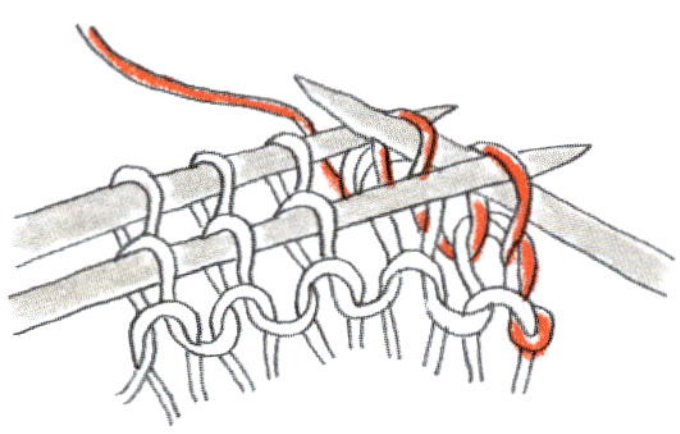

4. 2 M rechts zusammenstricken.

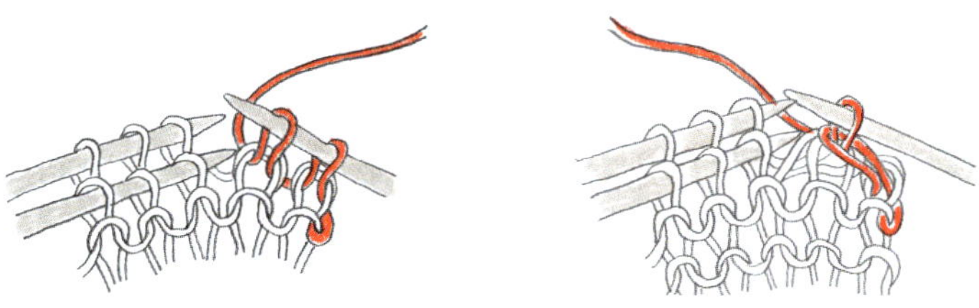

5–6. Die zuerst gestrickte Masche über die zweite ziehen.

Schritte 4–6 wiederholen, bis alle Maschen abgekettet wurden.

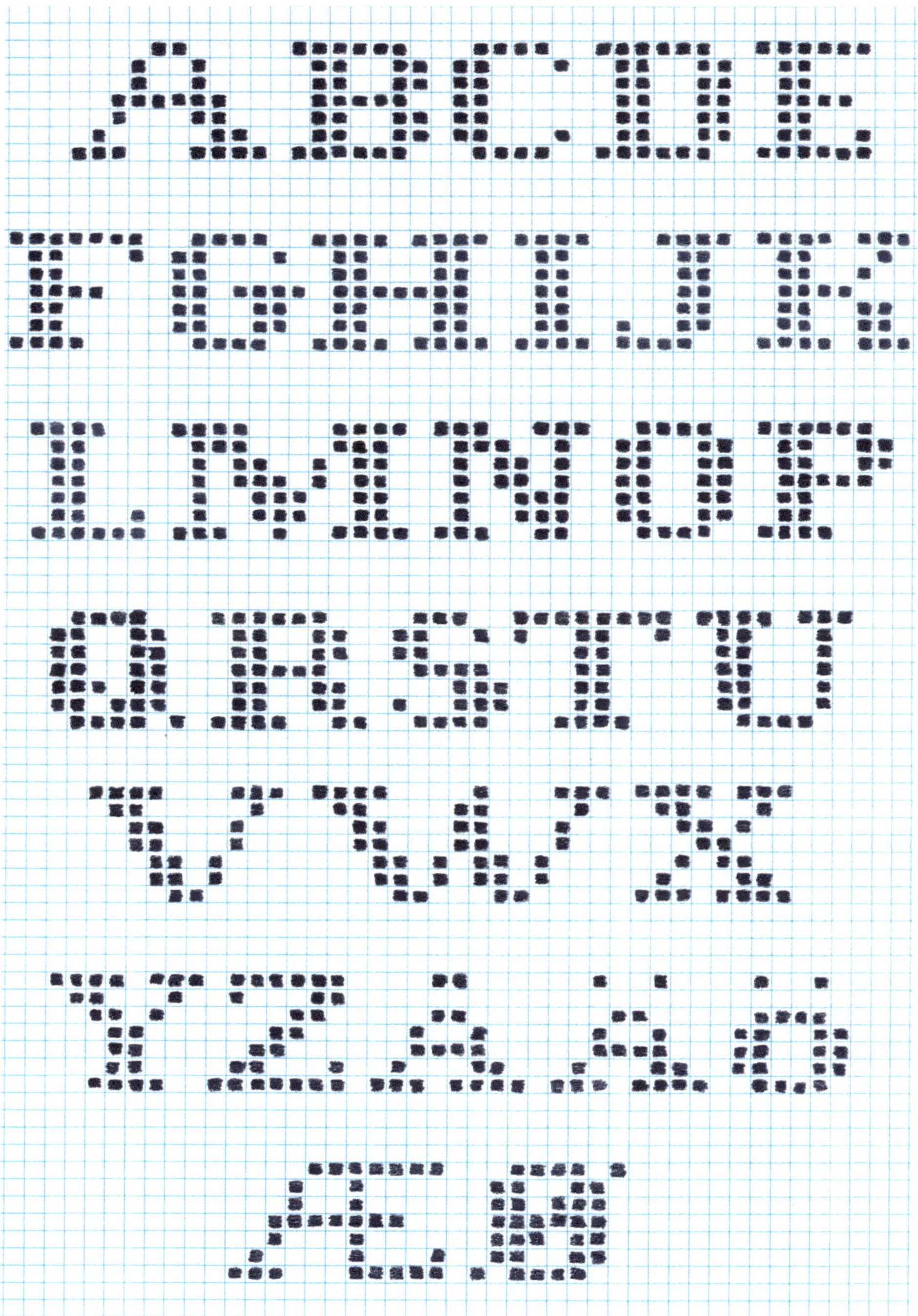
ABCDE
FGHIJK
LMNOP
QRSTU
VWX
YZÄÅÖ
ÆØ

REGISTER

DANKE

Helén – Du hast die seltene Gabe, das Große im Kleinen zu erkennen, und die Schönheit einzufangen, bevor sie entschwindet – ob es nun verwelkende Blumen sind oder Sonnenstrahlen im Wald. Ich bin über unsere Zusammenarbeit zutiefst glücklich!

Siri – für wunderschöne Illustrationen, die diesem Buch Wärme und Präsenz verleihen.

Sebastian – weil du das große Ganze siehst – und mit wachem Blick Text und Bild zu einer so schönen Einheit zusammenfügst.

Annika – für solides Wissen, große Geduld und dringend benötigte Unterstützung während des gesamten Prozesses. Du bist ein Fels in der Brandung!

Eva – weil du den Raum schaffst, in dem Kreativität aufblühen kann, für die Aufmunterung und den guten Rat.

Johanne – für Freundschaft, Wissen und kluge Meinungen.

Meiner Verlegerin, Ester Bonnier – für das Vertrauen!

Madde und Lina – für Schwung und Unterstützung. Ich bin so glücklich über euch!

Järbo – mein Zuhause in der Strickwelt. Grüße an die ganze Järbo-Familie!

Ivar A – für bereichernde Gespräche über Selma.

Johan S – für inspirierende Blickwinkel auf nordische Mythologie und Volksglauben.

Carl-Henric M – für interessante Gedanken zur Formgebung in einer historischen Perspektive.

Handarbeitsforscherin Carina O – für Wissen, Unterstützung und ansteckende Energie.

Fredrika – für eine Freundschaft, die durch alles trägt. Und weil du auch noch meine Muster strickst – das macht mich froh!

Lisa – für schwesterlichen Schutz und nötiges Lachen und fröhliche Zurufe!

Mama und Papa – weil ich bei euch immer sanft lande und weil ihr mir zur Seite steht, was auch immer ich anfange!

Daniel und Greta – weil ihr die beste Familie der Welt seid!

Familie und Freunden – für Fürsorge und Wärme.

Strickern, Lesern und Followern – weil ihr meine Muster strickt und meine Texte lest. Durch euch erwachen sie zum Leben und segeln hinaus in die weite Welt!

Dieses Buch ist eine Hommage an die Landschaften, die mich geprägt haben – Västmanland und Värmland. Deswegen möchte ich mit ein paar Zitaten enden, die ich bei der Arbeit daran gefunden habe.

Die Textilkünstlerin Märtha Gahn über Västmanland: " [...] ich bin sehr dankbar für ein Leben in Freiheit und Ernsthaftigkeit, wo sich Arbeitsfreude in ruhigem Schaffen fand. [...] Wir lieben unsere Ecke von Västmanland so sehr, mit ihren uralten Traditionen, die früher wie heute kaum bekannt sind".

Selma Lagerlöf über Värmland: „Hier in dieser abgelegenen Ecke der Welt bin ich zu Hause. [...] Hier kann ich mich nützlicher zeigen als woanders."

FOTOSETS

Siggebohyttans Bergmannsgård (www.olm.se) – weil wir dieses einzigartige Milieu in meinem geliebten Bergslagen zeigen durften.

Mårbacka minnesgård (www.marbacka.com) – weil wir Selmas Zuhause nutzen durften – für mich und das Buch so wichtig.

Stiftelsen-malmgården, Vita Bergen (www.malmgarden.wordpress.com) – für die Gastfreundschaft!

Naturhistoriska museet (www.nMre.se).

Storstugan in Hellas (www.hellasstorstugan.se).

REQUISITEN

Tibbey & Co (www.tibbeyandco.com)

MODELS

Franka und Karla Sjöström – weil ihr so toll gemodelt habt!

WOLLE IM BUCH

Järbo Garn (www.jarbo.se)
Rauma Garn (www.raumagarn.no)
Tukuwool (www.tukuwool.com)

Lydias in Arvika – für Liebe, Aufmunterung und Wolle!

Limmo Design – für fröhliche Zurufe und gute Wolltipps!

Mehr Inspiration und Stricktipps auf Instagram: @majasmanufaktur. Dort kann man auch Fragen zu den Socken aus dem Buch stellen.

Etwas aus dem Buch gestrickt? Teilen Sie das Bild mit dem Hashtag #trettiofemsockor in den sozialen Medien.

Zusammen stricken in der Facebookgruppe "Trettiofem Sockor och Vantar med Maja"

Für ERRATA s. https://www.ravelry.com/patterns/sources/trettiofem-sockor oder www.stiebner.com/errata/2113-0

© Anleitungen und Text: Maja Karlsson 2020
Fotos: Helèn Pe
Illustrationen: Siri Carlén
Titel der Originalausgabe: Trettiofem sockor
Zuerst veröffentlicht von Bonnier Fakta, Stockholm, Schweden
Veröffentlichung der deutschen Ausgabe in Zusammenarbeit mit Bonnier Rights, Stockholm Schweden
Erstausgabe 2021

Bibliografische Information der Deutschen Nationalbibliothek: Die Deutsche Nationalbibliothek verzeichnet diese Publikation in der Deutschen Nationalbibliografie; detaillierte bibliografische Daten sind im Internet über http://dnb.dnb.de abrufbar.

Übersetzung aus dem Schwedischen: Christine Heinzius
Satz und Redaktion der deutschen Ausgabe: Stefanie Klapetek, Melanie Stiebner, Stiebner Verlag GmbH
3. Auflage 2023

Verlagshinweise: Wir produzieren unsere Bücher mit großer Sorgfalt und Genauigkeit. Trotzdem lässt es sich nicht ausschließen, dass uns in Einzelfällen Fehler passieren. Unter www. stiebner.com/errata/2113-0 finden Sie eventuelle Hinweise und Korrekturen zu diesem Titel. Möglicherweise sind die Korrekturen in Ihrer Ausgabe bereits ausgeführt, da wir vor jeder neuen Auflage bekannte Fehler korrigieren.
Sollten Sie in diesem Buch einen Fehler finden, so bitten wir um einen Hinweis an verlag@stiebner.com. Für solche Hinweise sind wir sehr dankbar, denn sie helfen uns, unsere Bücher zu verbessern.

ISBN: 978-3-8307-2113-0

Gedruckt bei Balto print, Litauen

MIX
Papier aus verantwortungsvollen Quellen
FSC® C107574

www.stiebner.com

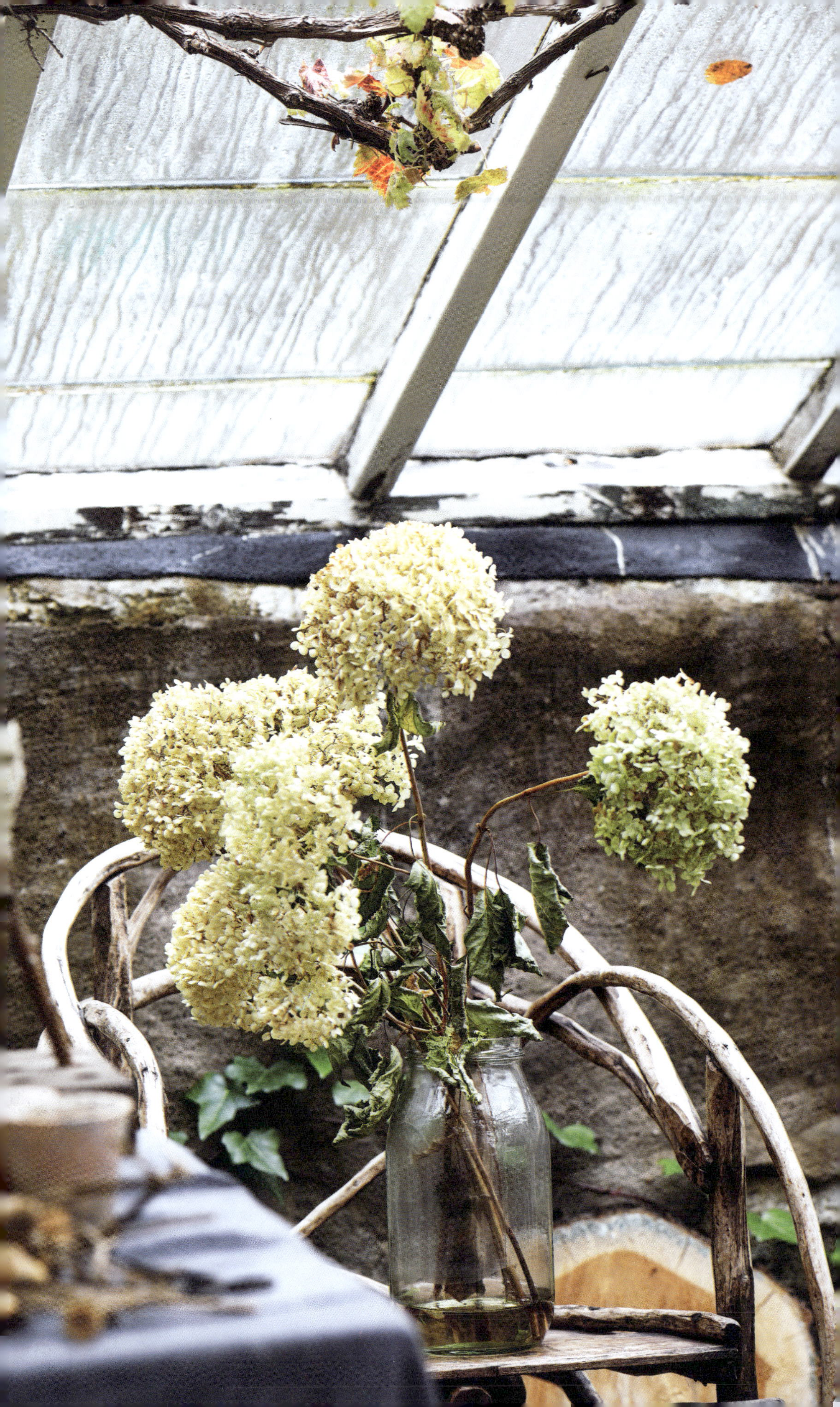